ROSA FREIRE D'AGUIAR

Sempre Paris
Crônica de uma cidade,
seus escritores e artistas

4ª reimpressão

Copyright © 2023 by Rosa Freire d'Aguiar

*Grafia atualizada segundo o Acordo Ortográfico da Língua Portuguesa de 1990,
que entrou em vigor no Brasil em 2009.*

Capa e caderno de imagens
Violaine Cadinot

Foto de capa
Acervo pessoal da autora

Preparação
Maria Emilia Bender

Revisão
Clara Diament
Angela das Neves

Dados Internacionais de Catalogação na Publicação (CIP)
(Câmara Brasileira do Livro, SP, Brasil)
***
d'Aguiar, Rosa Freire
    Sempre Paris : Crônica de uma cidade, seus escritores e artis-
tas / Rosa Freire d'Aguiar. — 1ª ed. — São Paulo : Companhia das
Letras, 2023.

    ISBN 978-85-359-3551-6

    1. Crônicas brasileiras 2. Entrevistas 3. Jornalismo literário
4. Memórias 5. Paris (França) I. Título.

23-163281   CDD-070.40944
***
Índice para catálogo sistemático:
1. Paris : França : Jornalismo literário 070.40944

Tábata Alves da Silva – Bibliotecária – CRB-8/9253

Todos os direitos desta edição reservados à
EDITORA SCHWARCZ S.A.
Rua Bandeira Paulista, 702, cj. 32
04532-002 — São Paulo — SP
Telefone: (11) 3707-3500
www.companhiadasletras.com.br
www.blogdacompanhia.com.br
facebook.com/companhiadasletras
instagram.com/companhiadasletras
twitter.com/cialetras

Sumário

ANTES QUE ME ESQUEÇA 7

Chegança — As livrarias — Os cafés — Um teto — Georges Pompidou e os estertores do gaullismo — Aconteceu, virou *Manchete* — Modernidades — Giscard d'Estaing e os *Seventies* — Os generais-presidentes — A ciranda dos ministros — A volta dos exilados — Madame la ministre — Os restaurantes — Entre a ficção e a realidade: eles escrevem — Meus inéditos — A *IstoÉ* e o mundo — A Espanha se democratiza — O Irã dos aiatolás — Colonos, beduínos e a guerra — Polônia: o comunismo se decompõe — China: o comunismo se recompõe — Aznavour, Legrand, Nureyev, Chagall — François Mitterrand e a rosa — Paris foi uma festa — O socialismo e nós — Rumos novos — Não esqueci

ELES E ELAS: ENTREVISTAS 121

Alain Finkielkraut — o pensamento indignado 123
Alberto Cavalcanti — o gênio esquecido 134
Conrad Detrez — a aventura guerrilheira 138

Élisabeth Badinter — o mito do amor materno 147

Ernesto Sabato — entre a ciência e a literatura 153

Eugène Ionesco — o profeta do absurdo 166

Fernand Braudel — lembranças de um pioneiro francês . . . 178

François Perroux — o conselho do mestre 186

Françoise Giroud — a insustentável condição feminina 195

Georges Simenon — os dedos amassados 204

Jorge Semprún — os combates de um romancista 217

Julio Cortázar — uma canção do exílio 228

Michel Serres — o filósofo que aterrissa 241

Norma Bengell — a mulher com o pé na estrada 254

Peter Brook — encontros notáveis 261

Raymond Aron — o espectador lúcido 268

Roger Peyrefitte — o escândalo e o estilo 279

Roland Barthes — o prazer do texto 290

Romain Gary — vidas múltiplas de um provocador 299

Simone Veil — a libertação da mulher 309

Suzy Solidor — a musa dos 220 retratos 318

Créditos 323

Índice onomástico 325

Antes que me esqueça

Tudo começou com uma porta de vidro. O voo devia chegar em Orly às 15h30 de uma quinta-feira. Na cabine, a carioca estava em transe, acompanhando pela janelinha o sobrevoo dos arredores da capital. Eu ia aterrissar em Paris, eu ia morar em Paris, eu ia trabalhar em Paris!

Eram tempos em que malas não tinham rodinhas. Em que jornalista viajava com máquina de escrever em estojo pesado. A minha, então, nem se fale! Nova em folha, fabricada na Alemanha Oriental, o que, garantira o vendedor de uma lojinha no centro do Rio, era sinônimo de qualidade e robustez. Desembarque, polícia, bagagem na esteira: eu me sentia nos ares, cumpri os trâmites à risca. E lá ia eu em direção à saída, boquiaberta com o aeroporto moderno, imenso, o contrário do então acanhado Galeão; escadas rolantes, vãos com panôs azuis e verdes, alguns turquesa, era a moda. Eu e minha mala de alumínio, brilhosa e bonita, numa das mãos, e na outra a máquina de escrever que me abriria as portas do jornalismo em Paris, ora se! Atravesso o hall dos voos internacionais que me levaria ao ponto de táxi. Chego a uma por-

7

ta ampla, envidraçada. Largo a mala no chão para abri-la e, surpresa, a porta se abre sozinha.

Olho para os lados, alguém estaria rindo da moça vinda de uma terra lá debaixo do equador? A porta se abriu automaticamente ao sentir minha presença? Teria eu algum metal que alertou um sensor? Nunca soube. Disfarcei, tornei a suspender a mala, ajeitei-me para agarrar a máquina de escrever e cruzei a porta automática, mas decerto não escapei de olhares galhofeiros. Lá fora era verão e o céu cintilava de arder os olhos. A aventura ia começar. Tempos depois, me dei conta de que tinha vivido, à chegada, uma cena de Jacques Tati num daqueles filmes a que minha mãe levava a prole para assistir num poeira em Petrópolis. Mas também me dei conta de que naquela tarde de 13 de setembro de 1973 algo desconhecido me submeteu ao teste da porta automática. Um prenúncio, um rito de passagem. Eu saíra do Brasil justamente no dia seguinte ao golpe no Chile, quando um general que todos diziam respeitoso da Constituição derrubara a democracia chilena e provocara a morte do presidente Salvador Allende. Eu saíra de um país sufocado pela ditadura, sobressaltada com o namorado que desaparecera em sua clandestinidade, e a 10 mil quilômetros uma porta se abria automaticamente. Talvez algumas já estivessem entreabertas: a da tarde em que soube que o redator da *Manchete* em Paris se mudara para outro país; ou a da manhã em que, entre acanhada e petulante, perguntei a *seu* Adolpho, o dono da empresa, se poderia ocupar o lugar vago, e para minha surpresa ele disse sim — não mais com carteira assinada, mas como freelancer. Aceitei. Desde então, abrir portas, reais ou imaginárias, sempre seria gesto a ser feito com desassombro.

CHEGANÇA

Rumei para o Quartier Latin.

O hotel era modesto embora se chamasse pomposamente Grand Hôtel Saint-Michel. Bem localizado, numa rua tranquila pertinho do Boulevard Saint-Michel, que era então a via-sacra, senão a via-crúcis, dos estudantes que frequentavam a Sorbonne ao lado. A placa à entrada anunciava *tout confort*. Bem... Elevador, não. Escada íngreme e em caracol, sim. Ducha e banheiro no quarto, não. Pia, sim. Cinzeiro, sim, uma concha cambaia Saint-Jacques, idêntica à que tantas vezes eu encontraria nos hoteizinhos de uma estrela França adentro. O quarto custava trinta francos, preço em conta, a ducha no corredor saía por cinco francos. Às vezes a gente reclamava na portaria porque a água esfriava sem aviso prévio, ou minguava. A dona do hotel retrucava que ainda era verão e que essa mania de banho quente diário fazia mal à pele. Madame era uma dessas francesas dignas de uma página "Meu tipo inesquecível" da revista *Seleções*. Baixinha, magrinha, ranzinza, ela fora cantada em prosa e verso por hóspedes mais tarde ilustres. Anos depois, surpreendi-me ao vê-la em relatos latino-americanos. Seu nome era Madeleine Sauvage mas os hispanos a chamavam de "Salvage", e alguns até lhe atribuíram um furor *selvagem* que bem refletia o machismo entranhado. Madame Sauvage oficiava num cubículo à esquerda da portaria, tendo na parede um retrato seu ao lado de Fidel Castro, e outro menor, numa mesinha, do Che Guevara. Este, aliás, imperava em todo o Boul'Mich. Não havia biboca de souvenir, livraria, papelaria, que não tivesse um Che em pôster, cartão-postal, camiseta, marcador de livro, capa de revista. O Che de madame Sauvage tinha história. O poeta cubano Nicolás Guillén, exilado em Paris, morara no Saint-Michel, onde madame lhe tinha feito um preço camarada e aceitado — dizem — trocar poemas por diárias que, assim como assim, não seriam mesmo pagas. Quando Fidel chegou ao poder, em 1959, Guillén prometeu levá-la a Cuba. Dito e feito. Lá foi a dama da Rue Cujas para a ilha, onde jantou com Fidel e encontrou o Che. Um e outro decerto a aprovaram: embora vez por outra intratável, madame Sauvage ajudou exilados e estudantes em situação precária, que se ofereciam para a faxina ou para ser vigia noturno quando estavam sem dinheiro para honrar as *factures* que ela costumava pôr, aos sábados, no escaninho de cada hóspede. Hoje o Saint-Michel tem quatro estrelas e não penso que na portaria ainda lhe torçam o nariz se você quiser tomar mais de um banho por dia.

Foi uma parisiense adotiva, Gertrude Stein, que disse que Paris não é tanto o que a cidade nos dá, mas o que não nos tira. Bem dito, mas só mais tarde eu descobriria o tanto que Paris acrescenta. Num livrinho comprado mal cheguei, em que falava da sua Paris dos anos 1920, a da geração perdida, ela também dizia que escritores deviam ter dois países, um a que pertencem e outro onde vivem. Nunca pensei em escrever nada além de reportagens, portanto não me encaixava no conselho aos escritores, mas aquele desajeitado desembarque em Orly devia querer dizer alguma coisa. E disse. Primeiro, que eu não teria nenhuma dificuldade em abraçar a cidade que numa tarde de setembro me pregou uma peça. Segundo, que Paris é que iria me escolher e acolher, mais do que eu a ela. Nenhuma originalidade nisso, tão semelhantes são os relatos de estrangeiros que aportaram à cidade: pretendiam passar dois, três anos, e entrava primavera, saía outono, eles iam ficando, se adaptando, limando as arestas da convivência, trocando o transitório pelo permanente. A sensação de estar acampada prevaleceu algum tempo, até mesmo no conforto de casa: quantos de nós deixamos para um dia de são nunca a compra de um forno elétrico, de uma máquina de lavar que, naqueles anos, eram caros e nos pareciam despesa inútil para quem dali a pouco pegaria o avião de volta? Não por acaso só fui ter televisor em cores anos depois de alugar um em preto e branco, e por três anos dividi com duas amigas igualmente moradoras do Marais um aspirador de pó amarelo que todo sábado fazia o circuito de nossas casas. Ao final de três anos, já sem o primeiro emprego que me levara a Paris — correspondente da revista *Manchete* —, cogitei voltar para o Brasil mas refiz o (con)trato comigo mesma. As raízes foram se fincando, os amigos se somando, os encontros brotando do acaso que se fez necessidade, e um dia me dei conta do óbvio: Paris me adotara.

Poucos dias depois do golpe do Chile morria em Santiago o poeta Pablo Neruda, que fora embaixador de Allende na França. Houve na Salle Pleyel uma homenagem a ele, com leitura de seus poemas pelo guatemalteco Miguel Ángel Asturias e intelectuais ligados ao Partido Comunista, a começar pelo poeta Louis Aragon. A sala lotou, e do lado de fora muitos que não conseguiram entrar improvisaram uma pequena *manif*. Entre um e outro *Camarada Neruda, presente!* ouvia-se um *Camarada Victor Jara, presente!*, pois se homenageava ali não só o poeta prêmio Nobel mas o cantor de protesto assassinado dias antes. Mal consegui chegar perto. Mas foi naquela noite, numa avenida escura de um bairro chique de Paris, que vi na rua, pela primeira vez, um cartaz do Partido Comunista Francês, que me trouxe a lembrança de meu pai, distante e calado *compagnon de route* do PC brasileiro. Foi também ali que tive a primeira mostra desse direito sagrado dos franceses: manifestar-se — nas ruas, nos jornais, diante do rei, do policial, do padre. Primeira lição de cidadania.

AS LIVRARIAS

Paris é dessas cidades que a gente já conhece muito antes de chegar. Filmes, romances, músicas, cartões-postais, tudo escancarava os monumentos e cantinhos da cidade. Mas não o conteúdo das livrarias. Foi por elas que comecei. Eu morava no miolo desse Quartier Latin onde cinco anos antes tinha passado duas semanas num curso relâmpago de *civilisation française*. Justamente, um de seus pilares era o negócio do livro, ali praticado desde a Idade Média. Foi um assombro saber que em Paris havia mais livrarias — cerca de 1500 — do que em todo o Brasil. Hoje, mal alcançam quinhentas. Mas era ali no perímetro da Sorbonne que elas se concentravam. Minha estreia desse roteiro rotineiro foi na Presses Universitaires de France, a PUF, que anos depois fecharia. Era uma livraria circunspecta, em cujas bancadas impecavelmente arrumadas havia títulos que me soavam impenetráveis: semiótica, programa comum da esquerda, cérebro eletrônico, *arte povera*, platô de Larzac, que logo eu saberia se tratar de um luta entre militares e camponeses expropriados. Mas bastava descer ao subsolo para encontrar um cardápio de romances e livros de bolso que me pareciam um paraíso. Andando em direção ao Sena pelas calçadas de castanheiros ainda frondosos, caía-se em outra caverna de Ali Babá: a Gibert. Esta existe até hoje e é das minhas preferidas, pela variedade, pelas prateleiras de livros de segunda mão, alguns tão novos que, não fosse um selinho redondo amarelo, não se saberia que já foram folheados.

Mais umas centenas de passos e se chegava à Joie de Lire, mais conhecida como Maspero, nome do proprietário. Era uma espécie de sucursal do que se chamava Terceiro Mundo, um concentrado de livros, panfletos, revistas em todas as línguas do mundo, de todos os movimentos de libertação da África, da Ásia, das dissidências da Europa do Leste; jornaizinhos mimeografados, feitos por grupos da Palestina, do Vietnã, da Albânia. François Maspero foi um editor de muitos combates e — causa e efeito — problemas com a Justiça. Não havia brasileiro soi-disant politizado que não desse um pulo à livraria da Rue Saint-Séverin para saber das novidades. E como tinha! Numa das primeiras idas à Joie de Lire, consegui um catálogo da editora de Maspero, que estudei como se fosse apostila de prova. Guardei-o por muitos anos. Era um guia das esperanças e lutas daqueles anos e dos nomes que pontificavam na França: Jean-Paul Sartre, *cela va sans dire*, Louis Althusser, Régis Debray, Perry Anderson, Charles Bettelheim, Fidel Castro, Che Guevara, Georg Lukács, Amílcar Cabral. De brasileiros, havia Paulo Freire e sua *Pédagogie de l'opprimé*, Miguel Arraes com *Le Brésil, le pouvoir et le peuple*, Carlos Marighella com uma nova edição de *Pour la libération du Brésil*. Maspero tinha sido um dos vinte e tantos editores que, em protesto contra a censura do governo francês — sim, a primeira edição fora apreendida pelo Ministério do Interior —, haviam feito, meses depois do assassinato de Marighella, uma coedição do livro. Sombrio episódio, esse da censura a Marighella. O ministro do Interior, dublê de chefe da polícia, era o linha-dura Raymond Marcellin, que desde o Maio de 68 se aferrava, com impressionante arsenal repressivo, em dissolver a extrema esquerda (e também a extrema direita, embora com menos empenho). O livro de Marighella poderia, a seu ver, instigar os jovens a promover violência contra o poder. Daí ter apreendido a primeira edição. A segunda seria mais difícil, pois fora uma edição conjunta dos maiores editores franceses. O episódio está contado pelo escritor belga Conrad Detrez, na entrevista que fiz com ele (ver p. 138).

O balaio de novidades na Joie de Lire atiçava o "roubo revolucionário". Havia algum folclore em torno dessa modalidade de espoliação. Diziam que os "revolucionários" eram radicais de extrema esquerda que queriam liquidar com o negócio de Maspero, um "comerciante" que se aproveitava da revolução. A menos que fossem os da extrema direita... O certo é que muita gente tinha história para contar sobre quem surrupiara um livro, um folheto, um jornal. Desnecessário dizer que essa rapinagem foi uma das razões que o levou a fechar a livraria.

A França sempre foi caudatária de livros, editoras, prêmios literários. Quando cheguei, editavam-se no país nada menos que 150 suplementos e revistas literárias. As livrarias pequenas e médias do Quartier Latin e Saint-Germain-des-Prés eram as preferidas, mas já ia chegando a hora das megas. A primeira foi a FNAC, uma antiga central de vendas de eletrodomésticos que resolveu se lançar nos livros. Foi um sucesso. Ela dava um desconto de 20%, o que mais adiante provocou uma grita das pequenas que não aguentavam a concorrência, e acabou desaguando na Lei do Preço Único do livro, por obra e graça do ministro da Cultura Jack Lang. Com lojas imensas, vendedores de saber enciclopédico, uma ida à FNAC era um deleite. E, rezava o folclore literário, um bom lugar para paquerar, só competindo com as lavanderias automáticas onde a gente passava um tempo infinito esperando a roupa lavar e secar, e o jeito era ler ou puxar conversa com o vizinho. Na FNAC, o melhor momento era sábado de manhã, quando as bancadas exibiam pilhas de exemplares dos livros que, na véspera, tinham sido comentados por Bernard Pivot no imperdível *Apostrophes*.

Este, sim, foi um fenômeno francês: um programa semanal de televisão de quase duas horas, em que meia dúzia de escritores discutia sobre um tema. A cláusula pétrea é que todos deviam ter lido os livros de todos. Isso dava muita graça ao programa, bem conduzido por Pivot, filho de um quitandeiro de Lyon, sem diploma universitário, e que encarnava à perfeição o leitor médio francês, esse que gostava de ler mas não se via como um *intello*, muito menos como um *penseur*. Convém lembrar que em Paris a literatura é quase tão antiga como a cidade. O primeiro a mencioná-la foi Júlio Cesar, em sua *Guerra da Gália*, quando ela ainda se chamava Lutécia, há vinte séculos. Depois ela se fez presente em prosa e verso, ora como ambiente, ora como personagem — que o digam Dumas, Hugo, Balzac, Simenon, Proust, Modiano.

Em outros países havia programas parecidos com o *Apostrophes*, mas nenhum com a mesma influência. Ia ao ar sexta-feira às nove e quarenta, horário que em geral a tribo da cultura estaria num restaurante ou no cinema. Mas não: a gente ficava em casa, chamava os amigos, e assistia àquela emissão que batia recordes de audiência. Alguém já disse que é possível julgar um país por suas estrelas de TV. Na Inglaterra, era a família real; nos Estados Unidos, os artistas de Hollywood; na França, os escritores. No estúdio, iam se sucedendo os dissidentes recém-chegados — e que logo viraram moda em Paris —, como Milan Kundera e Vladimir Bukóvski. O programa com Alexander Soljenítsin criou um caso diplomático quando o embaixador da URSS pediu que não fosse ao ar. Outro Bukowski, o americano Charles, chegou trôpego de tanta bebida, xingou Pivot e foi convidado a se retirar. Houve encontros inusitados, como o de um badalado escritor, Gabriel Matzneff, que contou sua pedofilia praticada com crianças e adolescentes asiáticos — diante do silêncio, senão aprovação, dos outros convidados; ou a noite em que o apresentador perguntou a um medievalista se no século XIV reis e rainhas preferiam o sexo anal. Tinha seu charme, o Pivot. Em seus quinze anos de vida, o programa recebeu os brasileiros Jô Soares, quando lançou *O Xangô de Baker Street*, Chico Buarque e Sebastião Salgado.

OS CAFÉS

Entre uma e outra livraria, os cafés foram *a* descoberta. Cafés, é bom que se diga, eram muito mais animados. Todos ainda envoltos na fumaça das *cigarettes brunes*, as Gauloises e Gitanes de tabaco preto e cheiro acre. Era o cigarro dos intelectuais, o de Sartre. Mas Michel Foucault já fumava as *blondes*, que eram com filtro. Não é exagero dizer que todo mundo fumava. Revendo fotos da época, me dou conta de que eu estava com um cigarro aceso entre os dedos quando entrevistava alguém, visitava amigos que viviam de janelas fechadas por causa do frio, ou tinha aulas na École Pratique des Hautes Études, onde iniciei um mestrado não concluído. E nem menciono o consultório em que paciente e médico fumavam, separados por um cinzeiro de cristal sobre a mesa. Foi a rainha Catarina de Médici que, no século XVI, recebeu de um certo Jean Nicot, embaixador da França em Portugal, as folhas da planta de mil virtudes. No século seguinte, o cardeal Richelieu taxou pesadamente o tabaco, instaurou-se o monopólio estatal do fumo, e Molière pôs na boca de um personagem de *Don Juan* a máxima "Quem vive sem tabaco não é digno de viver". Pronto! O fumo caiu nas boas graças. E a história de amor entre o cinema e o cigarro fez o resto: difícil assistir, ainda hoje, a um filme francês sem algo que lembre o tabaco. Pelos anos 1990 deu-se, enfim, prioridade à luta contra o cigarro, com exorbitantes aumentos do preço do maço, hoje em média dez euros, e proibição de fumar em lugares públicos, de bares a sala de aula e metrô. Mesmo assim, ainda haveria em Paris uns 20% de recalcitrantes.

Quase todo café tinha um flíper, um baby-foot, que fazia um barulho ensurdecedor quando alguns irados chutavam a máquina porque a bolinha não ia para onde devia ir. Alguns também tinham os juke-boxes, que em troca de uma moeda se punham a esgoelar músicas que o vizinho de mesa, gostando ou não, era obrigado a ouvir. Eu gostava: no hotel não tinha rádio nem toca-discos e por isso comecei a mapear os bares de acordo com os clientes de juke-boxes: uns praticamente só escolhiam a velha guarda, Maurice Chevalier e até Fernandel, outros pagavam para ouvir os *tubes* de Charles Aznavour, Jacques Brel, Juliette Gréco, cujas letras eu sabia de cor. Ah, sim, e ainda havia o Scopitone, invenção gaulesa que juntava o juke-box e uma telinha de TV. Punha-se uma moeda e via-se um filmete com os cantores de sucesso. Já era quase uma raridade. Soube depois que muitos daqueles ancestrais do videoclipe foram filmados por jovens cineastas, Claude Lelouch entre eles.

Lênin dizia que os cafés de Paris eram os *salons* do proletariado. Já Balzac, tempos antes, intuíra que o balcão de um café é o parlamento do povo. Certeiros. Num bar todo mundo tinha vez, e era um aprendizado ver os *prolos* — os proletários, operários que trabalhavam ou moravam nas redondezas — conversando com o *patron* sobre política, religião, arte, o que fosse. Os bares mais frequentados eram os que vendiam cigarros — o *café-tabac* — e onde havia o PMU, o Paris Mutuel Urbain, uma central de apostas em corridas de cavalos, mais popular que a loteria esportiva. Ali no balcão de zinco a gente ia aprendendo o que as aulas de francês raramente ensinavam: o *pinard* que se tomava num *ballon*, com ou sem *une clope* que ainda se podia fumar em lugares fechados. Nos anos 1970 certos cafés do Quartier Latin mantinham um quê de filme de Jean Gabin, mas já no decênio seguinte essa Paris proletária era despachada para subúrbios mais em conta.

O que também morreu, felizmente, foi um código que ainda vigorava, embora não explícito: mulheres sozinhas não eram bem-vistas em pé no balcão. E não só nos cafés populares. No chiquíssimo Fouquet's dos Champs-Elysées, cheguei a ler que "damas sozinhas não são admitidas no bar". As visadas talvez fossem as moças que, em busca de um programa apimentado, circulavam à noite pelos Champs-Elysées nos seus Mini-Austin e Autobianchi, os carrinhos na moda. Cafés e bistrôs, é verdade, sempre foram muito regulamentados. Nos anos 1920-30 havia em Paris um café a cada dez metros, sempre cheio, e essa abundância levou as autoridades a proibir bares em frente a escolas, igrejas, prisões e até cemitérios. Quando eu cheguei essa interdição já não existia, embora ainda fossem quase 200 mil os bares e bistrôs na França. Hoje seriam uns 35 mil.

Um motivo de tensão no bar era se dirigir à *patronne*, na caixa, para comprar uma ficha de telefone. Sim, na França, no início dos anos 1970, o que sobrava em bares faltava em linhas telefônicas. Não havia um orelhão em cada esquina, longe disso, e era frequente se recorrer ao telefone do bar, se necessário condicionando o jeton a um cafezinho no balcão. A um deles recorri às pressas quando, num fim de tarde de verão, cheguei em casa, abri a porta e dei de cara com um ladrão. Ele virou o rosto para o outro lado, eu dei marcha a ré e despenquei pelas escadas; a polícia, que por sorte ficava no final da rua, chegou depressa mas o gatuno já tinha escapado, levando equipamento fotográfico e um jeans novinho cuja bainha eu mesma tinha feito na véspera.

Tensão maior que o telefone, para a bancada feminina, era ir ao toalete. Bem... chamava-se *toilette à la turque*. Que acrobacia! Porque o banheiro turco, que aliás foi inventado por um belga, limitava-se a um buraco no chão, cercado por um piso de cerâmica escorregadio e com dois degrauzinhos: era pôr um pé de cada lado e equilibrar-se de cócoras. Para a recém-chegada que tinha se maravilhado com a porta de vidro automática de Orly, aquilo era o suprassumo do atraso.

Nada disso me afastava dos cafés. Eu ainda não tinha amigos, e um dos prazeres ao sentar numa mesinha era, além de ler um livro ou jornal, observar os fregueses. De manhã, havia uns raros que já pediam um *ballon* de tinto, mas o corrente era o café com leite servido no balcão, ao lado da cestinha de croissants e de uma armação redonda, de alumínio, onde cabiam seis ovos cozidos, alguns cor-de-rosa da água de beterraba. Diziam que curavam ressaca. No fim da manhã começava o vaivém do almoço, garçons pondo talheres e pratos nas mesas cobertas por toalhas de algodão xadrezinho vermelho e branco, o indefectível porta-guardanapos de papel e o cinzeiro de baquelite com propaganda do Martini ou do Ricard. Nos cafés mais modestos, o cardápio não variava muito, mas sempre tinha umas entradas que ninguém mais serve, o *céléri remoulade* — um salsão cortadinho com molho à base de maionese —, as *carottes rapées* — cenouras raladas —, o *œuf-mayo* — ovo cozido com maionese —, que, este sim, ressuscitou. Quando comecei a fazer reportagens pela França, nas cidadezinhas de província o cardápio parecia um festim, se comparado ao parisiense. Pelo mesmo preço, senão mais barato, tinha-se um menu composto de uma entrada, um peixe e uma carne, uma salada, um queijo e uma sobremesa. De noite, em Paris, o jantar repetia o ritual do almoço, e o calvados ou o Irish coffee depois da sessão das dez completavam os turnos do bar.

Um dia, recém-chegada, me atrevi a gastar um dinheiro que extrapolava o orçamento. Fui ao Café de la Paix, em frente à Opéra. Ambiente garantido de século xix elegante, referência não de Zola ou Maupassant, mas de Eça de Queirós — justamente, um estrangeiro em Paris. Num de seus relatos de cônsul na França, Eça escreveu que costumava ir ao Café de la Paix "para ver o mundo passar". Eu quis fazer o mesmo, e sentada numa mesa num fim de tarde fiquei à espreita daquela comédia humana tão diferente da estudantada do Quartier Latin. Homens engravatados, mulheres de salto sete, roupas vaporosas, joias. Lá fora, todos andando muito depressa, como se estivessem sempre atrasados — o que brasileiros costumavam estranhar. Lá dentro, os primeiros exemplos que vi dessa arte tão francesa, mais ainda parisiense, que é a da conversação. Franceses são tagarelas, às vezes falam muito para dizer pouco ou nada. Mas em torno de um *pot*, na varanda de um café, podem ficar horas entretidos em torneios verbais que são uma delícia acompanhar. Opinam sobre tudo, em geral com bons modos — a não ser que seja briga de casal —, rodopiam as frases com rapidez, vivacidade, clareza. Parece que é herança do século XVII, quando surgiram os primeiros *salons* parisienses onde a tirada certa, o trocadilho maroto, o *bon mot* chegaram ao esplendor — e teriam contribuído para civilizar a França. Immanuel Kant admirava o gosto dos franceses pela conversação. Tinha razão. Até numa rixa de rua, num boteco de periferia, num vagão de metrô manejam-se as regras de quem se expressa melhor — gritar não vale —, de quem é mais ágil, caso necessário, em calar o bico do adversário. O complemento, ou o avesso, dessa arte da conversação é a da reclamação. Franceses reclamam. Todo dia, dia sim, dia não, toda semana, reclamam. Não por acaso, anos depois, traduzindo literatura francesa, me deparei com uma longa lista de sinônimos de *reclamar*: meus preferidos são *grogner*, *rouspéter*, *ronchonner*, *bougonner*, *rognonner*.

Ao sabor dos bairros onde vivi, fui ampliando o leque dos cafés. Quem mora muito tempo em Paris acaba tendo em bares e pequenos bistrôs o seu *rond de serviette*, a argola que antigamente ficava guardada, junto com o guardanapo de pano, num escaninho ao lado do balcão, a indicar quem eram os clientes habitués. O La Chope, na Place de la Contrescarpe, era o ponto de encontro diário com o primeiro amigo que fiz em Paris, o jornalista Angelo Oswaldo de Araújo Santos. O La Tartine, na Rivoli, era onde eu encontrava o fotógrafo Pedro Pinheiro Guimarães para sairmos em reportagem. O Ma Bourgogne, quando morei ali ao lado, era onde marcava com os que chegavam do Brasil, aproveitando para já mostrar a Place des Vosges e a casa de Victor Hugo — sucesso garantido. Os de Saint-Germain logo entraram na roda: o Odéon, o Mabillon, o Danton, o Le Tournon, o La Palette, onde entrevistei Daniel Cohn-Bendit, o Cluny. O Flore e o Deux Magots, vizinhos, eram para os dias de fartura, e ainda não tinham caído no gosto dos guias turísticos mais populares. Havia em torno deles um quê de torcida, um discreto Fla-Flu que levava o cliente a frequentar um ou outro, raramente os dois. Meu preferido era, é, o Flore, onde no silêncio matutino do primeiro andar também marquei algumas entrevistas. Tanto nele como nos ruidosos do Quartier Latin, no Café de la Paix dos espelhos bisotês, no Capucines dos Grands Boulevards ou no Select de Montparnasse, mas sobretudo no mais perto de casa, foi sempre possível ver o mundo — e o tempo — passar.

UM TETO

Havia que buscar um teto. Encontrei-o num *studio*, versão gaulesa dos já-vi-tudo cariocas. Era um edifício de três andares de meados do século XVIII. Sem elevador, naturalmente, com uma escada em caracol cambaia, "de época". Ali tive meu primeiro tropeço linguístico. É que a imobiliária me deixou visitar o *studio*, recomendando que anotasse o que não estava em ordem. Encontrei um banheiro flamenguista, de azulejos pretos e piso de cerâmica vermelha. E uma tampa da privada preta irremediavelmente quebrada. No caminho, fui ensaiando o que ia dizer. E na agência, reneguei os anos de Aliança Francesa, onde tinha aprendido o imperfeito do subjuntivo dos verbos irregulares, mas jamais como se dizia tampa de privada! Salvou-me a gesticulação. E a surpresa ao ouvir: "Lequel de deux?". Ahn? Havia *dois* nomes para uma tampa de privada? Sim, mesmo três. Senta-se no *couvercle*, que por sua vez recebe o *abattant*. O conjunto se chama *lunette de WC*.

A mudança para o *studio* me valeu conhecer Angelo Oswaldo. Numa tarde de sábado, eu tentava fechar a mala de alumínio que estourava de tanto livro novo quando o telefone tocou no quarto do hotel. Havia alguém à minha procura na portaria. Era ele, que acabava de chegar de Minas para um curso de jornalismo, tínhamos amigos em comum. Expliquei constrangida que estava de mudança, achei que ele ia dizer "até qualquer hora". Mas antes de ser jornalista Angelo era um gentleman, e de chofre, ele na portaria do hotel chinfrim, eu no quarto andar sem elevador, prontificou-se a fazermos juntos a mudança. Pedi-lhe quinze minutos, desci esbaforida com toda a bagagem, e disse-lhe um "muito prazer, muito obrigada". O *studio* era perto e não justificava uma corrida de táxi. A pé fomos os dois, dividindo o peso da mala sem rodinhas, da máquina de escrever, de uma ou duas sacolas abarrotadas. Cruzamos a Place du Panthéon, chegamos ao meu primeiro lar: 2, Rue Descartes. E fiz uma amizade como tive poucas na vida. Juntos, ansiosos por tudo viver, tudo conhecer, descobrimos Paris. Não do alto de um ateliê da Place Clichy, como Oswald de Andrade, mas do alto da montanha Sainte-Geneviève.

Morei em cinco endereços: dois no Marais, três no Quartier Latin, todos equidistantes da Notre-Dame, o monumento-síntese da cidade. Nenhum era em prédio haussmanniano, como se chamam aqueles erguidos nos tempos do barão Haussmann que, em meados do século XIX, foi o bota-abaixo de Paris. Esses edifícios característicos de Paris tinham o propósito de abrigar classes sociais distintas. O térreo era um comércio, o primeiro andar era do comerciante, o segundo, dos mais abastados do bairro, e a partir daí, quanto mais se subia, mais pobre se era. Até o último andar, em geral quinto ou sexto, em que havia as *chambres de bonnes* para as empregadas dos moradores do segundo andar, e hoje vendidas a preços exorbitantes.

O 2, Rue Descartes tinha sido o Hôtel de la Montagne, que funcionou pelo menos até a Primeira Guerra Mundial. Grande foi minha surpresa quando, há poucos anos, em visita à coleção de fotos antigas do museu Alberto Kahn, me deparei com o prédio, fotografado por um certo Stéphane Passet em julho de 1914, uma das primeiras fotos coloridas de Paris. De minha janela no terceiro andar eu via a flecha da catedral, aquela mesma que se fez chama e desabou no incêndio de 2019. A Notre-Dame era ponto obrigatório para passeios com amigos e familiares vindos do Brasil, para espairecidas noturnas quando vinha a vontade de esticar as pernas e o *petit tour* era ir até o Sena, cruzar a ponte, rodear a catedral e voltar pela outra ponte. E também — mas isso já não é possível fazer — para ir da Rive Gauche à Rive Droite, dirigindo, quando o atual adro ainda era uma rua cheia de carros e engarrafamentos.

A vista da minha janela abarcava, logo abaixo, um pequeno chafariz onde toda noite eu embicava meu Mini-Morris amarelo ovo e velhusco, e onde, por isso mesmo, recebi a primeira multa de trânsito. Foram muitas, quase sempre de estacionamento que ultrapassava o prazo marcado no *horodateur*, uma engenhoca espetada na calçada em que se pagava com moedinha. Várias vezes me achei vítima da brigada de multadoras, que se chamavam *aubergines* por causa do uniforme cor de berinjela, e depois *pervenches*, as de uniformes azuis. Eu descia os andares desabalada para renovar o prazo na maquininha mas a moça sempre me antecedia e já tinha deixado a multa no para-brisa. Estacionamento com duas rodas na calçada costumava dar reboque, que era mais complicado e custava uma fortuna. Mas a cada sete anos se contava com a eleição de um novo presidente. Não havia coletiva de imprensa em que um jornalista não perguntasse ao candidato: se eleito, o senhor anistiará as multas de estacionamento? Claro que ele dizia que sim... e depois os jornalistas cobravam... Funcionou muito bem com François Mitterrand, duas vezes.

Em torno da bica se reuniam os clochards com quem eu puxava conversa. *Clochard*, como se sabe, não é um mendigo vulgar, ele não pede esmola, senão um dinheirinho para comprar uma zurrapa; ele é alguém que, dizem, não se adaptou à sociedade e acabou indo morar na rua. Qual o quê. Conversando com eles começei a entender a exclusão numa sociedade rica e a falsa ideia de que tinham *escolhido* a vida de alcoolismo, solidão, desamparo. Havia um cuja mulher o trocara por um namorado na Califórnia. Ele queria ir vê-la, não sabia ao certo o endereço, pediu-me ajuda para conseguir um visto para os Estados Unidos. Embromei-o com a provável burocracia, certa de que o clochard andrajoso não cumpriria as exigências consulares. Do outro lado da calçada estava um símbolo maior da "inclusão" à francesa: a imponente École Polytechnique, uma das *grandes écoles* da França, onde se formava desde o século XVIII a elite do Estado. Era corrente flagrar no domingo à noite alunos pulando o muro da Polytek, quando chegavam além do horário estabelecido pelo regulamento militar.

Se meu *studio* de vinte metros quadrados não era lá essas coisas, eu sentia uma ponta de orgulho por morar numa rua chamada Descartes. Tirei umas horas noturnas para lê-lo, embrenhei-me no *Discurso do método* e num livro didático sobre o filósofo e matemático que, para os brasileiros da velha guarda, era o "cartesiano" por excelência, racional, rigoroso, sistemático — como seriam os franceses... humm... Anos depois, apuseram uma placa num edifício da Rue Rollin, ali perto, onde Descartes vivia quando estava em Paris. Era a época em que mantinha intensa correspondência com a jovem Elisabeth da Boêmia. Numa dessas temporadas, por volta de 1640, ele encontrou Blaise Pascal, outro gênio do século XVII, que morava no edifício em frente. E três séculos depois, a poucos metros moraram Ernest Hemingway e James Joyce, sem falar em Paul Verlaine. Era uma boa brincadeira especular o que seria um encontro desses cinco num café da Contrescarpe, a pracinha que conservava um charme medieval, até porque saíra ilesa da reforma urbana do barão Haussmann e ainda estava longe dos circuitos turísticos. Eram fabulações que Angelo

Oswaldo e eu adorávamos fazer, inventando conversas com personagens históricos ou até com os clientes do bistrô. Bem real, porém, era a frase gravada na placa da casa de Descartes: "Mantendo-me como estou, com um pé num país e outro em outro, considero minha condição muito feliz, no sentido de que ela é livre". Ah, Descartes, então era isso! Um pé em cada país, ainda que correndo o risco, como eu descobriria, de me sentir estrangeira no país adotivo, senão também no país natal.

Três anos depois, troquei Descartes por outro medalhão do século XVII: Turenne, o visconde que tinha uma mansão nessa rua do Marais pertinho da Place des Vosges. Dessa vez, fui morar num quarto e sala, quinto andar — sem elevador, naturalmente. Ó, alegria, subir os cinco lances carregando dez garrafas de vinho para uma festa, ou chegar em casa e perceber que faltava um tempero vital para a receita! Se no primeiro endereço eu tinha um roteiro literário pronto, na Rue de Turenne só mesmo o pensionato onde Balzac estudara. Os palacetes dos nobres que moravam no Marais nos séculos XVII e XVIII, as fontes públicas que Luís XIV mandara construir para levar água ao bairro ainda estavam enegrecidos da fuligem acumulada nos séculos. A beleza da *pierre de taille* — a pedra calcária típica de Paris — apenas começava a se mostrar graças às obras de restauro decididas anos antes pelo ministro da Cultura André Malraux. O Marais ainda era um bairro de artesãos, atacadistas, imigrantes judeus da Europa Central.

No endereço seguinte não faltava o que ver. A começar pelo chamativo Centro Georges Pompidou, recém-inaugurado quando morei na Rue Beaubourg. A rua conservava vestígios da Idade Média, quando camponeses por lá construíram as *chaumières* — casinhas com telhados de sapê —, origem do "Beau-Bourg", o Belo Burgo. Meu edifício, de início do século XX, tinha sido requisitado na Segunda Guerra Mundial pelos nazistas, que se instalaram como ocupantes, fazendo de cada quarto uma espécie de loft. Foi o apartamento maior em que vivi: 35 metros quadrados. Pois de lá, três anos depois, voltei para outro pequeno *studio*, na Rue Quatrefages, no centro de um entrelaçado de ruas que circundam o Jardin des Plantes e homenageiam os naturalistas. O dr. Quatrefages era um deles. Biólogo e médico, cuidou de Francisco Solano López quando, antes da derrota na Guerra do Paraguai, o general ainda frequentava a corte de Napoleão III. Depois de escalar tantos andares, preferi um térreo, num edifício de fins do século XIX cujo pátio se enchia de hortênsias na primavera. Debaixo, passava o Bièvre, o único afluente do Sena em Paris. Ninguém via o rio, é claro, mas todo mundo conhecia uma história desse riacho que a montante servia para os tintureiros da manufatura de tapeçarias de Gobelins e, a jusante, irrigava as hortas da Rue Mouffetard. A outra curiosidade da rua era a Grande Mesquita de Paris. Quando nos anos 1980 houve uma leva de atentados do grupo de extrema esquerda Action Directe, brasileiros indagavam se eu não temia morar em frente à mesquita de estilo mourisco. Ao contrário. Da minha janela acompanhava às sextas-feiras a afluência de muçulmanos que iam rezar, de embaixadores de países africanos chegando em carrões a imigrantes muito pobres. E tudo sob o controle das viaturas de polícia.

A lista de meus pousos parisienses se encerra num edifício de 1830 do 5è arrondissement. Nessa rua tranquila, atração turística só mesmo uma placa, dessas centenas que em Paris indicam na fachada quem ali nasceu, viveu, morreu. E no número 10 nascera o economista Vilfredo Pareto, em 1848, filho de pais italianos exilados. Pareto não chegava a ser uma personalidade conhecida fora dos círculos de economistas, mas a placa foi motivo de uma cena engraçada. Embora não tivesse afinidades eletivas com Pareto, meu marido Celso Furtado sentiu-se responsável pela placa que um dia desapareceu. Foi tomar satisfações com a porteira. No meio da rua, deu uma elaborada explicação da su-

ma importância de Pareto para a ciência econômica mundial —
deixando *madame la concierge* de olho arregalado — e cobrou a
presença da placa. Tempos depois ela reapareceu. Limpinha.

Dentro do apartamento, fiz outra descoberta: debaixo do câ-
nhamo que forrava as paredes do quarto, havia pinturas antigas e
camadas de papel. Anos depois, traduzindo romances de Balzac,
soube que foi justamente em torno de 1830 que o papel de parede
tinha sido adotado em Paris, quando deixou de ser artesanal para
ter fabricação mecânica em rolo. Quem teria vivido, amado, sofrido, brigado entre aquelas paredes cobertas por um papel listra-
do bege e bordeaux, que por sua vez escondia outro com estampa
de flores, que por sua vez...

Foi nesse endereço que me liguei ainda mais a Balzac. Dos
romancistas do século XIX, ele foi o primeiro a perceber a importância de Paris como quadro da ação romanesca; mais do que mero cenário, a cidade era o lugar que moldava o destino dos que nela viviam. E alguns personagens de *O pai Goriot*, que eu então
traduzia, moravam no bairro. Na Paris balzaquiana, boa parte do
5è arrondissement era quase campestre, com ruas escuras, lama-
centas, perigosas. Mas muita coisa já estava lá. Então, um dia fui
procurar a pensão da impagável madame Vauquer, onde morava
o próprio Pai Goriot. A Rue Neuve-Sainte-Geneviève do romance era a atual Rue Tournefort. A Rue des Grès, onde o agiota Gob-
seck fazia suas traficâncias, era a atual Cujas, onde morei ao chegar. Eugène de Rastignac, o rapaz ambicioso que desembarca em
Paris disposto a tudo para vencer na vida, estudava direito na faculdade onde meu marido fez doutorado e foi professor. E Hora-
ce Bianchon fazia suas pesquisas de medicina no Jardin des Plantes ali ao lado. Era o romance do meu bairro, com personagens
que no passado teriam sido meus vizinhos. Um luxo!

GEORGES POMPIDOU E OS
ESTERTORES DO GAULLISMO

A França de 1973 vivia o fim do gaullismo. O presidente Georges Pompidou era homem de confiança do general De Gaulle, fora seu primeiro-ministro durante o abalo de Maio de 68. Abalo tão grande quanto as barricadas foi, um ano depois, o adeus de De Gaulle que, derrotado num referendo sobre duas reformas sem grande importância, demitiu-se da presidência. Foi um deus nos acuda. Até entre antigaullistas ferrenhos havia os chorosos que reconheciam no velho general a dupla legitimidade de ter resistido à Ocupação nazista e libertado Paris em agosto de 1944. Seu abandono definitivo da vida pública antecipou as eleições, que elegeram Pompidou, que por sua vez também teve o mandato interrompido pelo câncer que o matou em abril de 1974.

Sucessor de um gigante político, Pompidou manobrou numa sociedade em plena mutação. Paris ainda tinha bairros operários, mas já começava a surgir a capital globalizada, gentrificada, racionalizada e asséptica que hoje se conhece. Pompidou levou adiante projetos que seus defensores elevavam ao nível de uma nova "revolução industrial e urbana". Exageros à parte, inovações não faltaram. Todas, como de praxe, envoltas nessas polêmicas tão ao gosto dos franceses, que têm uma espécie de fobia novidadeira: primeiro, torcem o nariz, depois dão o braço a torcer.

A França de Pompidou foi a dos projetos do supersônico Concorde, do Airbus, do trem de alta velocidade, das centrais nucleares, de um satélite chamado Astérix, da modernização nas telecomunicações. Esta mais que necessária, tamanho o atraso acumulado. Os correios da França eram ágeis e pontuais, carteiros se faziam de detetives quando brasileiros subscritavam envelopes com código postal ou nome de rua errados. Ainda funcionava o *pneumatique*, esse sistema subterrâneo que ligava as agências de correios de Paris e fazia chegar à sua porta em no máximo duas horas a carta disparada do outro lado da cidade dentro de um tubo de ar comprimido. Ao me falarem do *pneumatique* achei que era um vestígio do tempo das diligências, mas logo descobri que era utilíssimo diante da precariedade da rede telefônica. Um dia, fui solicitar uma linha na agência do Postes, Télégraphes, Téléphones e caí para trás: quatro anos de espera. E como havia telefone no meu local de trabalho, eu que me desse por satisfeita. Anos depois, ao publicar um livro com a correspondência de Celso Furtado, que desde 1965 era professor na Universidade de Paris, deparei-me com uma carta que ele guardou à guisa de curiosidade. Um alto dirigente do PTT lhe informava que ele era o feliz candidato a receber um telefone... dali a dois anos.

O afã modernizante de Pompidou logo chegou às artes. Presidentes na França gostam de deixar um selo cultural de sua passagem pela Terra. Giscard d'Estaing idealizou o Museu d'Orsay, para onde foram os impressionistas, o Institut du Monde Arabe, que seria modificado em seguida, o Museu Picasso. François Mitterrand construiu as novas instalações da Biblioteca Nacional, a Opéra da Bastilha e o Grand Louvre com sua pirâmide. Jacques Chirac teve a ideia do Museu do Quai Branly, onde reuniu as artes e civilizações não europeias. Pompidou, antes deles, quis criar um centro de arte contemporânea, consciente do declínio cultural da França, da perda de prestígio de Paris para Londres e Nova York — e, de uns anos para cá, para Xangai. Acelerou a transferência do velho mercado do Halles, que saiu do centro da capital onde estava desde a Idade Média e foi para o subúrbio de Rungis. No imenso espaço aberto no ventre de Paris — mais especificamente no quarteirão onde estacionavam os caminhões que abasteciam o mercado — ele poria o Centro Georges Pompidou, inaugurado em 1977, depois de sua morte, e também conhecido como Centro Beaubourg. A estética de Pompidou deu o que falar. A última grande reforma urbana de Paris fora a de meados do século XIX. A ela já estavam todos acostumados. E eis que cem anos depois brotavam pela cidade uns arranha-céus altíssimos e modernosos, vias expressas à beira do Sena, e um bairro inteiro, La Défense, dedicado a escritórios que muitos condenavam às traças, quando não embargavam suas obras.

ACONTECEU, VIROU *MANCHETE*

A *Manchete*, onde eu trabalhava no Rio de Janeiro e que me levou à mudança para Paris, era o carro-chefe do grupo editorial Bloch e uma das revistas mais lidas no país. Seu público majoritariamente carioca, de classes média e alta, vivia o "milagre" econômico promovido pelos economistas que serviam aos governos militares. Como suas congêneres estrangeiras — *Paris Match* na França, *Life* nos Estados Unidos —, era fartamente ilustrada, e seu dono, Adolpho Bloch, de família de gráficos, era maníaco por fotos de alta qualidade, chegando a perder as estribeiras quando saíam mal impressas. Daí eu ter sempre trabalhado com excelentes fotógrafos. Raramente fiz reportagens não ilustradas, embora escrevesse textos de dez, doze laudas, o que hoje é impensável. Com os *meus* fotógrafos dos tempos analógicos percorri a França, fiz dezenas de matérias e amizades duradouras. Chico Nascimento, balançando sua longa cabeleira para cá e para lá, gostava de fotografar em 6 × 6, com uma Rolleiflex e flashes de estúdio de moda, os Balcar, cujas baterias pesadíssimas e guarda-chuvas refletores eu carregava. Depois chegou Luiz Alberto de Andrade, com quem eu já trabalhara no Rio. Lulu vivia no eixo Paris-Nova York, onde morava sua mulher, a jornalista Eugenia Fernandes. Preferia as câmeras 35 mm, tinha duas Nikkon e uma infinidade de lentes que trocava a todo instante para caprichar nos Ektachromes, ou *diapos*, como chamávamos os slides. Se Chico e Lulu estivessem ocupados, eu ligava para Flavio Rodrigues, de todos o mais conversador e interessado no que diziam meus entrevistados. Quando eu já tinha saído da *Manchete* e me iniciava como correspondente da *IstoÉ* recém-criada por Mino Carta, meu par constante foi Pedro Pinheiro Guimarães, com suas tiradas divertidas e sua Leica pendurada no pescoço. E se Pedro não estava disponível, eu recorria a Alécio de Andrade, um craque, mas que às vezes me deixava à beira de um ataque de nervos. Como no dia em que fui entrevistar o biólogo que dirigia um centro de conservação de esperma. Começavam-se a divulgar as novas técnicas de procriação, fecundação in vitro, bancos de esperma, embriões congelados. Tudo ainda nos parecia ficção científica, e o artista plástico Arthur Piza, morador histórico de Paris, não parava de observar que breve os homens já não serviriam para muita coisa, nem mesmo para procriar, mas sempre seriam chamados para carregar as compras do supermercado. Concordávamos.

No final da entrevista, a assistente do cientista nos levou à sala onde estavam em tanques metálicos as pipetas com os espermas anônimos. Todas com uma tampinha colorida, envoltas no nitrogênio líquido que soltava uma fumacinha: fotogênico. A moça nos pedia para deixar o tanque destampado uns poucos segundos. Era não contar com o preciosismo de Alécio, que o deixou aberto um tempo infinito. Zanguei-me com ele, que ria da minha preocupação. Torci para que as inseminadas com aquelas pipetas tivessem dado à luz bebês robustos e saudáveis.

O escritório da *Manchete* era num luxuoso edifício da Cours Albert 1er, à beira do Sena. No segundo andar, o imenso apartamento alugado por Adolpho Bloch não parecia uma redação. Os salões tinham móveis de estilo, tapetes e até um piano de cauda em que Alecio se exercitava ocasionalmente. Além dos fotógrafos, havia duas secretárias portuguesas e o simpático marido de uma delas, que também fazia as vezes de motorista do *seu* Adolpho em Paris. O trio luso levantou voo com a Revolução dos Cravos: o 25 de abril de 1974 foi de tamanha alegria que o motorista bateu com o carro de Bloch.

Não sei que fim levou esse automóvel. Mas lembro de outro Citroën, um DS negro, daqueles que empinavam a traseira, conhecido como boca de sapo — ou, segundo o trocadilho de Roland Barthes, *Déesse*, pois era de fato um objeto de consumo meio mágico, um carro dos deuses. Seu dono era André Malraux. Ele costumava buscar, na hora do almoço, uma senhora elegantíssima, a bailarina Ludmilla Tcherina, que morava no edifício da *Manchete*. De vez em quando descíamos juntas no elevador de porta pantográfica, ela muito perfumada, enfeitada de pérolas e com um turbante prendendo os cabelos. Na calçada, o motorista de Malraux abria-lhe a porta, ela se sentava ao lado do amigo e partiam, talvez para almoçar.

E eu também ia almoçar. A Place de l'Alma, ao lado do escritório, só tinha restaurantes muito além de nossas finanças. O melhor era mesmo um bom sanduíche *jambon-gruyère-cornichon* bem avantajado, no balcão de um bar. Um dia, abriram nos Champs-Elysées um self-service, novidade na França. Vivia lotado, mas no Prisunic da calçada oposta surgiu uma lanchonete. Lá assisti a uma cena engraçada. Na vitrine, um cartaz indicava: "Venham conhecer o bicho que fala!". Entrei e vi lá no fundo muita gente em torno de um francês exibindo um papagaio. À venda, em prestações de 44 francos. Ninguém se atrevia a comprar o bichinho, até porque ele estava mudo. De repente, o vendedor já sem graça e o público decepcionado, ouço o papagaio dizer, em português: "Tô com fome! Tô com fome! Bota o arroz na mesa, bota!". Todos riram, *tellement exotique!* Mas só eu devo ter entendido o drama de um papagaio brasileiro com fome naquele outono em Paris.

A sucursal da Bloch era dirigida pelo gaúcho Silvio Silveira, que nunca abandonou o sotaque nem o bigodinho. Chegou à França nos anos 1950, criou o conjunto Les Rythmes Brésiliens, improvisou-se cantor, maestro e produtor de shows em cassinos da Côte d'Azur, em cruzeiros pelo Mediterrâneo, e até no Moulin Rouge. Lá estava quando foi contratado pelo escritório. Sobre seu passado musical, mantinha silêncio, mas como era gourmet e bom de copo, vez por outra deixava escapar histórias com o acordeonista Sivuca, com Baden Powell, nos anos mambo-jambo e chá-chá-chá. Gravou discos no estúdio de Eddy Barclay, e num 45 rotações, "Le Roi Pelé", cantava uma marchinha que dizia: "*Bon comme le café est le roi Pelé*", e se o profeta é Maomé, "*en football le roi est Pelé*".

MODERNIDADES

A "revolução urbana" promovida por Pompidou me rendeu várias reportagens. A primeira foi sobre a Tour Montparnasse, recém-inaugurada e já pivô de acirrada controvérsia. Os favoráveis louvavam seus 25 elevadores que eram os mais rápidos do mundo e não deixavam ninguém esperando mais de dois segundos. Os detratores indagavam o que fazia ali em pleno coração de Montparnasse um mastodonte de 59 andares que rompia horrendamente o gabarito parisiense de cinco ou seis andares. Ao pé da torre construiu-se um centro comercial, onde um ano depois o conde francês Guy de Castéja inaugurou o restaurante-bar-boate Via Brasil, ponto incontornável de músicos, ricos e famosos brasileiros que iam a Paris, de Jorge Ben Jor a Pelé, passando pelo governador de Minas Aureliano Chaves. Mas também Simone de Beauvoir e Jean-Paul Sartre, que lá estiveram um par de vezes para provar a *cuisine brésilienne*. Do vatapá ao churrasco, tudo era preparado numa versão mais leve. Quanto à torre, permanece mal-amada e intrusa no bairro, mas se incorporou à paisagem urbana, assim como sua antepassada, a Torre Eiffel, de início rejeitada e hoje o maior cartão-postal da cidade.

Meses depois, foi a inauguração do novo aeroporto de Paris; não mais o Orly do meu vexame, mas o Charles de Gaulle. Sua forma redonda era o suprassumo da modernidade porque reduzia as infindáveis caminhadas que passageiros tinham e têm de fazer em aeroportos de forma retangular. Suas escadas rolantes, muito íngremes, volta e meia deixavam um passageiro estatelado no chão. Foi no Charles de Gaulle que, nos anos 1990, morreu o ator Grande Otelo, de infarto, numa esteira rolante à saída do avião.

Outro item da "revolução industrial" de Pompidou foi o Concorde, primeiro avião comercial supersônico, parceria franco-britânica. Seus dois primeiros voos comerciais, inaugurados no mesmo dia de janeiro de 1976, foram Londres-Bahrein e Paris-Rio, o que foi um bálsamo para a autoestima dos brasileiros. Tudo no Concorde era superlativo: voava a mais de 2 mil quilômetros, a quase 20 mil metros de altitude, e chegava ao destino em metade do tempo. Dias antes da primeira viagem para o Brasil, a Aérospatiale, sua fabricante francesa, organizou um voo para os jornalistas brasileiros baseados em Paris. Não seria até o Rio, mas uma voltinha para além do Círculo Ártico, que nos pareceu logo ali. Tudo feito com a pompa da indústria de ponta na França. Alguns de nós fomos ao telejornal mais popular na França, apresentado por Yves Mourousi. De lá rumamos para um lautíssimo almoço no três estrelas Maxim's, com champanhe e vinho a rodo. De barriga cheia e um tanto alegres, os jovens da imprensa pátria seguiram direto para a porta do Concorde e embarcaram. Foi uma viagem de muita risada e algum medo. O avião estava longe de ser confortável. Os cem passageiros que cabiam naquele charutinho viajariam apertados em duas poltronas lado a lado, sob um teto bastante baixo. O ruído das turbinas ao acelerar e romper a barreira do som era assombroso — e não à toa as campanhas antirruído ameaçaram o futuro do Concorde. Mas que emoção ver no painel digital a indicação 2,2 mach, duas vezes a velocidade do som, e pela janelinha, a curvatura da Terra! O Concorde não foi longe. O avião de nariz bicudo tinha sido pensado em tempos de combustível barato. Quando alcançou os ares, já se vivia a primeira crise do petróleo.

Duradouro foi o último grande projeto de Pompidou, o centro cultural que acolheria a contemporaneidade nas artes, no cinema, na música, na arquitetura. Como previsível, o Centro Georges Pompidou enfrentou polêmicas. Seus adversários diziam que a arquitetura audaciosa, em que tubos pintados de vermelho, azul e verde, escadas rolantes, passarelas de metal ficavam à vista de todos, mais parecia um navio encalhado em Paris, ou uma refinaria, ou até uma Notre-Dame da Tubulação. Parecia, sim, mas franceses têm horror a qualquer mudança que desorganize seu cotidiano, seja a da mão de uma rua, seja a da meteorologia, seja a da paisagem que veem pela janela. Na reportagem que fiz sobre o Beaubourg,* o que mais me impressionou foi a complexidade da gestão. Tudo era feito por computadores — uma novidade na época —, que em poucos segundos regulavam a temperatura ambiente, conversavam com visitantes presos no elevador, perseguiam um ladrão noturno, acendiam e apagavam as luzes, diagnosticavam a causa de um enguiço nas escadas rolantes. O Beaubourg caiu no goto dos franceses. Hoje recebe mais de 3 milhões de visitantes por ano.

* "Beaubourg: um museu para o século XXI". *Arte Hoje*, ago. 1977.

GISCARD D'ESTAING E OS *SEVENTIES*

Em 2 de abril de 1974 morreu Georges Pompidou, aos 62 anos, de uma forma rara de câncer que família e governo esconderam enquanto foi possível. Nas fotos ele aparecia muito inchado, nos telejornais, de passo lento. E havia uma lei recém-votada que protegia a vida privada de pessoas públicas. Era hábito não citar a causa mortis de ninguém, o que até hoje parte da mídia respeita. Mas fui aprendendo os códigos. Quando alguém morria "de uma longa doença", era câncer. Se o jornal acabava de saber do falecimento, era coração. Se não houvesse nenhuma indicação, poderia ser suicídio. Isso explica as vezes em que eu, a correspondente supostamente informada, soube candidamente por meus editores no Brasil do que tinham morrido fulano ou beltrano. O suicídio do filósofo Nicos Poulantzas, em 1979, não foi divulgado na mídia francesa mas foi sabido no Brasil no mesmo dia. Cinco anos depois, quando Michel Foucault foi o primeiro intelectual francês a morrer de aids, a imprensa francesa falou de problemas neurológicos. A partir da doença oculta de Pompidou, decidiu-se que os presidentes teriam de dar conta de sua saúde regularmente. Decisão acatada por Valéry Giscard d'Estaing, mas desacatada por François Mitterrand, que no segundo mandato escondeu o câncer que o mataria. Esses dois presidentes também esconderam casos amorosos, ao abrigo da lei contra a bisbilhotice da imprensa. O de Giscard aconteceu em 1974. Pelas quatro da manhã, policiais e ambulância foram chamados para um acidente ocorrido perto do palácio do Elysée. Encontraram o presidente, visivelmente bêbado e em formosa companhia. Seu carro entrara na traseira da caminhonete de um leiteiro, que deu um tabefe no presidente, que por sua vez quis suborná-lo com uma nota de quinhentos francos. Nunca se soube ao certo quem era a companhia de Giscard naquela escapada. Em compensação, a filha que o presidente François Mitterrand teve com a amante foi, em seus dois mandatos, se tornando um segredo de polichinelo. Franceses são chegados a intrigas e *potins*, mas se a vida sexual e sentimental dos governantes não interferir com as razões de Estado, *tout va bien*, e até se tem tolerância — senão simpatia — com as estripulias mais ou menos indecorosas.

A morte de Pompidou antecipou a eleição presidencial. Seu ambicioso ex-ministro das Finanças, Giscard d'Estaing, se candidatou. Tinha 48 anos, um *jeune homme* para os padrões da época. E a juventude contra a "velhice" de François Mitterrand, seu contendor, pontuou a eleição, que deu a vitória a Giscard, em maio de 1974, por uma diferença mínima, 50,8% contra 49,2% para o socialista. Giscard começou inovando. Não tomou posse de casaca e limusine, mas de terno e a pé. Rejuvenesceu símbolos nacionais, trocou o azul-escuro da bandeira por um cobalto claro, decidiu que *A Marselhesa* devia ser tocada em ritmo menos vivace. Tudo devia ser novo. Não por acaso, em seu mandato surgiram os Nouveaux Philosophes e a Nouvelle Cuisine. Mas os Trinta Gloriosos — as três décadas de prosperidade que o país viveu desde 1945 — já cambaleavam com a crise do petróleo de 1973, e no fim do mandato de Giscard o desemprego explodiu.

Naqueles *seventies*, a esquerda era culturalmente dominante. Poucos artistas e intelectuais se assumiam de direita. Ninguém pensava em construir uma passarela entre os dois campos. E o peso dos intelectuais era imenso. Não por acaso, depois de terem inventado a palavra *bureaucrate,* os franceses cunharam o termo *intellocrate*, esses figurões do mundo das artes, da edição, da universidade, tão influentes em Paris. Desde o pós-guerra a França vivera uma florescência de *maîtres à penser* de repercussão mundial. "Intelectual de esquerda" era quase um pleonasmo, pois nesse lado do espectro se encaixavam, uns mais, outros menos, os protagonistas da cena: o onipresente casal Sartre-Beauvoir, Roland Barthes, Michel Foucault, Edgar Morin, Cornelius Castoriadis, Nicos Poulantzas, Gilles Deleuze e Félix Guattari, Jean Baudrillard. Cada um teve seu momento de glória, em torno de uma corrente de ideias ou de uma revista que se fazia porta-voz do marxismo, do maoismo, do existencialismo, do estruturalismo, do *gauchisme*. Alguns que haviam ateado as chamas em Maio de 1968 já iam se apagando, como Louis Althusser, que em 1980 foi o pivô de um caso sinistro, quando estrangulou a mulher, Hélène Rytman, e foi considerado criminalmente inimputável. Do outro lado da trincheira, exercitavam-se os Nouveaux Philosophes. Eram uma meia dúzia de jovens belos e modernos, que por volta de 1977 formaram um cordão puxado pelos abre-alas Bernard--Henri Lévy, o futuro BHL, e André Glucksmann. Todos apareciam em programas de TV, todos denunciavam o Gulag, todos elogiavam os dissidentes do Leste. Seus livros se chamavam *A cozinheira ou o devorador de homens* (Glucksmann), ou *A barbárie com face humana* (BHL) — todos demoliam ora Marx, ora Stálin.

Gilles Deleuze não deixou por menos. Alertou que os Novos Filósofos formulavam conceitos tão grandes quanto a cárie de um dente, promoviam misturas grotescas e dualismos sumários. Em 1981 fui encontrar BHL quando ele lançava *A ideologia francesa*. Alto, olhando de cima, com a camisa branca aberta no peito — até hoje é assim que circula pelo mundo —, ele transmitia uma arrogância que deve ter contribuído para que já então o rotulassem de impostor intelectual — termo que ele aplicou, em seu livro de estreia, aos socialistas do mundo todo. Sobre o livro, muito criticado, disse que "não me reprovaram erros históricos" e arrematava: "Não escrevi um livro de paz mas de guerra, eu sabia que velhos crocodilos da intelligentsia francesa sairiam da toca para me atacar". A nova filosofia envelheceu depressa, e ainda por uns anos o pontífice inconteste da direita continuaria a ser Raymond Aron, com quem fiz a última entrevista de sua vida (ver p. 268).

Giscard lançou um programa de reformas, entre essenciais e perfunctórias. Baixou a maioridade civil de 21 para dezoito anos, fez leis para os deficientes, garantiu o reembolso da pílula anticoncepcional para menores de idade. O bom foi que acabou com a censura no cinema, o que fez pipocarem filmes pornôs em salas até então convencionais, como uma dos Champs-Elysées que pela primeira vez exibiu um erótico, o blockbuster *Emmanuelle*. Ele queria passar a imagem de competência — real — e de fidalguia — duvidosa. Dizia descender do almirante D'Estaing, herói da Guerra de Independência dos Estados Unidos, e levou a mania de nobreza ao ridículo de implantar no Palácio do Elysée um protocolo inusitado: à mesa, como os reis, servia-se antes dos convidados e das senhoras. A imprensa inglesa se divertia com aquele "último imperador francês". Seu nome ajudava. A partícula de seu *D*'Estaing era levada a sério. A França fez algumas revoluções para acabar com os privilégios da nobreza, proclamou cinco repúblicas, mas ainda se embasbacava com as *particules*, sinal nobiliárquico. Não à toa Balzac chegou jovem a Paris como um simples Honoré, mas pouco depois se assinava Honoré *de* Balzac. Ora, eu também tinha uma partícula no meu sobrenome, que era o mais plebeu possível, descendente, muitas gerações atrás, de gente do Minho. No telefone para marcar uma entrevista, aconteceu-me perceber um tom admirativo, quem sabe me atribuindo uma nobreza imaginária, na voz do interlocutor. Eu achava graça. Soletrava o d'Aguiar frisando "de-*apostrophe*-a-g-u-i-a-r". E, dependendo da dificuldade de conseguir o encontro, completava "de-*apostrophe*, comme D'Estaing". *Voilà*.

O avesso do suposto sangue azul surgia quando Giscard encarnava o francês descontraído e popular. Memorável foi o dia em que ele e madame Anne-Aymone jantaram uma sopinha de legumes na casa de agricultores, tudo televisionado e constrangedor para anfitriões e espectadores. Ou a noite em que tocou acordeão numa quermesse. Ou na véspera de Natal, quando convidou os lixeiros para um café da manhã em palácio. E inesquecível foi o affaire dos diamantes. A França chegou a ter umas vinte colônias na África, de onde retirou sua última bandeira em 1977, ao aceitar a independência da minúscula Djibuti, à beira do mar Vermelho. Dessa longa aventura colonial, restou a "Françafrique", um pilar da diplomacia da ex-metrópole, e terreno fértil para escândalos de corrupção. O que coube a Giscard teve como parceiro o bizarro Jean-Bedel Bokassa, então presidente da República Centro-Africana. Giscard, junto com primos e ministros, foi acusado de ter recebido um punhado de diamantes valiosíssimos, estimados na época em 1 milhão de francos (250 mil dólares). De início, ignorou as acusações, depois disse que o valor estava superestimado, e por fim jurou que doara os diamantes a associações de caridade. Ninguém acreditou nem conferiu. Enquanto isso, Bokassa se autoproclamou imperador, mas acabou destituído em 1979, com a ajuda do inestimável presidente presenteado.

O mandato de Giscard já se encaminhava para o fim, e sua imagem se deteriorava a cada dia, desmentindo a máxima de La Bruyère: "O caráter francês espera seriedade de seu soberano". Em 1981, ele não conseguiu se reeleger. Perdeu, justamente, para François Mitterrand, que derrotara sete anos antes. E saiu do Elysée caricaturado como Luís XV, o rei que morreu sem prestígio e de quem ele também dizia descender, por uma linha bastarda.

OS GENERAIS-PRESIDENTES

Foi na presidência de Giscard que dois de nossos generais-presidentes visitaram a França: Ernesto Geisel e João Figueiredo. Na visita de Geisel, em 1976, o Palácio do Elysée tomou a precaução de hospedá-lo bem longe, no Grand Trianon de Versailles, temendo as manifestações, que de fato aconteceram, de brasileiros e associações de direitos humanos. Para dourar a pílula desse afastamento compulsório de Paris, a embaixada brasileira inventou uma balela: Geisel seria o primeiro chefe de Estado plebeu a se hospedar em Versailles. Não era, embora duas cabeças coroadas tivessem ido para lá, o xá do Irã e a rainha da Inglaterra. Foi uma visita curta e um tanto protocolar, com casacas, condecorações, cartolas — sendo que estas foram ainda mais abundantes em Londres, segunda escala da visita do general à Europa. O Brasil era, para os franceses mais bem informados, o país dos militares, das torturas, dos presos políticos. Na véspera de sua chegada, Geisel deu uma desastrosa entrevista à televisão francesa, em que admitia que havia, sim, "restrições à liberdade", mas só para quem queria "fazer subversão". Esclareceu que toleraria tudo, menos "terrorismo e sequestros". E concluiu dizendo que o Brasil vivia em liberdade, "até demais". Mesmo depois dessas sandices, ainda esperava uma espécie de aval democrático para seu governo.

Dois anos depois, Giscard retribuiu a visita. Nesse meio-tempo, Geisel tinha fechado o Congresso e decretado o Pacote de Abril, dirigentes comunistas tinham sido assassinados, e também Vladimir Herzog. Ainda assim, em entrevista que deu aos jornalistas franceses Geisel insistiu que o Brasil vivia "uma democracia relativa", pois "tudo no mundo, exceto Deus, é relativo". A *lapalissade* foi ironizada na imprensa francesa, que preferiu destacar o Esquadrão da Morte e as matanças que começavam a ocorrer na Baixada Fluminense.

Em janeiro de 1981, final do mandato de Giscard, foi a vez de João Figueiredo. A pauta da viagem, que devia cimentar a "sólida amizade" entre os dois países, trazia como item principal o pedido de dinheiro para o Proálcool, para o programa nuclear e outros projetos ameaçados pela colossal dívida externa. Figueiredo não precisou ser confinado em Versailles. A situação política do Brasil já parecia melhor, e os franceses puseram o general no Palacete Marigny, que fora de madame Pompadour. A comitiva presidencial impressionava: 120 pessoas, regiamente hospedadas no Hôtel Crillon, um dos mais caros do mundo. Sem falar na centena de jornalistas e em outros tantos empresários que acompanhavam Sua Excelência, de olho nos negócios com os franceses. Era inverno mas o sol brilhou todos os dias, a temperatura subiu e algumas damas se lamentavam de terem trazido o vison que talvez fosse inadequado para os jantares oficiais, esticados nas duas boates da moda, o Régine's e o Le 78, de Ricardo Amaral.

Lamento maior foi o da comitiva presidencial quando soube que a presença de Figueiredo em Paris ia coincidir com a do sindicalista Luiz Inácio da Silva. Lula fazia uma turnê pela Europa que incluíra encontros com o papa João Paulo II, o polonês Lech Wałęsa e o italiano Enrico Berlinguer. Não era pouco. Ele chegou a Paris uma hora depois de Figueiredo. No dia seguinte, enquanto um Lula todo encapotado dava na sede do sindicato CFDT (Confédération Française Démocratique du Travail) uma coletiva lotada de jornalistas, não longe dali o general se encontrava com o empresariado francês. Lula encantou os jornalistas. E a nós também: refiro-me a Celso e a mim, quando o recebemos, na companhia do sociólogo Francisco Weffort, então quadro do PT, em nosso apartamento. Os ativistas brasileiros e estrangeiros prepararam uma agenda reconfortante para Lula e incômoda para Figueiredo. Enviaram a toda a imprensa francesa textos contundentes sobre os limites da abertura, os recentes atentados a bancas de jornais, a repressão às greves do ABC, o próximo julgamento de Lula pela Lei de Segurança Nacional. Na coletiva, Lula denunciou a "abertura" que era tão "fechadura" que no Brasil do general podia-se criar um partido — como o PT — mas não um sindicato autônomo. Quanto à visita de Figueiredo, bom foi o jornal de economia *Moniteur du Commerce International*, que recomendou aos leitores irem ao Brasil só de férias, para o Carnaval, mas sem deixar por lá um centavo: "O país gasta o que não tem". Por uma reviravolta feliz, pouco mais de vinte anos depois o sindicalista seria o presidente do país do general, e construiria a melhor imagem que o Brasil já teve no exterior.

A CIRANDA DOS MINISTROS

A visita de um presidente era uma espécie de *grand finale* do balé que autoridades brasileiras gostavam de dançar em Paris. Nesses dois mandatos de generais, houve um fluxo contínuo de ministros, presidentes de estatais, de bancos comerciais ou central. Nem sempre era fácil acompanhar o dois pra lá, dois pra cá. Eu me valia do Reali Júnior, o mais completo jornalista com quem convivi em Paris. Reali trabalhava para o *Estado de S.Paulo* e para a Jovem Pan. Nunca deixou de ser repórter, era sempre o primeiro a saber de tudo o que ocorria em Paris relacionado com o Brasil — e muito mais. Sua casa tinha um quê de redação, de aconchego para as dezenas de amigos, e às vezes de tábua de salvação para brasileiros perdidos em Paris, que sem a menor cerimônia iam bater à sua porta e pedir algum favor. Reali era esse misto de integridade, competência, lealdade, foi parceiro e amigo de vida — ele, Amelia e as quatro filhas.

Os projetos faraônicos do Brasil, como o nuclear, a produção de etanol, as hidrelétricas, as minas de Carajás, dependiam de amplo financiamento internacional. Presença constante nas negociações era Antonio Delfim Netto. Primeiro, como embaixador em Paris, de 1975 a 1978. Seu *entourage* o apresentava como um *business ambassador* — e garantiam que ele teria levantado 100 milhões de dólares por ano para empresas brasileiras. Justamente, esse "levantamento" esteve na origem do Relatório Saraiva, feito em 1976 por Raimundo Saraiva, adido militar na embaixada. Os primeiros rumores sobre o relatório indicavam que havia um esquema de propinas vindas de fornecedores internacionais de uma hidrelétrica brasileira. Beirariam 6 milhões de dólares, depositados num banco suíço. A fonte da informação era, entre outros, um cunhado de Giscard, o banqueiro Jacques de Broissia, diretor do banco que presidia o consórcio para o financiamento de Tucuruí. O próprio Delfim não foi acusado nominalmente de nada, e o Relatório Saraiva, providencialmente engavetado, só foi publicado muitos anos depois — confirmando os rumores —, mas a partir daí as relações do embaixador com o governo de Giscard esfriaram. Constrangedor. Igualmente constrangedor foi o que me disse o pintor Clóvis Graciano, que Delfim Netto levara para a embaixada como uma espécie de adido cultural. Graciano estava instalado numa salinha no subsolo do palacete. Fui vê-lo para saber dos planos culturais desse grande nome do figurativismo. Para meu espanto, ele passou de leve por uma possível agenda cultural e me disse que sua função principal, naquele cargo, era assessorar o embaixador a comprar obras de arte, sendo Delfim Netto um grande colecionador.

A ciranda dos ministros e do alto escalão das finanças não variava muito: saía Karlos Rischbieter, entrava Delfim Netto, saía Mário Henrique Simonsen, entrava Ernane Galvêas, chegava Carlos Langoni, embarcava Shigeaki Ueki. Hospedavam-se num cinco estrelas dos arredores do Champs-Elysées, como o Georges v, o Prince de Gales, ou o Warwick, recomendação do cronista Ibrahim Sued. Passavam o dia convencendo banqueiros e funcionários do Clube de Paris, que financiavam ou avalizavam a colossal dívida externa, de que a política econômica brasileira ia muito bem, obrigado, o balanço de pagamentos era um brinco, e apreciáveis eram os sucessos obtidos na luta contra a inflação. De seus interlocutores ouviam que as condições de empréstimos seriam cada vez mais duras. No fim do dia, marcavam uma coletiva em que praticamente só havia jornalistas brasileiros, nada diziam de muito substancial, pontuavam suas falas com o jargão dos empréstimos-ponte, jumbo, spreads, reescalonamento, default. Seguia-se um jantar em restaurante de luxo — Delfim Netto preferia o L'Ami Louis. Enquanto isso, as autoridades monetárias francesas que nós, jornalistas, íamos ver tornavam a indagar por que o Brasil administrava tão mal suas finanças e dívidas. Tudo *tellement déjà vu!* Nos idos de 1983, a TV francesa exibiu um documentário que alternava imagens de favelados cariocas e flagelados nordestinos, e indagava: "Como este povo poderá nos pagar?". Outra ocasião, quando o Brasil suspendeu o pagamento dos juros da dívida dos credores do Clube de Paris, o jornal de economia *Les Échos* recordou que Delfim Netto, depois de incensado como o pai do "milagre", era um alto funcionário reduzido a percorrer salas de bancos e gabinetes de governos para salvar o país da bancarrota. Como manchete: "É dura a queda, ministro".

A VOLTA DOS EXILADOS

Foi no mandato de Figueiredo que houve uma guinada na vida de centenas de brasileiros, trazendo novas expectativas e esperanças: o fim do exílio, a volta para o Brasil. Depois do golpe militar de 1964, a França recebeu um punhado de exilados, entre eles Celso Furtado. Duas levas se seguiram: a que chegou após o AI-5 de dezembro de 1968, e a dos que estavam no Chile e tiveram de iniciar mais um desterro, depois do golpe de 1973. Quantos foram, difícil saber. Na época, as estimativas variavam de 5 mil a 10 mil. Mais fácil saber quem eram: políticos, professores, sindicalistas, jornalistas, cientistas que, cassados por atos institucionais, perseguidos em universidades, banidos depois de terem sido trocados em sequestros de diplomatas, tiveram de recomeçar em outro país, viver em outra língua e cultura. E ainda correr o risco de sofrer ameaças. Pois no rastro do contingente dos exilados "chilenos" teria chegado a Paris o horripilante delegado Sérgio Fleury, com que objetivo não se sabia mas não era difícil supor. O certo é que havia colaboração entre os serviços policiais e diplomáticos do Brasil e da França, em torno de atividades que eles julgavam subversivas — até mesmo a Fête de l'Humanité que, todo ano, reunia numa imensa quermesse quase meio milhão de comunistas, simpatizantes, artistas, sindicalistas — e em torno de exilados brasileiros. Meu marido entre eles. Celso enfrentou mesquinharias e recusas das autoridades diplomáticas de seu país em pelo menos duas ocasiões: quando chamado a chefiar uma missão técnica da ONU que iria estudar a barragem de Assuan, no Egito, e quando foi convidado para um colóquio de historiadores econômicos em Leningrado. Nas duas ocasiões, negaram-lhe o visto. Para o embaixador Bilac Pinto, então em Paris, Celso tinha "se mostrado inimigo acérrimo do regime e vinha aproveitando todas as ocasiões para tentar desacreditar o governo de sua pátria".*

Os exilados também esbarravam em outros obstáculos. Não foram poucas as crianças nascidas no estrangeiro que custaram a ter certidão de nascimento. Havia no Itamaraty uma lista de indesejáveis regularmente atualizada e enviada aos consulados. Muitos não obtinham passaporte novo ou renovação do antigo, e o jeito era impetrar mandados de segurança junto ao STF. Se ganhassem, teriam um passaporte com a peculiaridade de ser válido apenas para o país de asilo. Era o "ficaporte". A toda hora a gente ficava sabendo de uma arbitrariedade. Magdalena Arraes, mulher do ex-governador de Pernambuco, teve de impetrar man-

* "Conversa do embaixador Bilac Pinto com o diretor do *Le Monde*, 14/10/66", em *Liberdade vigiada*, de Paulo César Gomes. Rio de Janeiro: Record, 2019, p. 189.

dado para conseguir que a Embaixada do Brasil na Argélia, onde viviam, lhe desse um passaporte. Na França, o dramaturgo Augusto Boal teve o mesmo problema. Na Alemanha, o jornalista Arthur José Poerner, privado de passaporte, usava como documento a velha carteirinha do Clube de Regatas Flamengo, cuja capa de couro preto parecia respeitável. Muitos desses passaportes vinham com o carimbo: "Obtido por mandado de segurança". Era o mesmo que escrever: "O portador é um comunista, um perseguido, um exilado".

Por um acaso do calendário, na véspera da Lei da Anistia de 28 de agosto de 1979 chegava às bancas o primeiro número do *Jornal da República*, criado por Mino Carta, que dirigia a *IstoÉ* desde 1976. O ambicioso projeto era ter em São Paulo um diário entre os jornalões e a imprensa nanica. O *Jornal da República* reunia, além do Mino, um time memorável: Claudio Abramo, Raymundo Faoro, Nirlando Beirão, Clóvis Rossi, Tão Gomes Pinto. Eu já era correspondente da *IstoÉ* e Mino me propôs ser também da nova publicação. O lançamento do jornal coincidiu com o momento em que os exilados fechavam as malas. Era praticamente uma entrevista por dia: José Salles, Anita Leocádia Prestes, Fernando Gabeira, Apolônio de Carvalho, Miguel Arraes, Leonel Brizola, Luís Carlos Prestes. As conversas eram temperadas pela alegria da volta, por uma ponta de tristeza de deixar o país que os havia acolhido, e pela angústia do reencontro com o Brasil.

Augusto Boal estava fora havia oito anos. Nosso encontro começou no vagão do metrô que ele pegava para ir buscar a sonhada passagem de volta. Ele gesticulava mais que falava, pressentia a enxurrada de emoções. A maior seria rever o Teatro de Arena, de onde numa noite de 1971, durante os ensaios de *Arena conta Bolívar*, a polícia o levou, dando início a três meses de prisão e pau de arara. Miguel Arraes ia voltar com Magdalena e cinco dos nove filhos. Na véspera, no apartamento de um deles, Arraes tinha o semblante satisfeito de quem na manhã seguinte estaria no Rio, e no outro dia em Recife para o comício de recepção. Ia disposto a conversar "centenas de horas, sobretudo com o povo". E avisava: "Entro como aluno, e não como professor". Encerrava assim seus quinze anos de exílio em Argel.

Miguel Arraes e Leonel Brizola chegavam ao Brasil em posições distintas: o primeiro defendia uma frente ampla das oposições, o segundo era o *cavalier seul* que reivindicava a herança do trabalhismo. O governo militar manobrou para que ele não assumisse a liderança do PTB. Brizola chorou, se consolou, criou seu próprio partido, o PDT. Almino Affonso, ex-ministro do Trabalho de João Goulart, ainda tentou uma mediação entre os dois, num encontro em Paris na casa de Violeta Arraes, irmã de Miguel, para o qual os jornalistas foram convidados, mas falhou no que seria um compromisso histórico. A cúpula do PCB encarava a volta com prudência. Estavam anistiados mas eram escaldados de tantas outras perseguições a um partido que tinha 57 anos e apenas dois de legalidade. O primeiro a desembarcar no Galeão foi José Salles, o caçula do comitê central. Em nosso encontro, na véspera da partida, ele dizia só ter um objetivo: "Defender a política comunista". Anita Leocádia Prestes, também do comitê central, parecia o oposto de Salles. No restaurante brasileiro Dona Flor, onde jantamos, deixou claro que preferia a luta pelo socialismo à conquista de espaço numa frente democrática. Acabou por renunciar ao comitê central.

Seu pai, Luís Carlos Prestes, pensava com mais nuances. Em agosto de 1978, quando a anistia ainda era uma hipótese, fiz uma longa entrevista com ele.[*] Em seus oito anos de exílio em Moscou, Prestes falou apenas com um jornal brasileiro. A que fiz —

---

[*] "Prestes hoje". *IstoÉ*, 6 set. 1978.

como a revista fez questão de esclarecer — era a primeira "de viva voz em muitos anos para um jornalista brasileiro". Não foi fácil chegar a ele. No dia marcado, o fotógrafo e eu fomos levados, talvez para nos despistar, a três casas modestas da *ceinture rouge*, como se chamavam os subúrbios de Paris com prefeituras comunistas. Na terceira casa, lá estava o Cavaleiro da Esperança, o inimigo maior do regime militar. Não aparentava seus oitenta anos, quarenta dos quais vividos na prisão e no exílio. Insistiu que não era hora de revanchismo e fez uma autocrítica em relação ao golpe de 1964: "Precipitamos o confronto ao não defender com suficiente empenho a legalidade democrática". Encerrou a conversa citando Anatole France, para quem era muito mais alegre morrer como uma borboleta do que como um velho.

No ano seguinte, ele estava novamente em Paris. Tivemos mais dois encontros: um almoço na tradicional brasserie Chez Jenny, perto da République; e uma ida à sede do PC francês, projetada por Oscar Niemeyer. Frisou que não voltava como derrotado, embora o PCB continuasse ilegal. Esperava que sua saúde resistisse ao calor carioca depois dos invernos na União Soviética. Contornaria a Lei de Segurança Nacional, que punia com prisão toda iniciativa de reorganização do PC. Sua chegada ao Rio foi cercada por um forte esquema de segurança no aeroporto, e nem os mais íntimos, como Niemeyer e seu advogado Sobral Pinto, conseguiram ir lhe dar um abraço. Prestes estava condenado a vinte anos de prisão, em três processos. Mas pôde enfim retornar à Pátria "com maiúscula", como dizia.

Houve em Paris uma bela iniciativa para os filhos de exilados: uma escolinha que ensinava aos pequenos o que era feijoada, jacaré, busca-pé, jabuticaba, bola de gude, pororoca. Chamava-se Saci-Pererê e funcionava na Cité Universitaire, aos sábados. Foi lá que conheci Sabrina, quatro anos, que deitada na grama desfolhava uma margarida e ia recitando em português "mal me quer, bem me quer". Então chegava Solano, um lourinho de três anos que custava a assimilar a galinha garbosa desenhada num livro com o *poulet* depenado, congelado e branquelo que via exposto no supermercado. Eram crianças que não conheciam bicho correndo no quintal. Mas que conheceram ensaio de quadrilha para a festa de são João, lendas da Amazônia, histórias brasileiras. Todas sonhavam com um Brasil a 10 mil quilômetros, tão distante como as mil e uma noites, um país fantasiado pelas imagens da praia, do sol, do Pão de Açúcar. Tinham perambulado pelo Chile, Argentina, sofrido o trauma de um golpe de Estado, o corre-corre dos pais momentaneamente separados, a busca de refúgio numa embaixada, a mudança de escola. Vera Sílvia Magalhães, banida do país na troca de presos políticos pelo embaixador alemão sequestrado em 1970, era uma das fundadoras da Saci-Pererê e me contou a história de Pedro, que só desenhava um homem matando o seu pai. Toda marionete com que brincava assassinava alguém. A crueldade do exílio.

Para Josenilda Felix Duarte, o Brasil permaneceria muito distante. Entrevistei-a dois anos depois da anistia. Pernambucana, ela se lembrava do dia em que fora expulsa de uma festa porque estava de mãos dadas com uma menina. Josenilda era "diferente", e sempre sofreu por isso, desde a militância maoista no Recife. Duplamente coibida, política e sexualmente, entrou para a luta armada mas também foi discriminada. Escondendo sua homossexualidade, foi bater em Portugal, mas a aconselharam a ir para a Suécia, onde o casamento homoafetivo era oficializado em cartório. Melhor ainda: dava-se asilo sexual. Em geral os estrangeiros primeiro se casavam com suecos e depois pediam asilo. Josenilda fez o contrário. Em 1979, quando os brasileiros na Suécia preparavam o regresso, ela pediu asilo. A Suécia consultou a embaixada em Brasília, que disse que a situação das lésbicas era "tolerável" no Brasil, mas que o comportamento homossexual poderia ser considerado atentatório à moral e aos bons costumes. Josenilda tornou-se a primeira asilada sexual brasileira. Casou-se com uma finlandesa.

MADAME LA MINISTRE

Uma novidade do governo de Giscard me rendeu duas boas entrevistas. No rastro do movimento feminista que eclodira em Maio de 68, Giscard fez um gesto bem calculado e nomeou duas ministras. Entrevistei-as.

A primeira foi a jornalista Françoise Giroud (ver p. 195), que dirigia a revista mais lida na época, *L'Express*. Giscard convidou--a para assumir o primeiro ministério francês criado para pensar a condição feminina. Ela fizera campanha pelo socialista François Mitterrand, daí ter rejeitado o primeiro convite que Giscard lhe fez, certa de que dali a quinze dias iam lhe pedir para instalar seu gabinete na cozinha do Palácio do Elysée ou fazer café para os ilustres ministros. Um mês depois, aceitou. Em muitos aspectos, a condição feminina na França engatinhava. Enquanto no Brasil a pílula era medicamento corrente, na França era vista com desconfiança, e até, dizia-se, atrofiava os ovários. Ter conta em banco? Humm... até pouco tempo antes, só com autorização do marido. Trabalhar fora? Humm... onde já se viu mulher que abandona a prole? Giroud atacou em várias frentes e ofereceu pensão para as que preferiam ficar em casa até a idade escolar dos filhos, renda mínima para as que não trabalhavam fora, melhoras da condição feminina no mundo rural, legislação sobre a paridade de salários, que até hoje não é uma realidade plena. Embora desde então várias leis tenham conseguido equilibrar essa balança, a francesa ainda ganha 15% menos que o homem.

Outra ministra brilhou no mandato de Giscard: Simone Veil

(ver p. 309), magistrada que assumiu a pasta da Saúde com o compromisso de conseguir aprovar a legalização do aborto. Não fazia três anos que tinha sido lançado o Manifesto das "Salopes" — as 343 "putas", encabeçadas por Simone de Beauvoir e atrizes que reconheciam ter abortado, o que era passível de processo penal. E ainda estava em todos os debates feministas o processo de Bobigny, que condenara uma menor que abortara depois de um estupro, e quatro mulheres por cumplicidade com aborteiras. No dia da votação da lei, em janeiro de 1975, a Assembleia Nacional amanheceu cercada de enfurecidos comandos de católicos tradicionalistas que fizeram provocações como a simulação das mortes de bebês, enquanto um ex-ministro se esgoelava, no meio da multidão, prevendo que logo haveria corpos de crianças amontoando-se nos matadouros. No plenário, a ministra fez uma defesa contundente da despenalização do aborto, não tanto em nome da liberdade da mulher mas insistindo que abortos clandestinos eram caso de saúde pública. A lei foi aprovada, reconhecia-se enfim às mulheres a propriedade de seus corpos.

OS RESTAURANTES

Um dia, propus à *Manchete* uma série de reportagens que, à primeira vista, podiam parecer interesseiras mas atenderiam aos leitores que viam Paris como meca de comes & bebes sofisticados. A série se chamou "Os dez melhores restaurantes de Paris". Eu entrevistava o dono, que nos preparava três ou quatro receitas a serem publicadas, tudo fartamente ilustrado. Quem chega à França logo percebe que o assunto incontornável de um francês num restaurante é falar de outro restaurante aonde ele foi ou irá, é se lembrar de um cardápio ou de uma receita, *ulalá*, em geral bem sofisticada, senão engordativa, servida um dia a seus convidados.

52

E convém não esquecer que a grande promessa do rei Henrique IV, num entrevero com o duque de Savoia, foi a de que cada lavrador teria os meios de comer uma *poule au pot*, essa galinha ensopada com legumes que se tornou símbolo da prosperidade do reino.

Sondando aqui e ali amigos que "sabiam o que era bom", e as estrelas do Guia Michelin, então a bíblia gastronômica, fiz a lista dos dez melhores. A começar pelo Tour d'Argent.* Seu dono, Claude Terrail, era um contador de histórias. Recebeu-nos de terno e colete, flor roxa na lapela, e pôs-se a desfiar os bastidores do restaurante comprado pelo avô. A origem era a hospedaria que já existia em 1582, instalada num castelo à beira do Sena. Foi lá que numa noite o rei Henrique III se espantou com italianos que tiravam de um estojo um utensílio de dois dentes e o espetavam na carne. Então conheceu o garfo. Franceses só comiam com colher — e com a mão. O rei encomendou doze garfos mas comprou briga com o clero, que argumentava que Deus tinha nos dado cinco dedos para agarrar os alimentos. Montaigne gostou da invenção, pois o garfo evitava que os afoitos mordessem a ponta dos dedos. Outro problema com o clero teve Claude Terrail, quando Jorge Guinle chegou para almoçar numa Sexta-feira da Paixão. Jorginho se dizia católico e foi preciso conseguir de um padre o nada consta para servir ao playboy carioca, em dia de abstinência de carne, o famoso pato. O padre abriu uma exceção. *Se non è vero…* Outros brasileiros que Terrail citava como fregueses do Tour d'Argent eram Santos Dumont e Juscelino Kubitschek. Quando em 1982 o restaurante festejou quatrocentos anos, fiz outra matéria com Terrail. Ele preparou um festim: por cinco noites, cinco banquetes copiaram os cardápios pantagruélicos do século XVI.

* "Tour d'Argent. Onde o francês aprendeu a comer". *Manchete*, 29 nov. 1975.

O *canard Tour d'Argent* era a especialidade da casa. Tudo era aproveitado e servido pelos *canardiers*, que espremiam a carcaça numa prensa de prata. O pato semisselvagem teve tanto sucesso que o maître resolveu numerá-los. Quando fiz a reportagem, já eram 450 mil servidos. Anos depois, Celso e eu lá comemoramos um aniversário e comemos o pato número 721 436; em 2012 essa marca atingia 1,1 milhão. A adega era a outra pérola do restaurante, com 120 mil garrafas. Justamente, o vinho nos fez passar um aperto. Convidados, o fotógrafo Chico Nascimento e eu, a almoçar no Tour d'Argent no final da reportagem, e feito o pedido ao maître, veio o sommelier. Era o tempo em que senhoras sequer recebiam cardápios com preços, quanto mais a carta de vinhos. E então ouço Chico dizer: "Não bebo vinho, uma coca--cola, por favor". O chocado sommelier retrucou: "Monsieur, aqui não servimos refrigerantes, no máximo um suco de laranja". Então me intrometi: "Ele não bebe vinho mas eu bebo, ora essa!". Veio um tinto.

Enfrentamos outro contratempo no Le Grand Véfour,* o restaurante do século XVIII nos jardins do Palais Royal. Esse três estrelas pertencia a Raymond Oliver, *chef cuisinier* que também adorava contar histórias. O Véfour fora ponto de encontro dos perseguidos pela Revolução Francesa. Napoleão era cliente assíduo, mantendo uma garçonnière no primeiro andar — onde, século e meio depois, morou a escritora Colette. E durante a Guerra Franco-Prussiana, um oficial pediu para tomar café numa xícara em que nenhum francês tivesse posto a boca. Trouxeram-lhe o café dentro de um urinol. Uma das especialidades da casa era o *soufflé aux grenouilles*. Oliver enfurnou-se na cozinha para prepará-lo enquanto Chico armava o equipamento. Veio o mestre-

---

* "Grand Véfour. Duzentos anos de boa cozinha". *Manchete*, 11 jan. 1975.

-cuca, de avental branco, Chico focou a câmera e os flashes de estúdio não acenderam: o restaurante ficou às escuras, a instalação elétrica não aguentou a carga das baterias. Caiu a luz, caiu o suflê de rãs, caiu o bom humor de Oliver. O apagão durou pouco, mas não a decepção do chef: seu suflê murchara mais de dois centímetros, o que era um desastre porque, "como todo mundo sabe", suflê que se preza deve estar de dois a três centímetros acima da borda do ramequim.

Em outro de meus *best of*, as estrelas eram as do Michelin e também, nas noites de verão, as do céu de Paris que se mostravam pelo teto aberto do restaurante Lasserre,* perto dos Champs-Elysées. René Lasserre nos preparou receitas servidas em louça lavrada a ouro e talheres de prata que eram cópias do serviço da corte de Luís XVI. Em vez do clássico Livro de Ouro que todas essas grandes mesas punham à disposição dos clientes, Lasserre tinha o Club de la Casserole, de que eram sócios Marc Chagall, Charles Chaplin e Romy Schneider. De brasileiros, ele se lembrava de Juscelino Kubitschek. Ah, JK!

Havia os restaurantes especializados. Um deles era o Le Coq Hardi,** em Bougival, velho albergue dos empregados da condessa Du Barry, amante de Luís XV. Nos salões, uma coleção de 1500 galos de louça, cerâmica, madeira, e um cardápio só de aves. No La Marée,*** eram peixes e crustáceos. Seu dono, Marcel Trompier, servia apenas os de mar porque os de rio andavam insossos com a poluição — já então. No Lamazère,**** quem oficiava era um mágico de verdade, que aos três anos andava pelo quintal da

* "René Lasserre. Uma obra de arte em cada receita". *Manchete*, 4 jan. 1975.
** "Coq Hardi. O segredo dos velhos molhos". *Manchete*, 25 jan. 1975.
*** "La Marée. Os deliciosos frutos do mar". *Manchete*, 18 jan. 1975.
**** "Toda a magia da cozinha francesa". *Manchete*, 28 dez. 1974.

casa com um porquinho na coleira para farejar trufas debaixo da terra. A certa altura Roger Lamazère trocou a magia profissional pela culinária do Périgord, com muitas trufas, *foie gras* e *cassoulet* envelhecido em potes de barro na adega. Gabava-se de ter patenteado um processo para fixar o perfume da trufa na *brouillade aux truffes*, carro-chefe da casa. O truque consistia em deixar na mesma caixa os ovos frescos e as trufas, de modo que o aroma passasse pela casca porosa do ovo.

Todos os mestres-cucas afirmavam que cozinha não tinha segredos, e eu fingia acreditar. Todos seguiam as receitas mais tradicionais, herdeiras de Escoffier, o chef do século XIX que por sua vez seguiu os passos de Carême, o cozinheiro dos reis. Em suma, praticavam molhos, ensopados, cozimentos de oito horas, pratos roborativos, adjetivo tão usado na França para rotular a suculenta *cuisine du terroir*. Contra esses cânones surgiu a Nouvelle Cuisine, propondo uma culinária mais sóbria, leve, minimalista, que custou a pegar. Os tradicionalistas consideravam sacrilégio aquelas combinações insólitas de mexilhões ao kirsch, coxa de frango com mousse de lagosta. Na terra de Pantagruel, gourmet é quase sempre gourmand, e ninguém engolia aqueles pratos sem molhos, com legumes al dente, carnes cruas, porções que cabiam num dedal. A Nouvelle Cuisine era a moda do quanto maior a conta, menor a quantidade.

Um dia fui entrevistar Henri Gault e Christian Millau, a dupla que, com uma revista e um guia gastronômico, inventou a novidade. No Bar Anglais do Plaza Athenée, em torno de uma mineral sem gás, eles contaram que já haviam comido em quinze anos de métier uns 150 quilos de foie gras, quinze quilos de trufas, 20 mil ostras, tudo isso acompanhado por um oceano de 10 mil litros de vinho e champanhe. Juraram que o colesterol estava ótimo, criticaram duramente a cozinha brasileira, que tinha excelentes ingredientes mas era pesada e malfeita. Gault e Millau achavam lamentáveis os peixes esturricados, as lagostas que de tão cozidas ficavam borrachudas. Salvavam-se a feijoada, a cachaça, a farofa e as casquinhas de siri.

Encerrei a série dos restaurantes com três praticantes dos novos mandamentos. Alain Senderens pontificava no L'Archestrate.* Discursava com toques de filósofo, dava explicações quase bíblicas para a nova cozinha, que nada mais era do que uma continuação dos preceitos do Antigo Testamento. Lá estava escrito que os judeus distinguiam alimentos puros e impuros. Razão devia haver para comermos tão mal. Pois se um cozinheiro já tinha tendências assassinas quando suprimia a vida vegetal e animal para alimentar um ser humano, cometia outro assassinato se não respeitasse as qualidades do produto, o tempo exato do cozimento, a dose certa dos temperos para não torná-los impuros. Assim falava Senderens.

A nova cozinha abriu as portas para as mulheres. Duas eram chefs excepcionais: Christiane Conticini, no comando do Le Parc, em Villemomble, e Madée Trama, chefe do Tante Madée em Paris.** Defendiam com o entusiasmo dos convertidos essa cozinha que dera a cada uma duas estrelas no Guide Michelin. Muitos desses restaurantes fecharam, outros continuam brilhando nas Grandes Tables du Monde. Quando cheguei a Paris, rezava a liturgia culinária que uma boa refeição consumia duas horas. A tal ponto que a polícia não incomodava ninguém que estivesse comendo, e se fosse um suspeito, deixavam-no cruzar os talheres. Os hábitos foram mudando, os franceses comendo mais fora e gastando menos tempo à mesa, preferindo pratos mais leves. A nova cozinha foi mais uma evolução do que uma revolução. Depois, o que era novo envelheceu e veio a bistronomia, que tenta o

* "Alain Senderens. O filósofo da cozinha". *Manchete*, 13 ago. 1977.
** "A nova cozinha. Com tempero feminino". *Manchete*, 31 jul. 1976.

equilíbrio entre a nova e a antiga culinária francesa, a preços mais em conta e jovens chefs. O que não mudou foi a certeza de que o patrimônio gastronômico é tratado como joia da coroa. São 160 mil restaurantes no país, que empregam mais de 1 milhão de pessoas. Muito vilarejo (sobre)vive da clientela de um bom chef local, que cai nas graças de um guia turístico. Outros, como os estrelados de Paris, têm uma clientela estrangeira. Talvez a gastronomia seja o único tema de consenso nacional.

ENTRE A FICÇÃO E A REALIDADE: ELES ESCREVEM

Quando eu era uma jornalista novata, fui a Porto Alegre entrevistar Erico Verissimo, que lançava as memórias *Solo de clarineta*. Erico era avesso a gravador mas aceitou me receber em sua casa por dez dias e fui ouvindo maravilhada o que ele tinha a dizer de seu processo criativo, do mistério dos personagens, da força da literatura, do papel do escritor.* Naquelas noites frias do inverno gaúcho, ele me inculcou a curiosidade de ouvir os escritores.

A paixão se consolidou na França, onde tudo se transforma em literatura: amor, comida, vinho, sexo; onde raros são os políticos, cantores, costureiros, empresários que não publicam um livro na vida. Alguns recorrem a ghost writers — que quando cheguei a Paris ainda eram vergonhosamente chamados de *nègres*. Outros, talentosos, foram ótimos memorialistas, como Charles de Gaulle, André Malraux, François Mitterrand. Todos quiseram deixar "uma obra", como se a vida tivesse de passar pelo próprio livro. A França é um país onde se leva muito a sério a literatura, onde o prestígio do livro é inconteste, onde o dinheiro gasto com

* Rosa Freire d'Aguiar, *Palavra puxa palavra*. São Paulo: Companhia das Letras, 2019 (e-book).

livros é o principal item do orçamento cultural — um francês compra em média onze por ano —, bem à frente do que se gasta com cinema, teatro, museu. É também um maná para o mercado dos livros de bolso, que representam um terço das vendas e teriam até uma louvada ideologia de esquerda, pois o baixo preço facilita o acesso popular aos livros, e a abrangência dos títulos põe ao alcance de todos a totalidade da cultura.

Nos anos 1980, uma pesquisa indicava que 1 milhão de franceses se diziam capazes de escrever um romance, e um terço deles teria originais na gaveta. Algumas editoras achavam que havia mais gente escrevendo do que comprando livro, mas por que não? O país era campeão de prêmios literários, com quase 2 mil recompensas, e mesmo o Ministério da Agricultura tinha a sua, para uma obra que realçasse percalços e delícias da vida campestre. Os cinco grandes continuam a ser os prêmios Goncourt, Renaudot, Fémina, Médicis, Interallié, que valem ao eleito uma avalanche de ditirâmbicos elogios e direitos autorais suculentos. Dizem que um bom Goncourt (que vende em média 400 mil exemplares, mas pode chegar a 800 mil) vale um bom apartamento em Saint-Germain-des-Prés. Outros prêmios menos conhecidos, nem por isso menos disputados, recompensam com cem garrafas de champanhe, uma estrela-do-mar, uma medalha, ou apenas um lápis e uma borracha.

Mordida pela isca desse ambiente literário, eu tinha sempre em mira uma entrevista com um escritor. Encontrá-los foi das grandes satisfações do jornalismo. Nas tantas leituras prévias que fazia, ia pinçando o que pudesse revelá-los. E eles iam contando, abrindo brechas para perguntas que talvez achassem impertinentes. Uns evitavam falar dos próprios livros, outros eram tagarelas, talvez para que a repórter se calasse. De cada um guardei uma frase, um jeito, uma observação. A paixão de Jorge Semprún (ver p. 217) pelo futebol, a de Julio Cortázar (ver p. 228) pelo boxe.

A mania de Georges Simenon (ver p. 204) de ler livros de medicina. O abatimento de Ernesto Sabato (ver p. 153) ao dizer "estou cego". O filósofo Michel Serres (ver p. 241) tocando piano no final da entrevista. O historiador Fernand Braudel (ver p. 178) cantando a marchinha carnavalesca que aprendeu no Brasil. A descrença no poder da literatura, que no entanto praticavam: Julio Cortázar e a certeza de que nenhum poema derrubou um tirano; Romain Gary (ver p. 299) e a convicção de que *Guerra e paz* fez tudo pela literatura, nada pela paz. Gente notável!

Se os romancistas correspondiam a uma pauta pessoal, o leque se abriu para historiadores, filósofos, sociólogos, com entrevistas em geral pedidas pela redação e ligadas à atualidade do noticiário. Alguns navegavam por águas distintas e a fronteira foi perdendo nitidez, senão sentido: entre ficção e realidade, todos escreviam. Assim, foi o cinquentenário da Universidade de São Paulo, em 1984, que me levou a Fernand Braudel (ver p. 178), para ouvi-lo contar histórias de uma São Paulo que, nos anos 1930, mais parecia "um mundo de Proust". Outro que fez parte da missão da usp foi o economista François Perroux (ver p. 186). Falou do Brasil de meio século antes e enveredou pelo imbróglio da crise da dívida externa em que o país se debatia, entre inflação galopante e recessão. Perroux tinha sido professor de Celso em seu doutorado em economia na Sorbonne, entre 1946 e 1948. Não comentei com quem era casada, mas anos depois essa entrevista induziria pesquisadores a um equívoco sobre as leituras que Celso fizera da obra de Perroux. É que, ao nos despedirmos, ele me ofereceu vários livros dele editados em Portugal, alguns com dedicatória. Todos foram incorporados à Biblioteca Celso Furtado, o que levou a atribuírem a Celso a leitura de praticamente toda a obra de Perroux.

Em 1978, Roland Barthes (ver p. 290) era uma notoriedade. Seus seminários no Collège de France, onde ocupava a cátedra de

Semiologia Literária, atraíam damas da alta burguesia, jovens que queriam estar na moda — dizia-se *être branché* — e estudantes que destrinchavam seus textos frase a frase. Na selva cultural parisiense egos e futricas correm em paralelo e não raro se esboroam, e havia quem o visse como um pedante em busca de um sistema próprio de escrever. Quando lhe telefonei, Barthes me disse que não queria falar de semiótica. Tranquilizei-o: seria uma entrevista para uma revista de arte. O gancho para entrevistar Raymond Aron (ver p. 268) foi o lançamento de suas *Memórias*, em 1983, pouco depois publicadas no Brasil. Ao contrário de Jean-Paul Sartre, Aron não foi propriamente um *maître à penser*, até porque em seus anos mais combativos as ideologias de esquerda por ele atacadas estavam no auge. Mas ele e Sartre eram campeões no ringue das ideias. Aron mais comedido e cético, Sartre mais exuberante e onipresente em artigos, petições, passeatas. Na entrevista, Aron não se negou a comentar essa rivalidade que alguns resumiam com a frase "Mais vale se enganar com Sartre do que ter razão com Aron".

MEUS INÉDITOS

Nem de longe entrevistei os escritores que admirava. Alberto Moravia e Leonardo Sciascia encabeçam a lista dos insucessos. Outra frustração foram as entrevistas que, por contingências editoriais, não chegaram aos leitores. Aqui estão. Duas foram feitas para a *IstoÉ*. A primeira, com Julio Cortázar (ver p. 228). Ele vivia na França desde os anos 1950, mas se tornara um exilado quando Isabelita Perón assumiu a presidência da Argentina e os militares fizeram uma lista negra com os inimigos da pátria. Cortázar lá estava, o que levou nossa conversa, em 1978, a enveredar mais pela política do que pela literatura. Outro argentino "inédito" foi o romancista Ernesto Sabato (ver p. 153). No fim do verão de 1981, ele e sua mulher, Matilde, estavam em Biarritz como convidados de um festival de cinema que eu cobria todo ano. Daquela vez, meu marido me acompanhou. Ele conhecia Sabato desde o pós--guerra, quando ambos moraram em Paris, e havia muitos anos que não se viam. Ao nos despedirmos, Sabato nos ofereceu um exemplar de *Apologías y rechazos*, com a dedicatória em letra miudinha, de quem estava perdendo a visão. Anos depois, traduzi dois livros dele,* nos quais a cegueira era uma constante: cegos de nascimento ou acidentais, cegos ricos ou pobres vendendo bugigangas no metrô, cegos vivendo nos esgotos de Buenos Aires. Traduzir Sabato foi aprofundar a entrevista de Biarritz e descobrir um imenso escritor que teve um reconhecimento menor que o merecido. Em 2002, convidado a apresentar um nome para o Nobel de literatura, Celso o indicou, lembrando que sua obra refletia uma visão trágica da condição humana mas também uma metafísica da esperança.

Fiquei devendo uma entrevista a outro latino-americano: o peruano Manuel Scorza. Éramos vizinhos, nossos edifícios se comunicavam por pátio interno, conversávamos no comércio da pracinha. Scorza era um poço de ansiedade, sempre preocupado com o Peru, onde dizia haver cinco estações: inverno, primavera, verão, outono e massacre. Foi a esta que dedicou seu ciclo romanesco *A guerra silenciosa*, sobre as revoltas camponesas e indígenas contra a expropriação de terras por uma mineradora americana. O primeiro, *Bom dia para os defuntos*, o tornou conhecido e teve traduções em muitos países. O Brasil havia publicado mais dois livros dele. Numa noite do outono de 1983, ele veio jantar em casa. Estava de partida para um encontro de escritores na

---

* *Sobre heróis e tumbas* (São Paulo: Companhia das Letras, 2002); *Abadon, o Exterminador* (São Paulo: Companhia das Letras, 2013).

Colômbia. Talvez conseguisse ir ao Peru. Dias depois, li no *El País* uma crítica a seu livro mais recente. Guardei-a para um próximo encontro, que aconteceu logo em seguida, Mostrei-lhe o recorte e, antes de lê-lo, ele me perguntou o que eu tinha achado. Disse que era uma boa crítica, ofereci-lhe um café, recusado — "Não posso tomar cafeína, não durmo" —, mas quis o chá de tília. Percorreu o jornal. "Mas você acha que isso é uma boa crítica, Rosa? Será que vão ler? Será que os espanhóis vão entender o livro?" Não o convenci. Terminou o chá, guardou o recorte no bolso: "Não vou continuar a aborrecê-la com minhas angústias". Combinamos que depois da viagem faríamos uma entrevista. Dias depois, a zeladora bateu à porta: "Está o maior alvoroço aqui nos fundos. Aquele escritor morreu num desastre de avião e ninguém tem a chave do apartamento, a senhora tem?". Scorza tinha embarcado de Paris para Bogotá no dia 27 de novembro. O avião caiu pouco antes de aterrissar na escala em Madri. Ele nunca chegaria ao Peru.

Em 1991, quando já tinha trocado o jornalismo pelas traduções, entrevistei dois filósofos que estavam na ribalta: Alain Finkielkraut (ver p. 123) e Michel Serres (ver p. 241). Ambos figuravam nas listas dos mais vendidos e tinham grande audiência em programas de rádio — na tradição francesa do filósofo sempre atuante na sociedade. A imprensa europeia publicava uma enxurrada de artigos, previsões, especulações sobre como seriam o último decênio do século xx e o novo milênio. O jornalista Napoleão Saboia, que trabalhara para o Grupo Estado, principalmente no *Jornal da Tarde*, e eu pensamos em entrevistar algumas personalidades em vista de uma publicação sobre o *fin de siècle*. O projeto não prosperou. Restaram as entrevistas inéditas, aqui publicadas.

A *ISTOÉ* E O MUNDO

Nos anos 1970-80, Paris foi um polo privilegiado do jornalismo brasileiro no exterior. Chegamos a ser uma dúzia de correspondentes permanentes na França. O núcleo mais antigo e mais unido era formado por Reali Júnior, do *Estado de S. Paulo* e da Jovem Pan, João Batista Natali, da *Folha de S.Paulo*, Arlette Chabrol, do *Jornal do Brasil*, Napoleão Saboia, do *Jornal da Tarde*, Any Bourrier, de *O Globo*, Pedro Cavalcanti, da *Veja,* Pedro de Souza, chefe de escritório da editora Abril na Europa. E eu, que desde 1977 já era correspondente da *IstoÉ* criada no ano anterior por Mino Carta. Aos fixos se juntavam jornalistas que passavam algum tempo na cidade fazendo cursos, ou correspondentes em outras capitais, enviados a Paris em coberturas mais extensas. Ah, sim, e havia o enigma de Julia Juruna, sempre bem informada sobre os arrochos da ditadura, os solavancos da economia pátria, e que escrevia no prestigioso *Le Monde diplomatique.* Ninguém a conhecia, o que nos intrigava. Anos depois, ficamos sabendo que a moça de nome indígena e análises certeiras era o historiador Luiz Felipe de Alencastro, exilado na França desde 1964.

A *IstoÉ* nasceu como uma revista independente, com uma pequena equipe de jornalistas a que se somavam colunistas do naipe de Raymundo Faoro, Antonio Callado, Francisco Weffort, e o notável Henfil. Era uma revista autoral, com textos que podiam ser opinativos. Pendia claramente para o campo progressista, foi a primeira a estampar na capa o líder sindicalista Lula — e não só uma vez. Se na redação havia muitas editorias distintas, nós, correspondentes, éramos uma espécie de veículo todo-o-terreno, tendo de circular com a mesma desenvoltura em pistas diversas, mais e menos acidentadas, que hoje poderia ser uma insurreição no Chade, amanhã um atentado no País Basco, passando pela nomeação de um aiatolá na República do Irã, pe-

64

las travessuras da Caroline de Mônaco ou pelos cinquenta anos de Brigitte Bardot. Em tempos pré-internet, dar conta da atualidade que meu giroscópio devia captar supunha ler diariamente vários jornais — eu chegava a comprar meia dúzia — e outros tantos semanários. O massudo *Le Monde*, que ainda se gabava de não publicar fotos, era a leitura referencial, mas não ficavam atrás o *International Herald Tribune* — o inesquecível jornal que Jean Seberg vendia nos Champs-Elysées, ao lado de Jean-Paul Belmondo, no filme *O acossado*, de Jean-Luc Godard —, o *El País*, o *La Repubblica*. Material de pesquisa era mais difícil. Cada um se virava como podia. Os meus "motores de busca" eram, com sorte, uma ida aos arquivos da Radio-France, ou o inseparável companheiro de todo jornalista daqueles anos: o *Quid*. Tratava-se de um calhamaço de capa dura, lombada de dez centímetros, letra miudinha, misto de almanaque e enciclopédia, edição atualizada todo ano: um tesouro em que se encontravam as mais variadas informações, fichas de filmes e peças, nomes de faraós, de empresários de artistas ou de prefeitos da menor comuna francesa, tudo o que hoje está a um clique de mouse. Eu também recorria ao velho método dos recortes. Pilhas de jornais iam se acumulando por toda a sala, pequena, e uma vez por mês eu me dedicava a separar o que me interessava e arquivar em pastas: França, Espanha, Ásia, Leste, Irã.

Sim, porque na *IstoÉ* a editoria para a qual mais trabalhei foi a de política — francesa e internacional. Com sua tradição de receber proscritos dos quatro quadrantes, tendo centenas de organizações não governamentais, associações em defesa disto ou contra aquilo, Paris era um ponto de irradiação e excelente plataforma para se escrever sobre qualquer tema de política internacional. Daí que, além da França, outros países tenham sido habitués de minha pauta.

A ESPANHA SE DEMOCRATIZA

O primeiro deles foi a Espanha, para onde fui no verão de 1975, quando ainda vivia o generalíssimo Francisco Franco. Naquele ano, porém, era outro general que atraíra para Barcelona a imprensa brasileira: Golbery do Couto e Silva. O todo-poderoso chefe da Casa Civil de Geisel estava internado numa famosa clínica oftalmológica para tratar de um descolamento de retina. Os correspondentes deslocados de Paris, Londres e Roma passavam o dia à espera de um boletim médico que nos era lido todo fim de tarde por um medalhão da clínica Barraquer. Golbery também sofria de problemas renais e era tratado por seis médicos, sendo três enviados do Brasil especialmente para acompanhar o general que Glauber Rocha chamaria um dia de "gênio da raça". Um desses médicos chegou a me dizer: "Pense, minha filha, que milhões de brasileiros estão agarrados com Santa Luzia para que cuide dos olhos do general". Não lembro se pensei.

Ao contrário dos correspondentes de jornais diários, eu não precisava mandar matéria todo fim de tarde, e estava mais interessada no generalíssimo, cujos rumores de que andava mal de saúde logo se confirmaram com hospitalizações e cirurgias. Em 1975, o Brasil ainda estava longe da aragem da redemocratização, e valia a pena me informar sobre a relativa abertura que Franco promovera, a contragosto, na Espanha, nos anos finais de seu regime fascista, e depois de uma onda de reivindicações de estudantes, operários e regionalistas bascos e catalães. O Brasil seguiria caminho semelhante? Franco morreu em 20 de novembro de 1975. Dois dias depois, Juan Carlos de Borbón era proclamado rei. E eu iniciava uma das coberturas mais estimulantes que fiz na Europa: a democratização da Espanha.

No início de agosto de 2020, em plena pandemia de covid-19, os jornais noticiaram a fuga do rei Juan Carlos, que se foi da Espanha à socapa, acusado de corrupção e na mira da Justiça por ter recebido 100 milhões de dólares num negócio de construção de um trem-bala na Arábia Saudita. Depois da grandeza, a decadência. Desde menino, no casarão da praia de Estoril, onde os Borbón viviam exilados, Juan Carlos fora o peão de uma partida de xadrez entre o pai, don Juan, pretendente oficial ao trono, e o general Franco. Do primeiro, ouvia que um rei espanhol devia restaurar a democracia. Do segundo, que devia obediência ao legado fascista. Dito e feito. Em 1969, já morando na Espanha, Juan Carlos jurou pela herança franquista. Mas, morto o protetor, levou adiante a democratização espanhola e bateu recordes de popularidade. Não por acaso, quando em 1993 houve o plebiscito no Brasil sobre a forma de governo, os monarquistas lamentavam a falta que nos fazia um Juan Carlos tupiniquim.

No dia 23 de fevereiro de 1981, o Congresso estava em sessão quando o plenário foi invadido por um tenente-coronel da Guardia Civil, Tejero Molina, de arma em punho e gritando para os deputados: ¡Al suelo! *Todos al suelo!*. Até o velho líder comunista Santiago Carrillo se agachou. Seria uma cena de opereta ou de faroeste, não fossem o tiroteio de verdade e a transmissão ao vivo — uma première mundial — da intentona, pela TV espanhola. Na manhã seguinte peguei o voo Paris-Madri das sete horas, encontrei o jornalista Mauro Santayana, que passou a viagem contando histórias sobre "la delicada invención de la taberna", verso de um poeta do Século de Ouro. Chegamos ao Congresso quando os parlamentares ainda eram reféns de Tejero, que exigia, para soltá-los, que o Exército tomasse o poder. Lá fora, ex-exilados diziam já ter apanhado o passaporte, antevendo mais um desterro. Mas o golpe se frustrou graças ao rei Juan Carlos, que passou a noite negociando com o alto-comando, a começar por seu próprio preceptor, que se bandeara para o lado dos golpistas. Foi a firmeza de Juan Carlos, e não a resistência popular, que impediu o retorno dos militares ao poder e consolidou a monarquia parlamentar. Mas dias depois, uma imensa manifestação reuniu em Madri 1 milhão de pessoas com faixas de repúdio ao golpe e defesa da democracia e da nova Constituição — e muitos *Viva el rey*. Ali na Gran Vía, foi impossível, para a repórter de um país que em 1981 ainda sofria ataques a bombas e atentados a bancas de jornais, segurar as lágrimas.

Nesse ano de 1981, o escritor Jorge Semprún foi a uma festa em Madri e perguntou o que havia de novo desde a morte de Franco. Um amigo retrucou: "Mas Franco já morreu?". A boutade tinha razão de ser. Seis anos depois da morte do caudilho decrépito, o franquismo ainda estava bem entranhado em segmentos da sociedade espanhola. O livro de memórias de Pilar Franco, irmã do ditador, figurava, fazia dois anos, na lista dos mais vendidos. A artéria central de Madri ainda se chamava avenida José Antonio, em homenagem a José Antonio Primo de Rivera, fundador do partido fascista Falange Española.

Nos cafés das redondezas, os madrilenhos praticavam — mais que os cariocas — o esporte de se queixar de tudo e de todos. E acaso eu não sabia que a vida estava pela hora da morte? E que a democracia tinha empacado? Ou, ao contrário, que tinha ido longe demais e por isso a Espanha estava como estava? Trocando em miúdos: greves a toda hora, garotada fumando maconha na Puerta del Sol, adultos sendo assaltados, mães se divorciando. A gíria do momento era o *pasota*, aquele fulano cético, indiferente. Era o desencanto. Não por falta de avanços. Nas primeiras eleições livres desde o final da Guerra Civil, nada menos que 261 partidos haviam concorrido. Eram os "partidos-táxis", tão pequenos que todos os afiliados cabiam num só carro de praça. As portentosas bancas de jornais madrilenhas exibiam em capas de revistas, com igual destaque, foices e martelos ou bumbuns e seios, e a Espanha já superava a Holanda na venda de revistas pornográficas. Mas ainda em 1980 o adultério feminino era, por lei, muito mais grave que o masculino e o aborto, punido com seis anos de prisão.

Vivíamos no Brasil a abertura lenta, gradual e segura, a campanha das Diretas Já, a atuação dos comitês pró-anistia. Tudo o que se passava na Espanha — a legalização do Partido Comunista, a anistia política, o Pacto de Moncloa que viabilizara a união de partidos e sindicatos opostos, os debates constituintes — era motivo para "puxar" para o Brasil a pauta espanhola que eu ia destrinchando para meus editores da "Inter", primeiro o jornalista João Vitor Strauss e, depois, o cientista político Paulo Sérgio Pinheiro. Era como se a Espanha nos dissesse: "Eu sou vocês amanhã". Não foi bem assim. Ela soube ser mais célere e firme na democratização, apesar de eventuais crises institucionais, enquanto nós fomos ficando para trás em questões mais e menos graves. Isso se evidenciou quando, mais de quarenta anos depois, num 8 de janeiro de 2023 houve o vilipêndio aos nossos Três Poderes e a tentativa de golpe armado por comandos de extrema direita em Brasília. Ainda teríamos um longo caminho de reformas a percorrer.

A começar pela questão militar. No imediato pós-franquismo os espanhóis não tiravam os olhos de suas Forças Armadas. Afinal, foi no país deles que se inventou o *pronunciamiento*, esse golpe de Estado disfarçado em declarações empoladas. O 23-F, como os espanhóis se referiam à intentona de 1981, criou uma psicose que crescia à medida que se descobriam preparativos para outras aventuras. Eu estava em Madri quando vazou o documento que revelava mais um golpe, desta vez com a cumplicidade de ex-agentes secretos, do Vaticano e até do governo de Washington. Nas academias militares, a extrema direita ainda se dedicava ao combate da "subversão marxista". Tal qual nossa Escola Superior de Guerra na época. Lá como cá, acenou-se com o fantasma militar para justificar freadas nas conquistas políticas. Lá como cá, falou-se de reforma para purgar o corpo de oficiais e o currículo das academias. Lá foi feito, aqui nem tanto.

A questão militar só foi resolvida quando os socialistas chegaram ao poder, em 1982. Coincidentemente, também na Grécia — onde os coronéis mandaram de 1967 e 1973 —, foi num governo socialista, o de Andréas Papandréou, que os militares se afastaram da tentação de assumir o papel de tutores da vida nacional e se capacitaram para a missão primordial de defesa da pátria e não de perseguição a um suposto inimigo interno.

A ascensão do Partido Socialista, liderado por Felipe González, foi uma guinada histórica. Um banqueiro espanhol que encontrei em Madri garantia que o rei Juan Carlos sofria de "profundo complexo" por ter se aboletado no trono apenas por obra e graça do general Franco: um governo socialista lhe daria o álibi para se sentir legitimado como monarca. A campanha eleitoral teve piques de tensão. Correu a notícia de que um comboio de tanques se aproximava do palácio real, prenúncio de mais um golpe, dessa vez contra o rei. O tenente-coronel golpista, embora cumprisse pena de trinta anos, conseguira criar um movimento de extrema direita e, por uma brecha na legislação eleitoral, se candidatava ao Congresso que tentara fechar no ano anterior. Um dia encontrei numa *marisquería* perto da Plaza Mayor um oficial desse movimento de extrema direita. Sob o compromisso de só ser identificado pela inicial de seu nome, aceitou explicar a "necessidade" de um golpe militar. O tenente G. foi acompanhado do sogro. Depois de duas doses de jerez, abriu o verbo: não acreditava em democracia, ganhava um "miserável soldo", Franco era "um espanhol da cabeça aos pés", e infelizmente faltavam à Espanha "generais do porte de um Pinochet". Na sobremesa, falou de *Reds*, o filme de Warren Beatty que reproduzia a tomada do Palácio de Inverno na Revolução Bolchevique de 1917. Garantiu que se cenas assim se repetissem sob o sol madrileno, ele as enfrentaria com destemor. Seu velho sogro rompeu o silêncio: *Hombre, no seas macho.*

Felipe Gonzalez passou catorze anos no poder, promoveu uma batelada de reformas, modernizações, legalizações, do divórcio às drogas leves. O avesso? Os escândalos em que se envolveram membros de seu governo, e ele mesmo, acusado de ter autorizado a criação de grupos armados parapoliciais que praticaram uma guerra suja — ou terrorismo de Estado, como se dizia — contra os separatistas bascos. Quando Gonzalez deixou o governo, o rei lhe ofereceu um título nobiliário, recusado em nome da coerência ideológica.

Mas a Espanha não se resumia à cobertura política. No mesmo ano de 1981 em que os espanhóis levaram um susto com a tentativa de golpe, celebrava-se o centenário de Pablo Picasso. No dia 10 de setembro, quando o Boeing vindo de Nova York chegou ao aeroporto de Barajas, um grupo de velhos espanhóis entoou o hino republicano. É que, do porão do avião, saiu um imenso caixote trazendo o *Guernica*, a tela mais emblemática do século xx. Seu exílio durara 44 anos. Com quase oito metros de comprimento, toda em preto, branco e cinza, fora pintada em 1937, por encomenda do governo republicano a Picasso. Mas vieram a Guerra Civil, a vitória de Franco, a Segunda Guerra Mundial, e o pintor decidiu confiá-la ao Museu de Arte Moderna de Nova York, estipulando que só seria entregue à Espanha quando fosse restaurada a democracia. A tela com o cavalo agonizante, a mãe oferecendo o filho morto nos braços, os rostos alucinados e os corpos quebrados era o símbolo mais pungente das crueldades da Guerra Civil. Poderia ter retornado antes, mas houve pressões de todo lado, tanto do MoMA como de Maya, filha de Picasso, que alegava que não se podia falar em democracia num país que não tinha divórcio, aborto livre e ainda se torturava em delegacias.

Finalmente tudo se acertou. Num domingo de outubro, desde cedo uma multidão se aglomerou à entrada do Casón del Buen Retiro, um anexo do Museu do Prado, para ver *el cuadro*. Na fila de mais de um quilômetro, um avô que levava os netos me contou que reproduções do *Guernica* circulavam clandestinamente "como uma revistinha pornô". Outro acrescentou que, nos anos do franquismo, ter uma cópia do *Guernica* em casa era para os republicanos como um católico ter uma folhinha do Sagrado Coração ou uma bênção papal. Dolores Ibárruri — a comunista La Pasionaria, tão lendária como o quadro — e Paloma Picasso, vestida de preto e cinza, estavam lá para recepcionar a tela. Picasso ainda não era unanimidade na Espanha, militares o consideravam comunista, a extrema direita o acusava de ter se vergado às ordens de Stálin. Mas naquele dia o *Guernica* assinou simbolicamente o atestado de óbito do caudilho: Franco tinha morrido.

O IRÃ DOS AIATOLÁS

Em 1976, Giscard d'Estaing fez uma visita oficial ao Irã com toda a pompa. Chegado a símbolos da realeza, o presidente da França voltou convencido de que a dinastia dos Pahlavi era inabalável, e insistiu na estabilidade do regime com o qual firmou contratos milionários. Pagou pela língua. Pois um ano e pouco depois o aiatolá Ruhollah Khomeini, opositor ferrenho ao xá, chegou à França vindo do Iraque, com um simples visto de turista, e instalou-se numa casa de Neauphle-le-Château, a uns trinta quilômetros de Paris. Não custou para que intelectuais como Jean-Paul Sartre e Michel Foucault se encantassem com o líder religioso de barba branca, sobrancelhas pretas e enturbanado. E para o filósofo marxista Roger Garaudy se converter ao islã, pouco depois. O aiatolá logo começou sua pregação visando derrubar o xá da Pérsia, herdeiro do império fundado 25 séculos antes por

72

Ciro, o Grande. Ao lhe darem asilo político, recomendaram a Khomeini que se comportasse e não incitasse a violência contra o Irã. Pois sim! No seu refúgio, ele não fez outra coisa: radicalizou seus sermões, atacou a ocidentalização do Irã e a repressão da polícia política do regime, uma das mais brutais na época. Seu clã de mulás e exilados reverberava o fluxo ininterrupto de apelos, orações, denúncias. Tudo era gravado em fitas cassete que seguiam, por caminhos mais ou menos legais, para o Irã, onde a palavra de Khomeini era a de um oráculo. Giscard, furioso, pensou em expulsá-lo para a Argélia, e o serviço secreto francês, ou o do Iraque, nunca se soube, teria sondado o xá se não seria melhor eliminar o incômodo opositor. Era tarde.

O regime de Pahlavi já se desmilinguia, e logo o xá seria um enjeitado perambulando por Egito, Marrocos, Bahamas, México, Panamá, na tentativa de escapar das manobras do aiatolá que queria sua extradição. Em outubro de 1979, foi admitido em Nova York para tratamento de um câncer. Quatro dias depois, a embaixada americana em Teerã era invadida por estudantes enfurecidos que mantiveram sequestrados por 444 dias os cinquenta diplomatas e funcionários que lá estavam. O sequestro foi uma resposta ao "ato de guerra" dos Estados Unidos ao darem asilo ao ex-xá, mas o que os iranianos queriam mesmo era a repatriação de sua imensa fortuna. A crise dos reféns foi o estopim das relações conflituosas, senão beligerantes, que até hoje envenenam o diálogo entre os dois países.

Em 1978 e início de 1979, Neauphle-le-Château era a meca da oposição iraniana. E dos jornalistas do mundo inteiro. Khomeini dava entrevistas o dia todo. Nos jardins, circulavam mulheres de chador e rapazes barbudos. Eles queriam saber de que país éramos, elas logo cobriam a cabeça e a testa das visitantes com um véu preto um tanto malcheiroso. Distribuíam uns sanduíches entupitivos de ovo cozido amassado com uma maionese sem sabor, servidos em pães redondos. Na soleira da casa, devíamos tirar os sapatos. Entrávamos e sentávamos no chão, ou num banquinho, frente a frente com o aiatolá. De pernas cruzadas sobre um tapete persa, ele sussurrava, em farsi, as respostas às perguntas que seus assessores tinham nos pedido, sem muito sucesso, para lhes expor previamente. Os mestres de cerimônia eram Abolhassan Bani-Sadr e Sadegh Ghotbzadeh. O primeiro — eu descobriria muitos anos mais tarde, quando organizei o livro *Correspondência intelectual de Celso Furtado* — tinha sido aluno de Celso no curso de Economia do Desenvolvimento, na Sorbonne. Seu nome constava de uma planilha com as notas dos estudantes. As de Bani-Sadr eram péssimas. Decerto ele se matriculara na faculdade de economia somente para ter um documento que lhe facilitasse a renovação da carteira de residente. Sadegh Ghotbzadeh, que oficiava a seu lado, era um boa-pinta, de terno e colete nos trinques, exilado em Londres. Logo se oferecia para acender com isqueiro de ouro os cigarros que podíamos fumar no jardim. Ambos eram conselheiros moderados, ambos foram sacrificados pela revolução. Ghotbzadeh, chanceler durante a crise dos reféns, dois anos depois seria executado por um suposto complô para assassinar o imã. Bani-Sadr, eleito em 1980 presidente do Irã, sofreu um impeachment no ano seguinte.

Entrevistei o aiatolá no fim de 1978. Eu estava com Pedro Cavalcanti, correspondente da *Veja* em Paris, que não tinha carro e foi no meu. Cada um fez sua entrevista. O aiatolá deu respostas curtas, que anunciavam tempos conturbados no Irã. Sobre o que seria a República Islâmica, respondeu que teria uma base constitucional "fornecida pelas leis islâmicas do Alcorão". E completou: "Será democracia do povo, na qual terei o papel de guia". Perguntei-lhe o que sentia, como chefe religioso, diante das centenas de iranianos mortos pela repressão do xá. "Considerando que morreram em nome do islã, sinto-me muito orgulhoso e honrado." E seguiu por aí. Minha última pergunta foi sobre as mulheres na futura República Islâmica, e se os xiitas, amplamente majoritários no Irã, eram mais condescendentes com elas do que os sunitas. Cenho franzido, impassível, o imã falou de olhos baixos. Desfiou um rosário edificante: as mulheres teriam um tratamento humano, respeitoso, digno... Eu devia ter desconfiado... Eu era a única mulher naquela salinha. Já estava com a cabeça coberta, mas em plena entrevista surgiu uma intrusa que me empurrou outro lenço, para que eu cobrisse o pescoço. Retruquei que o pescoço estava escondido sob a gola rulê. Então a moça me mandou cobrir uns fios de cabelo que apareciam de cada lado do rosto.

À uma da tarde era a prece diária. O aiatolá nos fez um imperceptível gesto de despedida, atravessou um caminho protegido por dois policiais armados até os dentes, sentou-se sob uma cerejeira, voltou-se para o poente. Ao seu redor formou-se um imenso círculo de religiosos de turbantes brancos, depois um segundo círculo, de laicos, e por fim um terceiro: as mulheres. As perorações não variavam muito: abaixo a dinastia Pahlavi, abaixo a monarquia, viva a República Islâmica. Em fins de janeiro de 1979, em parceria com a Air France, os exilados organizaram um charter para os jornalistas que quisessem acompanhar Khomeini em seu regresso a Teerã, mas a preços incompatíveis para a revista. Às vésperas da partida, voltei a Neauphle-le-Château. Havia uma bandeirinha espetada na tenda azul e branca que servia de mesquita improvisada. Em farsi, francês e inglês lia-se um versículo do Corão: "Eis o justo que chega e o injusto que parte". No dia seguinte, o justo pisava em Teerã, depois de quinze anos de ausência. O aiatolá de 77 anos liquidava com a monarquia de 2500 anos, e se proclamava chefe espiritual da República Islâmica.

Quanto às mulheres, foi uma lástima. A revolução adotou a charia, lei islâmica baseada no Alcorão e nos *hadith*. Baixou a idade do casamento para nove anos: meninas passaram a ser aptas para casar, podendo pertencer ao homem por prazo indeterminado — o casamento contínuo — ou por um dia ou uma hora — o casamento temporário. Certas proibições foram amenizadas a conta-gotas, mas eram tantas e tão violentas que resultaram, em 2022, no triste episódio da jovem Mahsa Amini, vítima da polícia dos bons costumes e morta por estar usando um "véu errado". E pensar que quarenta anos antes Khomeini me dizia que as mulheres receberiam um tratamento "humano". Inevitável não lembrar do exilado iraniano que conseguira escapar da macabra prisão de Evin em troca de uma boa gorjeta a um guarda carcerário. E que, em Paris, me contou a história de um promotor que estuprava as mulheres na véspera da execução, de modo a atender ao preceito islâmico que proibia a condenação de virgens à morte.

A queda do xá levou para Paris uma diáspora de alto nível, estudantes, funcionários públicos, artistas. Houve os que, receando não poder repatriar as contas bancárias, puseram na bagagem tapetes feitos à mão, samovares, antiguidades. Houve os que foram vistos carregando tapetes persas no ombro, à procura de um comprador, como um corriqueiro camelô. Houve também os que, na França, organizaram atentados contra os refugiados da primeira leva. E quando a Revolução Islâmica começou a devorar os próprios filhos, houve novo lote de repatriados, agora os que fugiam do aiatolá.

Um deles era o líder máximo dos Mudjahidin do Povo, guerrilheiros que formavam a grande resistência a Khomeini, ao lado dos curdos que viviam nos maquis. O chefe da guerrilha era Massoud Radjavi, um jovem de 33 anos que passara oito nas prisões do xá e acabara de chegar a Paris a bordo de um avião da Iran Air que ele e companheiros haviam sequestrado. Instalou-se numa casinha de subúrbio cercado por duas dezenas de guardas atentos ao menor gesto do visitante — fui interpelada por um deles ao trancar a porta do carro, cuja chave tive de lhe entregar. Radjavi era um fã dos atentados, a seu ver a melhor política para derrubar o poder, que entre torturas e execuções — umas duzentas por mês, dizia — nada ficava a dever ao regime anterior. De Paris, ele teleguiava os milhões de simpatizantes bem treinados e armados. Semanas depois encontrei o ex-presidente Bani-Sadr, que aos 48 anos iniciava seu segundo exílio. Ele padecia a amargura de ter acreditado em Khomeini e agora ser um proscrito. Exortava os iranianos a derrubarem o ex-protetor, que por sua vez, três anos antes, também exortara os iranianos a derrubarem o xá.

Um ano antes, eu tinha entrevistado Shapur Baktiar, o último primeiro-ministro do xá. Ele era o líder da oposição no exílio, ao lado do general Oveissi, conhecido como o Carniceiro de Teerã. Não tinha papas na língua. Referia-se ao aiatolá como "aquele velho inculto, obscurantista e megalômano". Estava por trás de uma das muitas conspirações que se armaram no exterior para derrubar a república dos turbantes. Outra conspiradora de escol era a irmã gêmea do xá, a princesa Ashraf, que tomava como elogio o comentário de Ióssif Stálin a seu respeito: ela seria "o único homem da casa" na Teerã imperial. Quatro meses depois da entrevista, Baktiar sofreu a primeira tentativa de assassinato. Mais adiante, a definitiva: foi apunhalado treze vezes e degolado, naquele apartamento de luxo onde eu estivera. Paris voltava a ser a capital europeia dos crimes políticos. Em Teerã, a revolução acertava suas contas.

COLONOS, BEDUÍNOS E A GUERRA

A primeira viagem que fiz a Israel foi quando se deu a devolução do deserto do Sinai ao Egito. Se no Irã dos aiatolás a força de resistência eram os mudjahidin, no norte de Israel, naquele momento, eram os colonos. No assentamento Yamit, um punhado de quatrocentos deles obstinava-se contra a devolução do deserto. Israel exigia somas astronômicas para deixar com o Egito os equipamentos da colônia. Não chegaram a um acordo e Jerusalém preferiu destruí-la. Yamit nascera da guerra, ia morrer com a paz. Tratores puseram abaixo as casas de mil famílias recalcitrantes e jogaram o entulho em covas abertas ao redor. Doloroso foi ver as cenas de horror dos colonos entrincheirados em telhados e porões, atirando pedras em quem estava lá fora, como eu, e ameaçando promover um suicídio coletivo. Arrastados pelas pernas, enquanto crianças aos prantos eram postas em jaulas, extremistas religiosos de um Bloco da Fé se atracavam aos soldados aos gritos de "Tenho fé na intervenção divina". Afinal, não foi ali no Sinai que Deus entregou o Decálogo a Moisés? Eles acreditavam na história bíblica e no Grande Israel. Religiosos mais nacionalistas foram ajudá-los. Nada feito. A demolição de Yamit era uma amostra de como se mesclam o religioso e o laico na sociedade e na política israelenses.

Num domingo de abril de 1982, Israel devolveu ao Egito a parte ainda em seu poder da península do Sinai, ocupada desde a Guerra dos Seis Dias em 1967. Passei uma semana naquela paisagem inóspita e montanhosa, à beira das águas verdes que iam desaguar no mar Vermelho. Em Eilat, centro turístico do golfo de Ácaba, vivia uma população indiferente ao que estava em jogo, hospedada em hotéis de luxo entre coqueirais. Ali perto, em Taba, outra praia e outra discórdia, em torno de um hotel cinco estrelas disputado pelos dois países.

E entre essas cidades, os beduínos, que temiam que sob aquelas areias quentes estivessem escondidas as minas antitanques instaladas por Israel nos anos de ocupação. Locomoviam-se ora em carrões — quase calhambeques — Mercedes-Benz, ora em camelos. Para eles, a vida errante prosseguiria, toda a família continuaria a dormir em tendas à beira da estrada, acampando onde houvesse uma árvore e as mulheres pudessem cozinhar e lavar. Ainda perambulavam pelo deserto do Sinai 20 mil nômades árabes da tribo Tarabin. Viviam de comércio ambulante, muitas bugigangas, mas também de contrabando de armas e drogas. Em Neviot, encontrei um comerciante acocorado num mercado de rua. Era da velha geração, não acreditava em beduíno sedentarizado, e quando soube que eu era brasileira chamou umas beduínas para me mostrarem a preciosidade que tinham conseguido, sabe-se lá por que meios: uma saca de Café do Brasil. Ao lado delas, Salek, um magricela de quinze anos, estava triste com a partida dos israelenses porque já não poderia espiar as moças dos campos de nudismo ali à beira do golfo de Ácaba. Em compensação — e pouco importava quem fosse o dono do Sinai — os beduínos continuariam a vender haxixe para os israelenses, que à beira-mar faziam o gênero hippie anos 1960.

A política de colonização israelense causava outros dramas nos territórios ocupados, onde desde 1967 os governos — fossem quais fossem — exasperavam a vida dos palestinos. Em Rafá, no sul da Faixa de Gaza, encontrei a menininha Rollah, de três anos, que desaprendera a falar e só repetia *alhudud* desde que os israelenses tinham fincado diante de sua casa uma cerca de arame farpado de dois metros de altura. Ela e sua família só viam da janela aquela *alhudud* — fronteira — que cortava a cidade ao meio, separando famílias, laranjais e acampamentos de beduínos. Ali moravam 80 mil pessoas.

Ao devolver o Sinai, Israel dera um passo à frente na busca pela paz, mas semanas depois dava um passo atrás. Em 6 de junho de 1982, o governo atacava com caças-bombardeiros os acampamentos de refugiados palestinos perto de Beirute e no sul do Líbano. Iniciava-se a Guerra do Líbano. Beirute tornou-se uma cidade partida. O setor oeste, o mais pobre e quartel-general de Yasser Arafat, foi sitiado pelos israelenses. Arafat era homem de sete fôlegos e comprovada capacidade de sobrevivência política. Fora o terrorista do Al Fatah, do Setembro Negro que matou os atletas israelenses nas Olimpíadas de Munique em 1972, criara a autoridade máxima da Organização pela Libertação da Palestina, a OLP, que confederava as várias facções palestinas, e terminaria com um prêmio Nobel da paz. Por dez semanas Israel bombardeou Beirute, tentando a rendição. Em meados de agosto, Arafat e 6 mil de seus guerrilheiros optaram pela retirada. Foi-se o líder palestino para Túnis, em navio escoltado por fragatas franco-americanas. Antes disso chegara a Beirute um punhado de jornalistas do mundo inteiro. Com Moisés Rabinovici, correspondente do *Estado de S. Paulo* em Israel, e William Waack, do *Jornal do Brasil* na Alemanha, formamos um trio e, de carro alugado em Tel Aviv, rumamos para Beirute, eu ao volante e no banco do carona um soldado com uma metralhadora. Os quatrocentos e tantos quilômetros entre as duas cidades foram de engarrafamentos intermináveis, postos de gasolina invadidos pelos que partiam para o êxodo, e concertos de buzinas que invariavelmente eram executados pelos motoristas: eles jogavam toda a força do braço sobre a buzina e ali ficavam, segundos a fio, até que o carro da frente se afastasse, deixando-os passar, e, com sorte, sem ser atirado para o meio-fio ou a ribanceira.

Muitos ainda acreditavam que a pressão internacional acabaria contendo Israel. Era subestimar o general Ariel Sharon, ministro da Defesa, que avançou no cerco até o horror de se verem cadáveres em decomposição na rua, em pleno verão. Do alto da colina de Baabda, onde ficava o palácio presidencial, era possível identificar, de binóculos e mapas, os alvos dos disparos da artilharia israelense: a metade da capital ia sendo encurralada, destruída. Depois, os soldados de Israel fecharam as únicas passagens por onde ainda circulavam comida e medicamentos. Formou-se o bloqueio da fome, da sede e da escuridão. Enquanto isso, em Beirute oriental cassinos e restaurantes continuavam a funcionar, piscinas dos clubes recebiam banhistas. Lembro da senhora coberta de joias com quem cruzei no toalete de um restaurante elegante. Eu ia me refrescar depois de horas de estrada empoeirada, ela estava numa festa de casamento. Era uma cristã maronita e louvava a chegada dos israelenses: "O bloqueio da fome imposto aos palestinos não tem nenhuma importância. Os árabes, sabe, estão no Ramadã, o período de jejum".

De volta a Jerusalém, fui ouvir Shimon Peres, líder da oposição trabalhista. À porta do parlamento, um guarda desmontou minha caneta para ver se haveria explosivo no tubinho de tinta. Peres era homem de voz baixa e poucos sorrisos. Defendia o diálogo direto com os árabes, atacava Yasser Arafat por ser um homem "sem país, sem planos", pregava maior aproximação com a Jordânia. Concordava com a ofensiva no sul do Líbano mas achava erro histórico a ocupação de Beirute. Erro, de fato. Dois meses depois, o Exército israelense autorizava os falangistas libaneses a entrar nos campos de refugiados palestinos de Sabra e Chatila. De imediato começou a carnificina, que resultou na execução de cerca de 2 mil palestinos, considerados "população excedente". Uma comissão de inquérito concluiu que os falangistas eram os responsáveis diretos, e os dirigentes israelenses eram os indiretos. O general Sharon renunciou. Anos depois, lamentou as mortes.

POLÔNIA: O COMUNISMO SE DECOMPÕE

No verão de 1980 eclodiu uma greve inesperada no estaleiro de Gdansk, a grande cidade portuária da Polônia, onde trabalhavam 17 mil operários. Inesperada porque a Polônia, integrante do bloco socialista da ainda chamada Cortina de Ferro, não admitia greves, muito menos num estaleiro que era a joia da indústria naval. A França era o país da Europa Ocidental que seguia de mais perto os acontecimentos na Polônia, o que me facilitou cobri-los de Paris. As boas relações entre eles vinham de longe, e já nos anos 1830 a França recebera a primeira grande leva de emigrantes poloneses — Frédéric Chopin entre eles. Depois vieram os judeus que abandonavam os *shtetls* para viverem "felizes como Deus na França", mais especialmente no bairro parisiense do Marais. E entre as duas guerras, outros milhares de poloneses foram contratados para trabalhar em indústrias, minas e agricultura francesas. Pelo censo de 1931, somavam meio milhão, ou seja, eram a segunda nacionalidade estrangeira da França, depois dos italianos. Boa parte ficou no país.

Analistas de origem polonesa não faltavam na França. Mas a redação me pediu para entrevistar o historiador Bronisław Geremek. Pra quê! Ligar para a casa dele em Varsóvia foi um aperto. Falava-se por DDI para todo o bloco soviético, mas ou o telefone não dava sinal, ou a ligação caía. Foi, assim, uma conversa aos trancos — e provavelmente grampeada —, em que Geremek falava depressa para que se completasse, se não a ligação, ao menos seu raciocínio. E em Paris eu recomeçava, ligando várias vezes até completar a pergunta. Ele integrava o pequeno círculo dos assessores de Lech Wałęsa. Minimizava a ameaça de uma invasão militar soviética, a não ser que a URSS sentisse seus interesses vitais ameaçados, "que nada têm a ver com ideologia". Garantia que o sindicato Solidariedade, recém-nascido, era a única chance "sadia" de sobrevivência do país, que ia mal e sofria escassez de alimentos.

A Polônia parecia uma terra em transe. O Solidariedade arrebanhara 90% dos operários nos dois centros nevrálgicos das greves, os portos do Báltico e as minas de carvão da Silésia. O jornal que faziam esgotava a cada edição a tiragem de meio milhão de exemplares. Wałęsa, quarenta anos e seis filhos, católico praticante, futuro prêmio Nobel da paz e presidente do país, foi negociar com a hierarquia pró-soviética. E em fins de agosto de 1980 os Acordos de Gdansk selaram o início do fim do socialismo real na Polônia. A oposição exigiu — e levou. Em menos de vinte dias o governo deu o esperado *tak*, o sim, às 21 reivindicações da classe operária, até mesmo uma autorização para transmitir missa dominical pela rádio oficial. Correu mundo o rosto da professora primária que, aos prantos, agarrada às grades do portão do Estaleiro Lênin, exclamou: "Digam que não é um sonho. Me deem um beliscão". Todo o país se beliscou. E também a França, onde o jornal *Le Monde* publicou uma charge em que o secretário-geral do partido suava em bicas, tendo ao alto três ameaças: um operário vociferando, um papa impassível e um Leonid Brejnev carrancudo. O operário, Lech Wałęsa, logo virou uma espécie de guru na Europa, o papa polonês, João Paulo II, aproveitou para fortalecer a Igreja católica em seu país, e Brejnev, presidente da União Soviética, manobrou entre os conciliadores e os intransigentes do Partido Comunista. Inevitavelmente, houve a partir daí quem comparasse os dois líderes sindicais: Wałęsa e Lula. Mas enquanto a Polônia tremia, o metalúrgico do ABC saíra da prisão semanas antes, acusado de ser um agitador das greves operárias. E os dois sindicalistas que chegaram à presidência da República não eram muito semelhantes. Fizeram governos distintos, Lula saiu de seus dois mandatos com alto índice de popularidade, e voltou ao poder em 2023 para seu terceiro mandato. Lech Wałęsa fez um governo impopular e não conseguiu se reeleger.

CHINA: O COMUNISMO SE RECOMPÕE

Semanas depois do turbulento verão polonês de 1980, conheci um país onde, ao contrário da Polônia, o comunismo tentava se reconstruir. Por um mês Celso e eu percorremos a China, em trens que andavam ao ritmo de uma maria-fumaça, lotados de jovens fardados que iam fazer seu serviço militar em cantos distantes.

Nos cinemas de Pequim estava passando *Quando as folhas de salgueiro se avermelham*. Os protagonistas da fita eram um rapaz com pinta de playboy, um gordinho mal-encarado, um intelectual de óculos e uma feiticeira que a toda hora se olhava no espelho. O espelho refletia a imagem de quatro caveiras. Para um chinês era fácil associar ficção e realidade. Os personagens eram os quatro ex-dirigentes do país — agora chamados de Camarilha dos Quatro —, que estavam sendo julgados. A mulher do espelho era Jiang Qing, a ex-todo-poderosa viúva de Mao Tsé-tung, que mandou e desmandou na China até a morte do marido em 1976. Ela era processada por, nada menos, *todos* os crimes cometidos nos dez anos caóticos da Revolução Cultural.

Não havia como escapar das notícias do processo. Nas salas de cinema, os chineses batiam muitas palmas, loucos para ver, não só na tela, a caveira da viúva que, por sinal, tinha sido atriz de cinema. Mao ainda não era criticado abertamente mas estava involuntariamente escondido. O estrangeiro que quisesse visitar seu mausoléu na praça da Paz Celestial ouvia: "Está fechado porque o embalsamamento deu problemas". Difícil acreditar na desculpa, num país que milenarmente embalsamou e mumificou seus mortos de prestígio e conhecia todas as técnicas das estátuas mortuárias, como aliás já se via em Xian, onde se descobria o fantástico "exército de terracota" enterrado junto com o primeiro imperador da China. É verdade que nas cidades do interior não era difícil encontrar uma estátua de Mao. E no Bund, a avenida beira-rio de Xangai, o carrilhão do velho prédio da alfândega inglesa ainda tocava, a cada seis horas, as primeiras notas do hino maoista, "O Oriente é vermelho". Em Guangzhou, pedimos para visitar a Escola de Quadros onde nos anos 1920 Mao formou milhares de camponeses que se tornaram os combatentes da Longa Marcha e da Revolução Comunista de 1949. O intérprete alegou que estava fechado, mas diante da insistência nos deu um mapa da cidade e parcas indicações. Fomos nos perdendo pelas ruas sem encontrar um só chinês que soubesse sequer dizer *hello*. Mas achamos o templo confucionista onde funcionara a escola abandonada. Entramos, circulamos à vontade pelas salas de aula que davam para o jardim, pelos quartos dos primeiros maoistas ainda com os objetos cotidianos de quem ali viveu, livro na mesinha de cabeceira, urinol, pente, espelhinho. Em compensação, em Nanquim o *Livrinho vermelho* de Mao Tsé-tung estava em todos os sebos e em várias línguas. Publicada em 1966, essa coletânea de pensamentos e citações vendeu 800 milhões de exemplares, só perdendo para a Bíblia.

Os chineses que se arriscavam em alguma língua estrangeira não perdiam a ocasião de fazer propaganda anti-Camarilha, para eles a responsável por muitos erros e fracassos. Pequim era pouco arborizada? Culpa dos quatro. Os chineses não podiam comer fruta? Erro deles. Aquele violino desafinado na ópera que fomos ver no teatro municipal de Luoyang? Foram os quatro, que proibiram instrumentos burgueses. Guangzhou é poluída? Ora, que pergunta: o quarteto maldito! Falavam das tragédias dos últimos anos do maoismo, que condenou milhões de chineses a trabalhos forçados, entre a enxada e a colheita de arroz. Como nos resumiram numa comuna agrícola: quem pintava profissionalmente foi colher repolho e quem colhia repolho foi pintar — assim nasceram a escola de pintores camponeses e a escassez de repolho.

Em 1980 a China recebia minguados 12 mil turistas por ano. Os escassos estrangeiros eram alvo de delicadezas, sendo recepcionados pelas autoridades da comuna, não raro por um representante do prefeito. As damas eram presenteadas, e guardo até hoje um lenço de seda pura branco, com um dragão bordado à mão. Também era corrente haver brinde de boas-vindas, regado a cerveja chinesa — muito boa — e a um conhaque intragável. Todos ainda vestiam a túnica Mao, de algodão grosso azul-marinho e gola alta. Freud estava proibido, mas em Pequim acabava de sair um manual sexual que virou best-seller. Na avenida Wang Fu Jin, em Pequim, uma loja de departamentos exibia na vitrine sutiãs de armação e enchimento que lembravam os das starletes de Hollywood nos anos 1940. As chinesas, em geral magrinhas e de pouco busto, ficavam boquiabertas. Lá dentro, admiravam os cosméticos, reduzidos a umas caixinhas de pó de arroz e dois tons de batom e ruge. Já os homens tinham descoberto os óculos escuros, usados de dia e de noite, e sempre com a etiqueta dourada no canto da lente, onde se lia *made in Hong Kong*. Eram os primeiros sinais de uma sociedade de consumo e das reformas que levariam a China ao que ela é hoje.

AZNAVOUR, LEGRAND, NUREYEV, CHAGALL

Dizem que em Paris ninguém é propriamente famoso, nem Voltaire nem a concierge. Mas também se diz que, ovacionado em Paris, consagrado no mundo. Encontrei alguns desses que ocuparam o palco parisiense aberto a todos os aplausos. E outros que — como Suzy Solidor (ver p. 318) — comprovam que a fama é efêmera.

Minha primeira "celebridade" foi Charles Aznavour. Fazia um mês que eu chegara e tomava pé na nova vida, quando recebi o telex. Aznavour estaria no Rio para a cerimônia de entrega dos prêmios Molière, em noite de gala no Theatro Municipal. A matéria era urgente. E agora? Como descobrir seu telefone? Como conseguir a entrevista? Socorreu-me o diretor da sucursal da

Manchete, Silvio Silveira, que de seus tempos de maestro conhecia Georges Garvarentz, cunhado e parceiro de Aznavour. Liguei para o empresário, acertamos a entrevista, e no final ouvi um pedido inusitado: que eu lhe escrevesse uma carta a respeito. Como? Dia e hora já não estavam marcados? Eu teria de confirmar por escrito? Sim, ali eu descobria que os franceses adoram uma carta, deixar tudo registrado no papel — mesmo o que, como hoje, se arquiva na tela ou na nuvem. E foi então que tropecei na complexidade de fórmulas de tratamento e de despedida que regem o código epistolar na França. Muitos anos ainda se passaram até que eu dominasse tons e subtons com que se tratam, se despedem, entre as "*salutations distinguées*", os "*mes sentiments les meilleurs*" e "*mon profond respect*".

Num país que tem estatística para tudo, alguém contabilizou setenta fórmulas de despedida de uma carta, sendo algumas exclusivas de mulheres e outras de homens. É sutil a arte das boas maneiras. A uma senhorita, um homem não apresenta seus "*respectueux hommages*" mas só seus "*hommages*". Uma mulher não se dirige ao médico como "*docteur*", mas "*monsieur*". Porém, se for por escrito, o "*cher Monsieur*" tem de vir com maiúscula, para expressar sua consideração. E a mulher que se dirige ao garçom, ao eletricista, ao professor, ao vendedor, dirá apenas "*bonjour, bonsoir, au revoir*" e engavetará o "*monsieur*". Longo aprendizado, esse *savoir-vivre*.

Cheguei ao Théâtre Mogador numa tarde de ensaio da opereta *Douchka*, de Aznavour. Inevitável nervosismo. Soubesse ele que era a primeira entrevista em francês da recém-chegada! Aznavour foi paciente. Falou de suas idas anteriores ao Brasil. Da primeira vez: "Eu ainda era um cantor de boate e não me interessava por recitais. Foi justamente no Rio, no Copacabana Palace, que fiz meu primeiro recital. Desde então me tornei um artista de palco". Da segunda vez: "Ninguém me notou. Gosto de fazer isso, pôr os documentos no bolso, pegar uma malinha e sair por aí, incógnito, barba crescida, misturado à multidão anônima". Falou da bossa nova: "Muitos diziam que aquilo era bobagem, que o samba jamais funcionaria na França. Então eu rebatia explicando que não se tratava de samba, mas de algo mais moderno, sincopado. Eu já estava apaixonado pela música de Jobim, sobretudo "Estrada do sol", que tinha letra de Dolores Duran". No exemplar de 29 de outubro de 1973 da revista *Fatos & Fotos*, o outro semanário do Grupo Bloch, saía a "entrevista exclusiva". No dia seguinte, Aznavour encantava a plateia carioca.

O prêmio Molière voltou à minha pauta quando o convidado para a cerimônia de 1976 foi Michel Legrand. Ele era o bem-sucedido compositor de trilhas sonoras de dezenas de filmes, como *Os guarda-chuvas do amor*, *Houve uma vez um verão* e *Yentl* — e ganharia três Oscars. Naquele momento, estreava uma carreira de diretor de cinema. E eu, uma nova identidade. É que o fotógrafo Chico Nascimento e eu, a dupla que constituía a redação da sucursal, tínhamos sido demitidos da *Manchete* dois meses antes. Lá só restaram o diretor e as secretárias. Na manhã em que o diretor me mostrou o telex de nossa demissão, enviado na véspera, do Rio de Janeiro, não sei quem ficou mais nervoso. Provavelmente ele, pois sabia que pela legislação trabalhista francesa ninguém era demitido porque fizera greve por aumento de salário — nosso caso, o que acarretara nossa demissão. Seguiram-se semanas de acertos burocráticos e fui procurar emprego. Pude me inscrever na Agence Nationale pour l'Emploi, e entrei no *chômage,* como é chamado na França não só o desemprego como o sistema de proteção social aos desempregados, implantado em 1945. E me dei conta de que o Estado-providência funcionava a pleno vapor. Em meados dos anos 1970, o *chômage* estava em ascensão mas atingia "apenas" 4% da população ativa (chegaria a quase 12% nos decênios seguintes). Eu devia bater ponto a cada quinze dias na agência, provando que tinha ido a empresas procurar emprego. No meu caso, ser "jornalista brasileira" dificultava, mas a "fluência em língua portuguesa" (a agência não distinguia entre o brasileiro e o luso) abria outras possibilidades. Uma vez por mês eu recebia pelo correio o cheque de 110% de meu último salário na *Manchete*. Sim, 110, porque, como *cadre* — categoria profissional que é um meio-termo entre o executivo e os funcionários mais altos na hierarquia de uma empresa —, eu tinha direito a esse complemento. E ainda pude fazer um curso de formação profissional, o de jornalismo investigativo. Fiquei no *chômage* de agosto de 1976 aos primeiros meses do ano seguinte, quando comecei a colaborar com a recém-lançada *IstoÉ* — e fui logo dar baixa nesse invejável mecanismo estatal de apoio aos desempregados.

Na redação desfalcada, os pedidos de reportagens continuavam a chegar. Como, por ter sido demitida recentemente, meu nome estava proscrito, e entrevistar Michel Legrand era urgente, o diretor me sugeriu inventar um pseudônimo. A *Manchete* costumava publicar artigos com nomes fantasiosos, como uma improvável Marie Anne de La Tour. Assim nasceu Ana Casanova — homenagem ao *Casanova* de Federico Fellini que fazia o maior sucesso em Paris. Ela assinou a entrevista com Michel Legrand, mas teve vida breve.

No estúdio onde gravava, de vez em quando Legrand dava um grito para ter certeza de que o meu gravador funcionava; ou parava no meio da resposta e ia para o piano, onde tocava e cantarolava o final da frase, e Ana Casanova se maravilhava. Anos depois, fui a um concerto de despedida dele, na Salle Pleyel, em que ora no piano, ora regendo, Legrand repassou os hits de seu extenso repertório. Lembrei-me de dois momentos da entrevista de 1976. Quando ele disse: "Passo a vida fazendo experiências, o prazer é o novo, o desconhecido, e a alegria é com o amanhã, não com o ontem". E também: "A vida só vale a pena em mutação, não gosto de ser assíduo". Em 2018, Legrand anunciou mais uma "mutação": em breve apresentaria duas obras inéditas, a "Suite pour accordéon" e o "Concerto pour guitare". A morte, em janeiro de 2019, ceifou seus planos. Tinha 86 anos.

A entrevista com Legrand fugiu do modelo pingue-pongue de publicação em forma de perguntas e respostas. Saiu como texto corrido. Outras sofreram cortes que as murcharam. Ou serviram apenas de subsídios a reportagens preparadas na redação em São Paulo. Como a que fiz com Rudolf Nureyev, que em abril de 1983 ia dançar no Brasil. Naquele momento, apresentava-se em Paris no balé *A Bela Adormecida*. Fazia o papel de príncipe, que encarnara dezenas de vezes. Nureyev já tinha 45 anos, mas no balé de Tchaikóvski foi o notável virtuose de gestos leves e firmes que pareciam ignorar os limites do corpo humano. Marcamos a entrevista para depois do balé, no próprio teatro. Passei o espetáculo com uma ponta de receio ao pensar que, dias antes, Nureyev, conhecido por suas *impolitesses*, se irritara com uma jornalista e lhe atirara uma sapatilha. Eu sairia ilesa? Pedi a meu amigo Flávio Marinho, homem de teatro e jornalista, que fosse comigo ao camarim. Mas foi um Nureyev nada impetuoso que me recebeu. Ia respondendo enquanto trocava de roupa, bumbum de fora, e se vestia de novo. Ele acabava de aceitar o convite para ser o diretor de dança da Opéra de Paris. A ideia de Jack Lang, ministro da Cultura de Mitterrand, era contratar o maior bailarino do momento para dar uma espanada no velho teatro parisiense, quando já iniciava a construção da nova Opéra da Bastilha. Nureyev estava muito contente: "Vou trazer os melhores mestres dos Estados Unidos, Holanda e Escandinávia. Em cinco anos a mudança terá dado seus frutos". De fato, nos seis anos em que dirigiu a dança na Opéra fez releituras de balés clássicos, mas também arrumou encrencas, como a nova versão de *Cinderela*, coreografado como um desenho animado de Hollywood, o que levou os bailarinos a se negarem a ensaiá-lo.

Justamente, na velha Opéra de Paris havia o belíssimo teto pintado por Marc Chagall. Com o pintor tive um encontro fugaz — que sequer resultou em entrevista — mas comovente. Num verão de meados dos anos 1980, eu estava na Côte d'Azur quando passei por Vence. Pergunta daqui e dali, mostraram-me a casa grande, de pedra, no alto de uma colina, onde ele morava. Tomei coragem, toquei uma sineta. Certa de que ninguém ia aparecer. Pois apareceu: com passo miúdo e apoiado na mulher Valentina, o pintor dos bichos que voam, dos trapezistas e palhaços, andou até o portão. Falei quem eu era, ele me disse, sorridente, que aquela era a Vava. Estavam de saída. Nada feito! Iam a uma exposição sobre sua obra. Chagall fazia 97 anos. Em Saint-Paul-de-Vence havia uma retrospectiva de sua pintura. Em Nice houve outra, logo em seguida, com vitrais, esculturas, tapeçarias e mosaicos sobre temas religiosos. Ele deixara Moscou em 1922. Na França foi um pintor admirado, coberto de honrarias e encomendas, como a da Opéra. E ali ele estava, quase centenário, com sua alma de criança. Pena que não havia celular... Perdi uma selfie com Chagall.

FRANÇOIS MITTERRAND E A ROSA

Num fim de semana de fevereiro de 1983, o ministro da Cultura Jack Lang reuniu nos salões da Sorbonne a fina flor da intelligentsia planetária para discutir "Criação e desenvolvimento". O show de estrelas ia de García Márquez a Jacques Derrida, de Mary McCarthy a John Kenneth Galbraith. Para os que tinham ido do exterior, passagem de primeira classe; para os que foram dos Estados Unidos, voo no Concorde. Brasileiros, três: Celso Furtado, Augusto Boal — ambos podiam ir de metrô — e Darcy

Ribeiro. Houve alguma cacofonia com um elenco tão diverso. O poeta-ministro nicaraguense Ernesto Cardenal não parecia entender os conceitos semânticos do "valor segregativo e da alma coletiva" citados pelo psicanalista Félix Guattari. No grupo que tratou de criatividade e economia, onde estava Celso, nem sempre o que disse o prêmio Nobel de economia Wassily Leontief foi compreendido pelo sonolento ator Ugo Tognazzi.

A questão era simples: e se a cultura fosse o melhor remédio para a crise? Fazia anos que a França e boa parte do mundo estavam mergulhadas numa crise estrutural de desemprego, indústrias vetustas, demandas sociais novas. A aposta, ali na Sorbonne, era de que os quatrocentos artistas e intelectuais pudessem sugerir caminhos criativos, mas ninguém esperava que dois dias de debates gerassem receitas milagrosas. Até porque, como disse em seu grupo o semiólogo Umberto Eco, os que lidam com cultura não resolvem crises, mas as instauram.

Justamente, foi ele que, sem querer, desempatou uma pendenga que, volta e meia, surgia quando íamos jantar fora com amigos. Foi assim: numa das muitas *pauses café* que houve durante o encontro, e em que garçons solícitos passavam não só café mas taças de champanhe e petits-fours, Celso e eu estávamos num dos salões quando vimos Sophia Loren e Umberto Eco conversando num canto. Fizeram um gesto gentil para nos aproximarmos. Lá fomos, algo reticentes e calados, e acompanhamos a conversa — ou melhor, eu mais ouvindo Eco e Celso mais olhando para Sophia. Falavam de comida, e a certa altura Eco disse que podia ser heresia mas gostava de comer massa com vinho branco: era o seu vinho preferido. Bingo! Era o meu também. Desde então, sempre que no restaurante alguém faz muxoxo quando eu peço um branco que supostamente não combina com o prato, eu penso nessa história: minha escolha tem o aval de Umberto Eco.

Foi num domingo, 10 de maio de 1981, que François Mitterrand se elegeu presidente da República. Às oito da noite a TV francesa ia anunciar o nome do vencedor. Viu-se na tela um desenho sendo traçado a partir do alto da cabeça. O perfil ia revelando uma calvície, portanto podia ser Mitterrand ou Giscard d'Estaing. O suspense durou até o desenho chegar à testa e às sobrancelhas: formou-se o rosto de François Mitterrand. Foi uma vitória apertada: 51,76%, contra 48,24%, mas que jogava por terra uma ideia fixa de Mitterrand — "A história não gosta de mim" —, dita e repetida nas duas eleições que perdera, uma em 1965, para De Gaulle, outra em 1974, para Giscard.

Naquele domingo, o *peuple de gauche* jubilou. Em casa, estávamos com dois convidados para a *soirée électorale*: Fernando Henrique Cardoso e Roberto DaMatta. Abrimos champanhe, comemoramos, e os dois cientistas sociais se puseram a prever, como sói acontecer, os reveses que viriam pela frente. Depois fomos para a Bastilha, nós e uma multidão que comemorava a vitória entre bandeiras e *allons enfants*. Eu tinha a sensação de participar de um acontecimento histórico. Ali naquela praça, em 1789, a queda da prisão da Bastilha fora o ato inaugural da Revolução Francesa e do fim do Antigo Regime; em 1981, a eleição de Mitterrand era uma versão século XX da revolução, derrubando 23 anos em que a direita governou a França. Ao nosso lado, um velhinho dizia que agora podia dormir tranquilo, pois haveria um novo Léon Blum. Referia-se ao chefe do governo socialista do Front Populaire em 1936. E foi então que caiu um temporal assustador. Presságio de chuvas e trovoadas para o governo socialista?

Mitterrand manejava bem os símbolos na política. No dia da posse, subiu a Rue Soufflot, no Quartier Latin, com uma rosa vermelha na mão e ao som da Nona Sinfonia de Beethoven. No curto trajeto até o Panthéon, foram espalhados milhares de rosas vermelhas e na praça ficaram a seu lado os companheiros da Internacional Socialista, como Willy Brandt e Mário Soares, e exilados de ditaduras como Julio Cortázar e Melina Mercouri. Um sinal dos novos tempos foi o ritmo em que se tocou *A Marselhesa* no pátio do Palácio do Elysée. Se Giscard dera ao hino uma cadência lenta, agora ele voltaria à interpretação tradicional, vibrante, criada por Hector Berlioz. Era o que os marqueteiros de Mitterrand queriam transmitir com as três palavras que marcaram sua campanha: "*La force tranquille*". Vibrante, sim, mas sem sobressaltos.

François Mitterrand governou por dois mandatos: catorze anos. O primeiro foi, de longe, o melhor. Quando Celso e eu fomos morar em Brasília, onde ele assumiria o cargo de ministro da Cultura, tivemos contato regular com Ulysses Guimarães, presidente do PMDB, do Congresso e da Assembleia Nacional Constituinte. Ele me lembrava François Mitterrand. Eram do mesmo ano, 1916. Ambos tinham longa experiência política e parlamentar — Mitterrand foi onze vezes ministro —, sabiam navegar em ventos contrários, faziam concessões mas não cediam no fundamental. Um e outro eram calados, pouco dados a sorrisos mas excelentes oradores. Mitterrand tivera no passado um episódio turvo, quando foi funcionário do regime fascista de Vichy, mas lidava — como Ulysses — igualmente bem com derrotas e vitórias. Era um intelectual de grande erudição, excelente escritor, e mais à esquerda que o brasileiro. Estive em algumas coletivas dele desde que era primeiro-secretário do Partido Socialista; dava respostas curtas, mantinha o semblante fechado, vez ou outra recorria à ironia, senão ao sarcasmo ou ao silêncio. Durante a campanha de 1981 viajei com ele por um trecho da autoestrada que o traria a Paris, ao final de um comício. Eu no banco do carona, ele atrás. Logo cobriu o rosto com o chapéu, como que a assinalar: "Não perturbe". Só no fim do trajeto dignou-se a responder a uma ou duas perguntas.

Tão logo se elegeu, pôs em marcha as medidas mais ousadas

de seu programa: abolição da pena de morte, nacionalização de bancos e grandes indústrias, quebra do monopólio estatal das rádios e das TVs, semana de 39 horas, quinta semana de férias pagas e aposentadoria aos sessenta anos. A reforma mais importante foi a da descentralização. A França era um país medularmente jacobino e tudo dependia do poder central; para se trocar um paralelepípedo em Marseille era preciso pedir autorização a Paris. Quanto às trovoadas, a primeira veio com a presença de quatro ministros comunistas. O Departamento de Estado alertou que o relacionamento com o governo francês seria afetado pela inclusão desse quarteto. E em seguida despachou para Paris o vice-presidente George Bush, enviado especial de Ronald Reagan. O que Bush não soube é que, ao chegar ao Palácio do Elysée, entrou por uma porta lateral justamente para evitar que cruzasse com os comunistas, que no mesmo instante posavam, com todo o gabinete, para uma foto histórica no pátio principal.

PARIS FOI UMA FESTA

Que Paris é uma festa, até Ernest Hemingway sabe. É tradição antiga. Assim que guerras, revoluções, banhos de sangue terminavam, voltavam as festas na cidade. E guerras, como houve! Nos arquivos do Quai d'Orsay, sede do Ministério das Relações Exteriores, consta que nos últimos oitocentos anos a França travou umas duzentas batalhas, sendo vencedora em 130. Imagine-se a festança. Na Revolução Francesa, tão logo se acertaram as contas com o sinistro Robespierre, ressurgiram pomposos os salões e bordéis. E em pleno Segundo Império, a opereta da vez foi *La Vie parisienne*, de Offenbach, que falava das noites parisienses frequentadas até por um brasileiro milionário que vai se esbaldar em Paris entre cocottes e champanhes.

Com a vitória dos socialistas, a cultura foi à festa. Essa cultura francesa, atributo e orgulho maior da nação, chegou com força, transformou a paisagem urbana, corações e mentes. Tudo pode ter começado, simbolicamente, no dia de 1981 em que o borbulhante ministro Jack Lang incentivou a trupe da Comédie Française a trocar o palco secular pelos corredores barulhentos de uma estação de metrô, onde representaram Molière. Depois, veio a boa nova de que, além dos domingos, os museus seriam gratuitos num dia da semana. Seguiu-se o desconto nos cinemas. No ano seguinte, veio a Festa da Música — no primeiro dia de verão, quem tocasse ou arranhasse um instrumento foi convidado a exibir seu talento ou desafinar em praça pública. Depois vieram a Loucura de Ler, a Festa do Cinema, as Jornadas do Patrimônio. Tudo deu certo, tudo existe até hoje.

Vinte anos antes a França tivera outro atuante ministro da Cultura, André Malraux, que cuidou da preservação do patrimônio e da implantação das *maisons de culture*. Nos anos 1980, o propósito era incentivar teatro de vanguarda, festivais de rock, música eletrônica e museus que pareciam embolorados. Se no século XVIII a França tinha sido o país do luxo, da arte, da literatura — esses sinônimos de "civilização" —, em fins do XX perdera prestígio em todas as vertentes. Paris era a única capital da Europa sem um espaço para música pop, e suas salas de concerto datavam do século XIX. A leitura era um caso à parte. Desde sempre paparicada pelos franceses, ela se beneficiou do *aggiornamento* cultural com a votação da lei do preço único do livro e pencas de festivais literários, a começar por aquele de história em quadrinhos — aliás, ignorada por Malraux, que um dia ouviu do general De Gaulle que Tintin era seu único rival.

François Mitterrand queria passar para a história como o presidente mais cultural da França. Conseguiu. O símbolo disso foram as obras de renovação do Louvre, anunciadas pelo presidente na primeira coletiva de imprensa. Em oito séculos o palácio tinha abrigado reis e rainhas que o modificaram dezenas de vezes. Mitterrand não foi exceção. Ousou. Chamou o arquiteto Ieoh Ming Pei, que espetou no pátio interno uma pirâmide de vidro transparente, com as proporções exatas das pirâmides de Gizé. O Ministério das Finanças foi despejado de uma das alas do edifício, a pirâmide recebeu uma saraivada de críticas, e o Louvre ampliado ganhou mais um superlativo: já era o museu mais antigo do mundo, agora também era o maior, com 250 mil peças expostas num circuito de quinze quilômetros. Ganho extra: as obras da pirâmide permitiram a descoberta de vestígios da Paris medieval, louça, moedas, medalhas, espinhas de peixe. Quando lá estive para uma matéria, a curadora contou que a peça mais surpreendente tinha sido o esqueleto de um recém-nascido numa antiga rua do século XII em que havia muitos bordéis.

O programa cultural de Mitterrand foi além. Ópera da Bastilha, Cidade da Música, renovação de trezentos museus, criação de vários outros, companhias de dança, arqueologia, nova Biblioteca Nacional: dinheiro não faltou. Mesmo com o país em recessão, Lang conseguiu dobrar o orçamento da cultura, que em pouco tempo passou a um invejável 1 bilhão de dólares, então 0,75% do orçamento do Estado. Alguns anos depois, quando Celso era ministro da Cultura e fomos à casa de Jack e Monique Lang, na Place des Vosges, dois assuntos dominaram a conversa: a recém-aprovada lei de incentivos fiscais para a cultura, elaborada por Celso, e os respectivos orçamentos. Lang dizia que a França teria muito a ganhar com uma legislação que incitasse a iniciativa privada a investir na cultura, mas que os franceses estavam demasiado acostumados a tudo esperar do Estado. A seu ver, a lei elaborada por Celso era avançada demais para os franceses. Celso, por sua vez, lembrou que quando assumira o Ministério da Cultura seu orçamento não chegava a 100 milhões de dólares: um décimo do francês.

O SOCIALISMO E NÓS

No Brasil do general João Figueiredo — e não só nos Estados Unidos de Reagan —, as reações ao socialismo francês beiraram o grotesco. Um figurão do PIB nacional indagou se ainda poderia ir a Paris, ele, um capitalista, agora que o socialismo governava a tão querida França. Outro perguntou, meio à brinca meio à vera, se haveria um tanque soviético no desfile do Catorze de Julho, festa nacional. Um terceiro temia a coletivização dos meios de produção na pobre França. As matérias que escrevíamos sobre os socialistas assustavam uma fatia dos leitores. Às vezes os editores nos pediam para repercutir esses delírios. Dias depois da posse do novo governo, um colunista social carioca publicou, sabe-se lá a fonte, que Mitterrand mandara fechar todas as floristas da França porque "dar flores é um gesto capitalista". A notícia ficaria no rol das sandices se eu não tivesse me dado ao trabalho de ir ao Marché aux Fleurs, ao lado da Notre-Dame, e ao distante mercado de Rungis, para conversar com meia dúzia de floricultores, que caíram na risada. Muitos, aliás, tinham votado em Mitterrand. As gafes do colunismo pátrio também me levaram a entrevistar um diretor de banco nacionalizado, que me garantiu que continuaria buscando lucro, e professores que apostavam que os ministros comunistas não comiam criancinhas.

O ponto alto dessas alergias ao socialismo *bleu-blanc-rouge* foi quando o paulista Plinio Corrêa de Oliveira resolveu armar uma cruzada contra o presidente francês. Plinio era o líder de uma sociedade que defendia a tradição, a família e a propriedade, misto de organização secreta e de luta contra o comunismo, exorcizado por rapazes de terno e gravata e cabelo escovinha que desfilavam em São Paulo. A TFP tinha bons contatos no exterior. Um deles financiou um artigo de seis páginas, publicado como encarte em vários jornais da Europa e dos Estados Unidos, para denunciar o presidente socialista. O tiroteio mirou Mitterrand e seu entourage, mas não poupou Robespierre nem Lech Wałęsa que, embora papa-hóstias, era visto como "pior que o comunismo".

Com os socialistas, a América Latina passou a ter mais presença na pauta da diplomacia e da cultura. Mitterrand escolheu como conselheiro para assuntos latino-americanos o filósofo Régis Debray, ex-guerrilheiro que nos anos 1960 acompanhou Che Guevara pelo continente e foi preso na Bolívia. A presença de Debray no Palácio do Elysée era vista, no mínimo, como anacrônica. Mas Mitterrand a considerava um símbolo que lhe serviria para sacudir certo torpor diplomático. De fato, no Quai d'Orsay a chamada Diplomacia 3 C — *cuisine, cosmétiques* e *couture* — passou a conviver com uma política de solidariedade — ao menos na retórica — a povos submetidos a ditaduras e a outros desmandos. François Mitterrand — ao menos na retórica — denunciava com firmeza o desrespeito aos direitos humanos, fosse em visita oficial à União Soviética, fosse ao receber líderes da Revolução Sandinista. No vasto Terceiro Mundo em que nos encaixávamos, a diretriz diplomática era o binômio democracia e desenvolvimento. Se possível, com "intuito social". Houve, assim, o dia em que o primeiro-ministro Pierre Mauroy nos anunciou que a França forneceria ao Brasil equipamentos hospitalares para as regiões mais pobres do país. Mas o que se viu ser exportado, semanas depois, foram os vagões de trem negociados por Delfim Netto. Em contrapartida, o encontro do recém-eleito presidente Tancredo Neves com François Mitterrand em sua casa de campo de Latché, em janeiro de 1985, apesar das escorregadelas diplomáticas reforçou o interesse francês pelo Brasil que encerrava a era dos generais-presidentes.

Na cultura, multiplicaram-se projetos para a "latinidade", termo que entrou em moda e pontuou conferências, discursos e declarações. Nem tudo deu certo. A Comissão da Latinidade comandada por García Márquez não foi longe; mas vingaram a rádio Cultura Latina, cujo presidente de honra era Julio Cortázar, o cinema Le Latina, o fundo para dublagens de filmes em espanhol e português. A França sempre atraiu artistas plásticos da América Latina, mais ainda nos anos 1960-70, no rastro das ditaduras do continente. Paris já era uma espécie de capital da arte latino-americana na Europa, e a chegada de Mitterrand deu alento ao Espaço Latino-Americano criado por artistas radicados em Paris, como Arthur Piza, Julio le Parc, Roberto Matta. Foi também a fase áurea do intercâmbio universitário com o Brasil, promovido pelos diversos programas de cooperação. A França passou a ser o país com mais bolsistas brasileiros de pós-graduação.

O boom da literatura latino-americana que nos anos 1960-70 foi lida na França não incluía brasileiros. Quem puxava o bonde eram os escritores de língua espanhola. Nesses anos, o brasileiro que mais vendia na França era Jorge Amado, e de vez em quando surgia um azarão: José Mauro de Vasconcelos, com seu *Bel Oranger*, vendeu 60 mil exemplares; o centenário romance *L'Athenée*, de Raul Pompeia, fez inesperado sucesso, enquanto *Les guérilléros sont fatigués*, de Fernando Gabeira, encalhava. As editoras garantiam que a América Latina deixara de vender. Seu lugar ia sendo ocupado pela produção de outros quadrantes, como a dos dissidentes soviéticos. A literatura — e a presença — dos dissidentes tornou-se um must. Numa palestra, num programa literário de TV, num jantar: o chique era ter um dissidente. Fui a um ou dois desses jantares, em que eles formavam um grupinho à parte, só falando russo e visivelmente deslocados. A presença desses soviéticos causou tensões, senão fissuras, entre a intelectualidade de esquerda. Eles não queriam uma mudança de regime na URSS, mas reivindicavam que se cumprissem as leis que garantiam os direitos e as liberdades. Todos tinham sido comunistas mas acabaram renegando Lênin e Marx. Os partidos de esquerda na França — o comunista, e também certas correntes do socialista — teriam de conciliar o apoio aos dissidentes com a ausência de uma crítica abertamente antissoviética. Nesse delicado exercício de dar uma no cravo e outra na ferradura, nem todos se saíram bem.

Com os anos Mitterrand, houve um miniboom de literatura brasileira, quando desembarcaram — eles e seus livros traduzidos — Antônio Torres, Raduan Nassar, Nélida Piñon, Darcy Ribeiro, Rubem Fonseca. A eles se juntavam, nas prateleiras das livrarias, os falecidos e recém-lançados Lúcio Cardoso com sua *Chronique de la maison assassinée*, José de Alencar com *Iracéma*, Clarice Lispector, já então descoberta pela Éditions des Femmes. E lá ia eu encontrar a tribo das letras em salões do livro, lançamentos, festivais. O embalo cultural do primeiro mandato de Mittterrand perdeu força no segundo. Mas a manivela do carrossel da cultura já rodava a toda velocidade. Foi nos catorze anos de sua presidência, entre 1981 e 1995, que a cultura passou definitivamente a ser artigo de primeira necessidade. Não por acaso, na crise da pandemia em 2020, que confinou estritamente a população e fechou todo o comércio, foram autorizados a funcionar na França os supermercados, as farmácias... e as livrarias. O livro era um bem tão necessário como o camembert ou a aspirina.

RUMOS NOVOS

Conheci Celso em 1979, numa feijoada — prato predileto de brasileiros no exterior —, na casa de Thereza e José Maria Rabelo, que então dirigia a livraria portuguesa e brasileira de Paris. Estavam se despedindo dos amigos e preparavam a volta ao Brasil quando viesse a anistia política. Celso saíra do país no golpe militar de 1964. Morava num pequeno apartamento perto da Universidade da Sorbonne, onde foi professor de economia por vinte anos. Meu mundo profissional e social gravitava em torno de franceses e de estrangeiros que, como eu, viviam em Paris. De seu lado, Celso, apesar dos tantos anos de exílio, refletia e escrevia, eu diria quase diariamente, sobre o Brasil, sobre a América Latina: nossos universos se completaram. Foi crescente a admiração que senti por ele — o carisma e a inteligência, mas também a retidão, a humanidade. Soube, como poucos, unir reflexão e ação. Não se afastou de seus valores, profundamente à esquerda, ainda que à contracorrente. Depois dos anos de exílio, teve a oportunidade de retomar sua vocação de servidor da *res publica*, como embaixador e ministro. Morreu aos 84 anos, como uma espécie de consciência moral do país. Difícil eludir a frase de Albert Camus: "Sei que vou morrer à esquerda, apesar dela, apesar de mim".

Com a eleição de Tancredo Neves, nos mudamos para Bruxelas, onde Celso chefiou a missão diplomática junto à Comunidade Econômica Europeia, atual União Europeia. Continuei meu trabalho mas me abstive de matérias mais sensíveis nas áreas de economia e de política internacional. No ano seguinte, outra mudança de rumo. Trocamos Bruxelas por Brasília, onde Celso assumiu o Ministério da Cultura, então com poucos meses de existência. E, surpreendentemente, ainda muito contestado por intelectuais e artistas. O inevitável contato, mesmo se esporádico, com as hostes do poder levou-me a temer conflito de interesses. Deixei o jornalismo antes que ele me deixasse. Outro ofício ia começar, o das traduções, das edições, dos livros. Foram várias dezenas de obras traduzidas, clássicos como Montaigne, Céline, os romancistas do século XIX, Proust, outras tantas organizações de antologias e de ensaios críticos sobre Celso Furtado, com longos artigos meus a seu respeito.

Encerrava-se também, com a mudança para a casa à beira do Lago Sul, a primeira longa jornada em Paris. Viria outra, nos anos 1990, em que alternávamos entre Paris e o Rio as estações e as permanências. Mas o jornalismo ficara para trás. Tinha sido uma paixão de infância, despertada numa casa em que a leitura de jornais — pelo menos três por dia — era praticada assiduamente por pai, mãe, irmãos, avós. Eu lia de todos um pouco, do Nelson Rodrigues no *Última Hora* aos editoriais do *Jornal do Brasil* e aos suplementos do *Correio da Manhã*. De tanto lê-los, sonhei trabalhar num deles. Daí para a faculdade de jornalismo foi um pulo. E dela para a primeira reportagem, outro. O pedido do diretor da revista era curioso: eu devia saber por que o papagaio fala. Essa foi a estreia... Fui ao Jardim Zoológico, entrevistei um ornitologista e um neurologista, e tive a resposta. Para os curiosos, e se bem me lembro, o papagaio é a única ave que tem vestígios de massa cinzenta no cérebro e aparelho fonador parecido com o da criança — mas enquanto a criança diferencia o significado das palavras, o papagaio apenas papagueia.

O jornalismo foi mais que vocação, mais que profissão, foi uma evidência, um modo de viver. Ele me deu muito, eu retribuí. Nunca me iludi com os que achavam que jornalista era ator da História; testemunha, sim, como intuo ter sido numa guerra aqui, numa revolução ali. Mas certas reportagens me confirmaram o que nossos professores gostavam de repetir: jornalismo é aprender, compreender, transmitir.

NÃO ESQUECI

Este livro foi pensado num dia de outono em Paris. Era a pandemia, a cidade estava deserta. Confinada em casa, entre o desassossego e a tensão interior que o novo vírus provocou em todos nós, eu traduzia um volume da obra de Marcel Proust, que breve seria publicado na nova edição de *À procura do tempo perdido*. O convívio diário e silencioso com o universo proustiano, o mergulho nos mecanismos do tempo que abrem a alma para os meandros da memória teriam sido, idealmente, um belo e literário ponto de partida para este livro. Mas foi algo mais prosaico. Encontrei no alto de um armário uma caixa de papelão com várias entrevistas feitas nos quinze anos em que fui correspondente da *Manchete*, da *IstoÉ*, do *Jornal da República*, e colaboradora da *Arte Hoje*. Fazia vinte anos que ali estavam, quando foram reunidas para um projeto editorial que não vingou. Havia um pouco de tudo: cópias dos longos telex que eu enviava à redação da *IstoÉ*, com as letras ainda perfeitamente legíveis; cópias carbono de entrevistas que eu datilografava nas laudas da *Manchete* e mandava pelo malote da Varig; recortes das revistas que alguém me enviara do Brasil por correio postal. Sou das que pensam que jornalismo é ofício fugaz por essência, notícias caducam depressa, reportagens também. Mas há os bons momentos, aqueles que transcendem o curto prazo. Na caixa de papelão encontrei alguns: conversas com romancistas, historiadores, filósofos, artistas, algumas nunca publicadas. Com o olhar da distância comecei a lê-las e encaixá-las na perspectiva histórica de muitos anos atrás. A uni-las, havia uma permanência subjacente ao que eles disseram sobre a vida deles, o tempo, o amor, a criação. Eram antigas, mas ganhavam interesse pelo que de seus autores fez a posteridade.

Foi na França que mais exerci o jornalismo. Foi Paris a cidade em que mais tempo vivi, quase o mesmo que no Rio de Janeiro onde nasci. Nem França nem Paris são mais o que foram. Os franceses somam menos de 1% da população mundial. O futuro, que dizem ter passado pela França no século XVIII, levando-lhe o Iluminismo, foi bater em outro lugar, provavelmente na China. Mas a França ainda transcende os clichês, é um país que atrai, que o digam os 80 milhões de turistas que ela recebia antes da pandemia. Os franceses (e nós) continuam sentados nas varandas dos cafés, ora se fartando, ora proseando, ora lendo ou vendo o mundo passar — como o Eça de Queirós atrás de quem eu fui. E no imaginário ainda surge, vez ou outra, a frase de Jules Renard: "Acrescente duas letras a Paris, e será o Paraíso". Pois ali eu estava, em meio a essas duas letras, em meio às entrevistas que relembravam os tempos do jornalismo, e submersa numa tradução que me remetia a outra fase da vida. Alguém avisou que não se deve voltar ao lugar onde se foi feliz. Será que um dia eu saí de lá? Será que Paris comporta adeus? Paris é para sempre.

A credencial da *IstoÉ* e a de correspondente da imprensa estrangeira, concedida pelo Ministério das Relações Exteriores.

```
ZCZC PXBQQQ NXQ
OO NHM NNC LTP
CCCC EQ

R I
   ISTPARIS-1
   TAKE 1 - 13.10.81
   PARA NIRLANDO BEIRAO-DE ROSA FREIRE D'AGUIAR-MEU CARO NIRLANDO,
SEGUE A ENTREVISTA COM O SABATO, MAIS OU MENOS NO TAMANHO DAS 3
PAGINAS FINAIS DA REVISTA. NAO SEI COMO ANDA SUA ORDEM DE PRIORI-
DADES, MAS O SABATO CHEGA A PARIS ESTA SEMANA, E EMBORA NAO TENHA
NENHUM BADALO PROGRAMADO, EH POSSIVEL QUE OUTRO BRASILEIRO TENTE
ENTREVISTA-LO.
QUALQUER DUVIDA, ME LIGUE. ABRACOS, ROSA.
---
   ERNESTO SABATO COLOCA-SE CERTAMENTE ENTRE OS ESCRITORES DO
CONTINENTE QUE SOBREVIVERAO AA RECENTE VOGA DA LITERATURA LATINO-
AMERICANA. EM 1948, SEU PRIMEIRO ROMANCE, +EL TUNNEL+,
TEVE NOTORIEDADE IMEDIATA NA EUROPA, ONDE ELE FOI COMPARADO A
LAWRENCE DURRELL E LAUTREAMONT, NUMA EPOCA EM QUE OS ESCRITORES
LATINO-AMERICANOS CUSTAVAM A PENETRAR NO MERCADO ESTRANGEIRO.
UM DOS ELOGIOS EMOCIONA SABATO. THOMAS MANN, NUM DIARIO QUE ESTAH
PARA SER PUBLICADO, FAZ UMA REFERENCIA MUITO ELOGIOSA AO ROMANCE,
QUE LEU EM INGLES EM 1951. +FOI UM DOS MAIORES ESTIMULOS DE MINHA
VIDA SABER QUE THOMAS MANN, UM DOS MESTRES DE MINHA GERACAO, TINHA
LIDO E APRECIADO MEU ROMANCE+, DIZ SABATO. COMO ENSAISTA, ERNESTO
SABATO PUBLICOU DIVERSOS LIVROS, ENTRE ELES UM ESTUDO SOBRE +LA
METAFISICA DEL TANGO+ E, EM 1979, +APOLOGIAS Y RECHAZOS+.
COMO ROMANCISTA, POREM, O ESTIMULO DE THOMAS MANN NAO MODIFICOU
SEU LENTO RITMO DE PUBLICACOES. DEPOIS DE +EL TUNNEL+, EM 1948,
SABATO PUBLICOU +SOBRE HEROES Y TUMBAS+, EM 1961, E +ABADON O
EXTERMINADOR+, EM 1974. UM ROMANCE A CADA 13 ANOS. UMA CARREIRA
ENCERRADA AOS 70 ANOS.
MORE/DLO
CCCCQQE
NNNN




ZCZC PXBQQQ NXQ
OO NHM NNC LTP
CCCC EQ

R I
   ISTPARIS-2
TAKE 2- EX PARIS X X X ANOS.
   COMO ELE MESMO DIZ, A SEITA DOS CEGOS, QUE SIMBOLIZA NO SEU
SEGUNDO ROMANCE AS FORCAS SECRETAS QUE GOVERNAM O MUNDO, EM
PARTICULAR SEU MUNDO PORTENHO, PREPARARAM-LHE UMA VINGANCA: HA
QUASE TRES ANOS ERNESTO SABATO SOFRE DE UMA LESAO NA RETINA,
E ESTAH PROIBIDO DE LER E ESCREVER PARA POUPAR O POUCO DE VISAO
QUE LHE RESTA. EM SUA CASA DE SANTOS LUGARES,NOS ARREDORES DE BUENOS
AIRES, SABATO DIVIDE SEUS TEMPO ENTRE A PINTURA, OS NETOS, OS
AMIGOS, AS DEZENAS DE JOVENS QUE O PROCURAM, E A TELEVISAO. HA DIAS,
EM BIARRITZ, ONDE SEU FILHO, O CINEASTA MARIO SABATO, APRESENTAVA
UM FILME NO FESTIVAL DE CINEMA LATINO-AMERICANO, SABATO MOSTRAVA-
SE CURIOSO, ASSIM COMO SUA MULHER MATILDE, PARA CONHECER OS
CAPITULOS DA NOVELA +ESCRAVA ISAURA+ QUE PERDERAH DURANTE A
VIAGEM QUE INICIA PELA EUROPA. LUCELIA SANTOS FOI UM DOS ASSUNTOS
DESTA ENTREVISTA A ISTOE.
MORE/DLO
CCCCQQE
NNNN
```

No tempo dos telexes, que pareciam tripas
de muitos metros.

Manchete N.º		ATENÇÃO: MEDIDA EM PAICAS
PRODUÇÃO		REDAÇÃO

TÍTULO DA MATÉRIA	REPÓRTER	DATA	LAUDA N.º
MICHEL LEGRAND	ANNA CASANOVA	PARIS, 24/9/76	1
	FOTÓGRAFO	REDATOR	
	LUIZ ALBERTO		

FAMÍLIA _____

CORPO (P) ____ LARGURA (L) ____ ENTRELINHA (F) ____ 0 POSIÇÃO DO TEXTO ____ DESTAQUE ____

```
        0      9     18     27     36     45     54     63     72

 1            Com Michel Legrand, qualquer tentativa de se
 2      fazer uma entrevista convencional, de perguntas e respostas, ou mesmo
 3      um bate-papo, é derrubada por uma cabeça em constante efervescência,
 4      e com a angústia característica de todo grande artista em vésperas de
 5      uma nova criação. Marca-se o encontro e liga-se o gravador. De vez em
 6      quando, ele solta um grito diante do microfone para assegurar-se que
 7      o aparelho está funcionando. E ouve-se o que ele quer contar. Música
 8      brasileira, sua próxima viagem ao Brasil, para a entrega do Prêmio
 9      Molière, música contemporânea, o enterro do gênero de filmes que o
10      tornaram famoso, como Demoiselles de Rochefort e Parapluies de Cher-
11      bourg, Picasso e Stravinsky, os dois gênios da música popular atual:
12      Antonio Carlos Jobim e ele mesmo. Mas é sobretudo de cinema que ele
13      prefere falar, voltando ao assunto entre cada uma das outras conver-
14      sas. Como uma criança que se joga na piscina sem saber se tem água
15      dentro, Legrand, aos 44 anos, joga-se no momento na aventura de cinco
16      filmes em Hollywood. Nem filmes musicais, ou musicados, nem músicas
17      filmadas. Mas uma pesquisa sobre a relação imagem-música, que conta
18      com um orçamento de 4 milhões de dólares cada filme, no qual ele mesmo
19      será o autor, o músico e o diretor.
20            "O cinema é uma indústria artística muito jovem, e ne-
21      nhuma experiência foi feita para aproximar a música da imagem. Com Jac-
22      ques Démy fiz alguma coisa neste sentido, mas foram filmes que não
23      saíram de minhas entranhas. O roteiro era escrito por outra pessoa,
24      de quem eu devia me aproximar. Démy e eu somos próximos, mas seres
25      diferentes. Eu jamais teria dirigido como ele dirigiu. Agora, eu
```

Na *Manchete*, as cópias das reportagens
que seguiam para o Brasil pelo malote da Varig.

Pedro Pinheiro Guimarães, Chico Nascimento e Flavio Rodrigues: o trio dos fotógrafos.

As incontornáveis *baguettes* e a Notre-Dame ao fundo: sínteses de Paris.

Uma coletiva com o general-presidente Ernesto Geisel em visita a Paris.

Jornalistas brasileiros fizeram um voo no supersônico Concorde, que dias depois inaugurava sua rota Paris-Rio. À minha esquerda, Humberto Werneck e Any Bourrier. Em pé, Salomão Schwartzman.

Jornalistas brasileiros foram convidados para o telejornal de Yves Mourousi no dia do voo inaugural do Concorde.

O tesouro brasileiro das beduínas no deserto do Sinai.

Conrad Detrez, ex-guerrilheiro, no Café de la Paix
ao receber o prêmio Renaudot.

Julio Cortázar, que o peronismo e os militares
viam como um arqui-inimigo da pátria argentina.

Romain Gary numa manhã de sábado, entre suas aventuras e prêmios, e descrente do poder da literatura.

Ernesto Sabato e Matilde Kusminsky num festival de cinema em Biarritz onde o filho cineasta apresentava um filme.

Roger Peyrefitte vestia um roupão de brocado e vivia entre afrescos eróticos e gravuras com cenas de pedofilia.

Georges Simenon em Lausanne, longe do inspetor Maigret e pensando nas memórias.

O ex-libris oferecido por Simenon: um homem diante da árvore da vida, preferindo compreender a julgar.

Françoise Giroud, a primeira a ocupar um ministério dedicado à condição feminina.

Simone Veil, a ministra que descriminalizou o aborto.

Norma Bengell no autoexílio em Paris: entre o palco, a militância e o feminismo.

Recém-chegada a Paris, com o gravador que registrou as entrevistas aqui reunidas.

ELES E ELAS: ENTREVISTAS

Alain Finkielkraut — o pensamento indignado*

Alain Finkielkraut é um filósofo que tem o mérito de se indignar. E o dom de irritar. Quando menos se espera, escreve um artigo que acende uma polêmica. Foi assim no final dos anos 1980, por ocasião do processo, em Lyon, do nazista Klaus Barbie, extraditado da Bolívia, onde vivia escondido desde o fim da Segunda Guerra Mundial. Toda a França se mostrava satisfeita com a sentença que condenou o velho carrasco à prisão perpétua, e eis que Finkielkraut surgiu com um livrinho, *A memória vã* (1989), apontando os mal-entendidos de um processo que se desejava exemplar e foi um quiproquó, desservindo o propósito de relembrar as atrocidades do nazismo. Foi assim em 1989, quando um punhado de franceses defendia o direito de meninas muçulmanas irem à escola com o véu islâmico, e ele denunciou os "direitos das minorias" que contribuíam, a seu ver, para abolir todos os limites. Foi assim com seu livro *A derrota do pensamento*, uma vibrante defesa do

---

* Entrevista inédita, Paris, 1991.

Iluminismo e uma denúncia da demagogia que vicejaria entre os pós-modernos, para quem Beethoven equivalia a Bob Marley, e ler Kant ou um livro de receitas da vovó dava no mesmo.

Alain Finkielkraut nasceu em Paris, em 1949, de família de judeus poloneses. Escreveu seu primeiro livro em parceria com o também filósofo Pascal Bruckner: *A nova desordem amorosa* (1977), que atacava o mito da revolução sexual herdada de Maio de 68. Em *Le Juif imaginaire* [O judeu imaginário] (1980), argumentou que os descendentes das vítimas da Shoah não tinham nenhum direito de se apresentar como vítimas. Criou mais uma polêmica ao condenar a subserviência de seus pares aos meios de comunicação, o que não o impedia de ter um programa de rádio semanal.

Para um filósofo que se confessava tributário de Jean-Paul Sartre, o lugar marcado para esta entrevista não podia ser mais evocativo: o Café de Flore, em Saint-Germain-des-Prés, onde Sartre e Simone de Beauvoir passavam horas escrevendo. Era uma manhã de sábado de abril, o primeiro dia quente e ensolarado da primavera de 1991. Finkielkraut vestia um terno claro e lia, no piso superior do estabelecimento, o *International Herald Tribune*. Com o café, pedira uma cestinha de croissants porque saíra de casa cedo, em jejum, para gravar o programa de rádio. Falando sempre muito baixo, não tirava os olhos da cestinha. Aos poucos, insurgiu-se contra personalidades da esquerda, da direita, provocativo e incisivo, contundente em respostas, segundo ele, guiadas pela razão mas das quais a paixão nunca estava ausente.

Seu livro A derrota do pensamento *denuncia a abolição da hierarquia que ainda existe entre a alta cultura e a cultura de massa. A cultura elitista está com os dias contados?*

Vivemos hoje a planetarização do Ocidente. O problema é

saber se são aos valores europeus que o mundo inteiro tem acesso, ou se é apenas a um modelo de consumo difundido pela Europa e pelos Estados Unidos. Acho que é mais isso. Ou seja, no momento mesmo em que se expande e se difunde, a Europa se dissolve. É esta a tragédia de nossa época. É verdade que o mundo contemporâneo vai se ocidentalizando, a ponto de alguns falarem de fim da história. Mas essa ocidentalização se faz sob o signo da técnica, não da cultura.

Cultura que, a seu ver, chegou a tal ponto de amálgama que nos encaminhamos para um ponto de não cultura.

O termo cultura tornou-se totalmente comprometido, não podemos mais usá-lo hoje. Houve época em que a cultura designava, no que tinha de específico, as obras do espírito. Hoje a palavra designa o conjunto das produções humanas. Houve dois momentos-chave para essa mudança de conceito. O primeiro é o que chamo de generosidade europeia; era a resposta etnológica à colonização. Em virtude de sua superioridade técnica, a Europa colonizava o mundo e, em nome do progresso, acreditava em sua supremacia, vendo-se como a vanguarda da civilização. Foi quando os etnólogos, incorporando as teses fundamentais do Romantismo, passaram a dizer que os países colonizados, civilizados entre aspas — em suma, explorados pela Europa —, eram dotados de grande riqueza cultural. A partir daí, definiram cultura como o conjunto dos modos de vida e de pensamento próprios a uma comunidade.

O senhor não concorda com essa definição antropológica?

Ela tem certo valor, mas ao mesmo tempo levanta alguns problemas. É certo que as obras do espírito não nascem idealmente, mas, sim, num contexto que as favorece; é certo que cada comunidade humana desenvolve respostas diferentes e igualmente válidas às grandes questões da vida. Mas o problema é que essa visão traz o risco de não distinguir entre o que diz respeito à obra e o que diz respeito ao comportamento espontâneo, o que decorre da herança e o que decorre da criação. A partir dessa indistinção, é o poder humano de criar que, por sua vez, é abolido. Até então, o poder de criar abrigava-se, no Ocidente, sob o termo "cultura". Era ela que acolhia a capacidade dos homens de se livrarem de suas próprias determinações para fabricar algo novo e, em seguida, introduzi-lo no mundo. Com a definição antropológica de cultura, houve uma primeira mudança. Hoje, temos outra: à generosidade etnológica sucedeu-se o cinismo tecnológico. Ou seja, a cultura de massas, difundida com critérios industriais e normas de produção, passou a vestir as roupagens da cultura. Já que, diz a tecnologia, tudo é cultura, então nossas produções são evidentemente culturais. Vivemos hoje um momento de impostura, de embuste, que visa revestir a cultura de massas do duplo prestígio etnológico da cultura popular e humanista da grande cultura. E os próprios intelectuais participam dessa generalização.

A cacofonia é entre cultura e lazer?
        Longe de mim a ideia de questionar a necessidade do divertimento, do lazer. O que considero muito grave é que as formas de pura distração recebam a legitimação da cultura. Grave porque, a partir daí, a própria cultura não tem mais espaço para existir. Um exemplo revelador, inquietante e emblemático dessa confusão é a recente publicidade de uma marca de televisores de alta definição. O anúncio começa com uma fala do cineasta Claude Lelouch dizendo: "Nós, artistas, procuramos a beleza das imagens para criar um mundo cada vez mais verdadeiro". Depois aparecem diversos atletas em ação, visando mostrar que o processo de alta definição é para aqueles que criam alguma coisa importante. E vem o slogan final: "A cultura tem um novo espaço". Ou seja, a cultura

126

aparece, nesse anúncio, completamente dependente do que já começa a se chamar de videoesfera — o ambiente meramente audiovisual. E, pior, os exemplos de cultura são atletas que vivem de altos patrocínios comerciais e industriais. A referência à cultura é constante, mas seu conteúdo desapareceu, foi absorvido, congelado pela tecnologia.

Que definição o senhor propõe para a palavra cultura?

Em *A derrota do pensamento* retomo essa expressão de um filósofo que apareceu no filme *Viver a vida*, de Jean-Luc Godard: Brice Parain, para quem cultura é a vida com o pensamento. O grande desafio inaugural do Ocidente foi este, formulado por Sócrates, da vida examinada com o cuidado da alma — a vida conferindo coerência a si mesma, emprestando coerência à tradição, a vida deixando de ser puramente biológica. As obras do pensamento são justamente o que precisamos para explicar a vida, para tornar o mundo e a Terra igualmente compreensíveis. É a ideia de que o homem não tem acesso a si mesmo de modo imediato, mas por intermédio das obras. Essa ideia pode abrigar-se sob outros termos que não a cultura. Mas o certo é que houve uma época em que foi a palavra cultura que lhe deu asilo. Hoje, esta é uma ideia sem palavras. Cultura quer dizer outra coisa. Portanto, a ideia reduziu-se a uma vaga lembrança, uma vaga reminiscência; roubaram-lhe a palavra.

Ainda é possível reverter essa tendência?

O problema é saber se basta mostrar nossa inquietação para mudar uma tendência. Quando vejo publicidades como essa dos televisores de alta definição, quando vejo que o universo da imagem e do som está tomando o lugar do universo da escrita, quando vejo que a educação é intimada a seguir o movimento, em vez de resistir-lhe, fico realmente preocupado. Curiosamente, os intelectuais e os políticos se preocupam pouco com o assunto. Ao contrário, hoje muitos tentam descobrir todo tipo de justificativa, de álibi, e acabam por endossar essa tendência. É um movimento ao mesmo tempo difícil de ser combatido e não suficientemente combatido.

Ainda recentemente, o primeiro-ministro Michel Rocard se perguntava se o poder da mídia não havia se tornado mais forte do que o poder político.

O artifício dos jornalistas é não admitir que constituem um poder. Admitem que são apenas um contrapoder, dizem que são uma garantia, que protegem as liberdades. Hoje é muito fácil para os intelectuais denunciar os políticos e seus próprios pares. Há pouco, Soljenítsin passou um mau momento ao criticar o sistema parlamentar e a democracia. Foi literalmente coberto de injúrias. Já o romancista Ismail Kadaré [exilado na França] foi acusado de não protestar o suficiente contra a maneira como as autoridades italianas trataram seus compatriotas albaneses. Tem-se a ideia de que o intelectual é aquele que passa o maior tempo possível na televisão, de preferência no jornal das oito da noite, denunciando o que ocorre no mundo. Quem não faz isso fica marcado. Se os políticos ainda detivessem uma fatia importante de poder, não seriam tão atacados, insultados, não haveria essa insolência. Os intelectuais não deveriam insultar os políticos só porque estes se afastam do caminho político que eles, intelectuais, traçaram para o mundo.

A intelligentsia norte-americana é acusada de se manter na dependência das universidades. Na França essa dependência seria dos meios audiovisuais?

Penso que sim. Na Europa, mas também nos Estados Unidos, o audiovisual está produzindo um novo tipo de celebridade, que obedece a critérios diferentes. A mídia está tomando o lugar de tudo e querendo exercer uma hegemonia sobre os outros meios de expressão. Hoje, o intelectual alinha seu comportamento e sua produção às normas da mídia. Grande parte da intelligentsia francesa regozija-se porque "escapamos do totalitarismo". Regozija-se e enche a boca para exclamar: "Conseguimos!". Mas o totalitarismo na França nunca passou de ameaça teórica! Enquanto isso, diante da ameaça bem concreta do poder tecnológico, esses intelectuais não fazem nenhuma resistência. Colaboram explicitamente ou dizendo que esse novo poder é muito bom porque nos permitiu sair do totalitarismo.

Quer dizer que os meios acadêmicos estão irremediavelmente contaminados.

O que mais me inquieta é o ensino ser intimado a se reformar para responder aos chamados "desafios do ano 2000", e tudo isso nessa ótica redutora da mídia. Nos meios acadêmicos, o peso da literatura, das obras do espírito, é cada vez menor, substituídas pela comunicação, pela atualidade, pelas novas tecnologias. Se realmente vamos deixar de ensinar o que ensinávamos, e como ensinávamos, é o fim! E temo que os futurólogos imponham suas posições de que devemos reformar o ensino para atender às necessidades que eles acham primordiais para o fatídico ano 2000. Computadores na aula, nada de livros, e assim por diante. Infelizmente, essa realidade não é mostrada. Na França dizem que o nível dos estudantes está subindo. Esta se tornou a ideologia oficial da educação. E vemos amplos setores da cultura abandonados, como grego, latim, a literatura antiga. Na verdade, o que está desaparecendo é o direito ao protesto. Se você protesta, é logo acusado de reacionário — quando na verdade está defendendo o direito de todos à cultura. Não se pode mais protestar.

A dimensão do espetáculo está contaminando a própria história?

Acho que sim. Uma coisa é a maneira como, no futuro, vai se contar a história — para isso, sempre haverá historiadores competentes que corrigirão os excessos e as falhas. Outra é saber se o mundo da imagem é compatível com o regime da intemporalidade do que se chama história. A história supõe uma certa memória, uma certa continuidade, enquanto o regime temporal da mídia supõe, ao contrário, imediatismo, descontinuidade, e incapacidade de se representar os fatos. A imagem tem uma espécie de validade imediata, a imagem diz que aquilo que se vê é a verdade. Ora, todos somos maleáveis, permeáveis à manipulação, e somos cada vez menos capazes de tomar distância, de recolocar as coisas em perspectiva e delas guardar a memória. Talvez estejamos, sob influência do novo código audiovisual, saindo do regime intemporal da história para entrar no regime temporal da atualidade. O que, de fato, é inquietante. A memória pode desaparecer.

Muita gente tem afirmado que a democracia vai reflorescer, depois da falência dos regimes comunistas. O senhor concorda?

É um pouco apressado concluir com a vitória da democracia a partir da falência comunista. Sejamos prudentes e atentos, não nos contentemos, para celebrar o sucesso da democracia, com a presença de certos sinais por vezes enganadores. Meu temor é que, a pretexto de que o comunismo ruiu, os europeus deem provas de pouca sensibilidade diante de realidades sociais terríveis. A vitória sobre o comunismo entretém e disfarça o egoísmo que se chamava burguês, e que é o mais brutal. Nos idos de 1968, gritávamos *"élections, piège à cons"* [eleições, armadilha para os trouxas] e denunciávamos a democracia formal. Hoje, basta que certas formalidades sejam respeitadas, como por exemplo as eleições, para que digam que a democracia está a caminho. Ora, acho que devemos ter outras exigências, sob pena de o futuro nos reservar surpresas desagradáveis. O mundo rico me parece cada vez mais insensível à pobreza e seria uma pena se a vitória da democracia resultasse nessa insensibilidade. Horkheimer e Adorno renovaram a ideia de pecado original ao afirmar que, de certa maneira, todos somos parte da infelicidade e do sofrimento do mundo. Se a democracia nos leva a esquecer que existe o sofrimento e que dele fazemos parte, será uma vitória? Não é uma vitória, é uma pancada na cabeça.

Como o senhor situa o Brasil no que acaba de dizer?

Estive no Brasil há dois anos. É claro que não se trata de um país totalitário, nem de uma ditadura, mas nem por isso é um país democrático, apesar das eleições recentes. Um país onde podem reinar desigualdades tão tremendas, um país onde o preço da vida é pequeno, onde as regras mínimas de segurança coletiva não parecem respeitadas, onde alguns podem enriquecer à toda enquanto outros vivem na miséria mais vergonhosa, para mim não é um país totalmente democrático. Não convém, por outro lado, confundir o triunfo da democracia com o triunfo do mercado.

O senhor não sente tristeza por viver num mundo sem utopias?

E será que vivemos num mundo sem utopias? Acho que, ao contrário, vivemos num mundo marcado pelas utopias mais revoltantes. É verdade que as utopias raramente são simpáticas... Publicidades, como essa da televisão de que falei, têm dado lugar a uma espécie de sonho que me apavora. Um sonho técnico, de total acesso às coisas; teremos o controle remoto, a alta definição, alcançaremos a utopia tecnológica, um futuro encantado, pintado com as cores do computador, da robótica, da domótica, da imagem. Vivemos a utopia da cretinização. É uma loucura, pois as pessoas pensam que hoje, ao conseguirmos inventar máquinas geniais, estamos mais inteligentes. Acho que é justo o contrário.

Quanto mais uma sociedade se obstina na busca da performance técnica, mais fabrica imbecis. Mas a tentação por essa utopia é impressionante. Em que mundo vamos entrar? Em um mundo rachado ao meio, onde haverá de um lado as pessoas imbeciliza-das e, de outro, as excluídas, que dariam tudo para deixar de sê-lo.

Em A derrota do pensamento, *o senhor não é nada condescenden-te com os jovens.*

Não tenho nada contra nenhum jovem em particular. Mas acho que essa categoria é a mais terrível, a mais bárbara que jamais se produziu. Os próprios jovens, aliás, são vítimas dela. O mundo inteiro é vítima de tal invenção. Houve época em que celebrávamos os anciãos; houve época em que celebrávamos os adultos. Agora, celebramos os jovens. E o que isso significa? Que hoje todo mundo tem que ser jovem — imediatamente e todo o tempo. Você nasce jovem, torna-se jovem, morre jovem. Você é incessantemente referido a esse modelo. Aos dois anos, as crianças usam os jeans do jovem; entre quinze e vinte anos, você é o jovem por excelência, todos se prosternam diante de você, seus gostos são cultura, suas opiniões são políticas, as pessoas lhe submetem as questões importantes de política. Depois, entre 35 e quarenta anos, você é formidável se permaneceu jovem. Idem para os que chegam aos setenta, oitenta anos. Vivemos uma época em que só existe uma idade. É extraordinário! E é terrível também, porque os jovens acabam sendo vítimas desse modelo. É difícil resistir a tanta demagogia, da qual participam os publicitários, os pais, os professores.

O que vai ficar da obra de Sartre, cuja influência o senhor reconhece?

Acho que politicamente Sartre quase sempre se enganou. Mas penso que sua obra de escritor não é totalmente redutível a seu engajamento político. De certo modo, sinto-me herdeiro intelectual de Sartre. Devo muito, para minha própria compreensão das coisas, a *Reflexões sobre a questão judaica*, a *O ser e o nada*, a seus escritos sobre Baudelaire, Flaubert. Seria um erro descartar uma parte da obra de Sartre. Estaríamos cometendo o excesso de politização de que ele foi acusado. Acima dos erros políticos de Sartre, existem suas obras. É preciso pensar nelas.

Que imagem acredita estar passando com seus livros?

Escrevemos todos para ser lidos, agora e mais tarde. Durar mais pela obra do que pela vida — é tudo o que desejo. Não estou certo de que vou chegar lá. De um lado, porque não posso, eu mesmo, julgar o valor do que escrevi; de outro, porque não sei o que será a posteridade.

Alberto Cavalcanti — o gênio esquecido[*]

Ao completar, no último dia 12 de fevereiro, o que considera "essa quantidade horrível de anos" — 85 —, Alberto Cavalcanti foi, mais uma vez, alvo de homenagens da imprensa brasileira. Ainda uma vez, o veterano cineasta deu de ombros. "O Brasil tem sido um inferno para mim", disse em Paris, na casinha de quarto e sala, no 16è arrondissement, onde mora desde sua última estada brasileira, há um ano.

Olhos negros muito vivos, cabelos brancos caídos sobre a testa, Cavalcanti, nascido em 1897, é uma figura lendária, uma espécie de animal pré-histórico que sobrevive agilmente pelas ruas de uma Paris que ele frequenta desde que o cinema era mudo e Marcel Proust era vivo. Há quatro anos, deixou seu mundo e desembarcou no Brasil pensando em fazer um filme sobre António José da Silva, o Judeu, poeta luso-brasileiro queimado pela Inquisição portuguesa no século XVIII. Trabalhou três anos no roteiro: "Sem falsa modéstia, o melhor trabalho que fiz em minha

---

[*] *IstoÉ*, 17 fev. 1982.

vida". A Embrafilme, no entanto, achou o projeto caro demais. Cavalcanti fez as malas e partiu definitivamente. "Nunca mais voltarei ao Brasil. Minhas cinzas podem ir, eu não", jura.

Esse desencontro dramático já faz parte da história do cinema, na qual Alberto Cavalcanti figura com mais de uma centena de filmes de longas e curtas-metragens, trabalhos como cenógrafo, montador, assistente de produção, produtor, diretor. A estreia foi em Paris, aonde chegou aos dezesseis anos, às vésperas da Primeira Guerra Mundial. Entrou por acaso no mundo do cinema, e pela porta dos fundos. Formado em desenho e arquitetura, Cavalcanti ganhava menos do que um faxineiro e não hesitou diante do aviso de seu amigo Marcel L'Herbier de que o cinema estava recrutando gente. Ei-lo desenhista dos panos de decoração, num estúdio improvisado no galpão de um prédio parisiense.

De sua fase de decorador de cinema, recorda a superprodução *Napoleão*, de Abel Gance, de 1927. Achou, certo dia, de convencer a atriz Annabella, a intérprete de Josefina, a usar um vestido de cintura mais delgada. Annabella consultou Gance e recebeu um elogio convincente: *"Vous êtes charmante".* Saiu dali e comunicou ao chefe dos figurinos, o jovem Cavalcanti, que não ia mudar de roupa coisa nenhuma. "Aí peguei meus papéis, saí do estúdio e fui embora para sempre", recorda ele.

Apaixonado por esse meio de expressão que nasceu apenas cinco anos antes dele (em 1892, segundo as enciclopédias), Cavalcanti dirigiu, aos 24 anos, seu primeiro filme, *Le Train sans yeux* (1925). Era a época do cinema mudo, quando a sombra de um pianista de smoking improvisava em cima de rápidas imagens projetadas na tela. Cavalcanti decidiu colocar um fundo sonoro e, pela primeira vez, ouviu uma queixa que se repetiria pela vida afora: é caro demais. Quase sempre, segundo aponta o cineasta, essa queixa vem dos "produtores, que não querem gastar dinheiro com o cinema". Nunca foi o seu caso.

135

Depois do primeiro sucesso parisiense, com *Rien que les heures* (1926), e de diversos documentários feitos em Londres, de 1937 a 1950, Alberto Cavalcanti aceitou o convite da Vera Cruz e foi para o Brasil. Seria sua grande oportunidade de retorno ao país. Ali imaginava que poderia mostrar os seus múltiplos talentos de roteirista, montador, diretor, cenógrafo. São dessa fase *Caiçara* e *Simão, o Caolho*. Mas a volta não deu certo. Em 1955 retornou à Europa. Hoje, ele acusa: "Quero que você conte a verdade. Mandaram-me embora porque diziam que eu gastava muito dinheiro".

De volta a Paris filmou um de seus trabalhos prediletos, sucesso garantido até hoje nas salas da União Soviética e dos países do Leste: *O sr. Puntilla e seu criado Matti* (1955), de Bertolt Brecht, a quem ele conhecia e que aprovou a adaptação. O filme é exibido periodicamente em cinematecas europeias e na televisão, mas Cavalcanti não enriqueceu. "Os produtores ficam com tudo", ataca outra vez. Tem um contrato com a televisão francesa, para a qual prepara o roteiro de um novo filme, *Sans issue*, a história de um grupo de jovens que vive numa casinha de vila como a sua. "Dessa vez tenho dinheiro para seis meses, mas só ganho quando trabalho", explica.

Para um octogenário, Cavalcanti tem um número surpreendente de projetos. Entre eles, o imenso livro de memórias que agora dita, para atender à pressa de editores franceses e americanos, depois de ver seus planos de escrever interrompidos por uma operação de catarata nos dois olhos.

Além do trabalho, ele se dedica a velhos hábitos e a poucos amigos. Entre eles, a teatróloga Jeannine Worms, com quem costuma jantar regularmente no Café de Flore e na Brasserie Lipp, como faz há mais de meio século. Diariamente, sai ao meio-dia e meia de casa, veste o agasalho, pega a bengala e vai almoçar num bistrô da esquina. Comida leve, "mas com uns copinhos de vinho". Suas opiniões, contudo, nada têm de previsíveis: o único cinema que realmente aprecia é o "underground americano" — e acha a França, mesmo aprovando o socialismo de François Mitterrand, "um país muito conservador". Do Brasil, tem duas saudades: carne-seca e Glauber Rocha, que se considerava o outro gênio do cinema brasileiro, além do próprio Cavalcanti. "Ele pode ser", sorri. "Mas eu sempre fui um técnico."

Conrad Detrez — a aventura guerrilheira*

Em novembro de 1978, o prestigiado prêmio Renaudot foi atribuído a Conrad Detrez. Belga, ex-seminarista, ele era recompensado por seu terceiro romance autobiográfico, *L'herbe à brûler*. No dia seguinte, vi uma ou duas críticas elogiosas destacando a forte presença do Brasil em sua obra. Li depressa o romance, consegui o telefone de Detrez, fechamos a entrevista e dias depois nos apresentávamos num lugar pouco usual: no alto da escadaria da Opéra de Paris, a meio caminho de onde morávamos. Feitas as apresentações, fomos para o Café de la Paix, ali ao lado, conversamos muito e ficamos amigos.

Detrez, então, contou a sua história brasileira. Ele nasceu em 1937, num vilarejo da província de Liège, na Bélgica, filho de um modesto açougueiro. A ida para o seminário foi a maneira de ter uma educação mais apurada. Mudou-se para Louvain, onde concluiu os estudos de teologia. Com a vocação religiosa ainda presente, embarcou para o Brasil, onde, já como missionário laico,

* *IstoÉ*, 6 dez. 1978.

entrou em contato com organizações que faziam um trabalho social em comunidades pobres. Detrez chegou ao Rio em 1962. Tinha 25 anos, o Brasil vivia a efervescência do governo João Goulart, das exacerbadas lutas políticas e sindicais que desaguariam no golpe militar de 1964. Para o jovem ex-seminarista, a temporada carioca foi também a descoberta de sua homossexualidade, do sexo tout court, uma experiência-limite em toda a sua sensualidade e crueza.

A vocação religiosa ficou para trás, abriu espaço para a vocação política. Depois do golpe militar, Detrez tornou-se um militante clandestino da Ação Popular, a AP. Mais tarde, já de volta a Paris — depois de uma prisão no Rio — sofreria outra ruptura: nem Deus, nem Marx. Carlos Marighella gostaria que ele divulgasse na Europa os atos e fatos da luta armada no Brasil, assim como o francês Régis Debray fizera com Che Guevara. Coube a Detrez, depois de uma viagem clandestina ao Brasil, publicar um apanhado das ideias de Marighella no livro *Pour la libération du Brésil* [Pela libertação do Brasil], que foi censurado na França mas traduzido para vários idiomas. Detrez também traduziu autores brasileiros e tentou a literatura quase como uma terapia para compreender seus fracassos e o país antropofágico que o devorou.

Depois desta entrevista, duas vezes Detrez jantou em casa. Numa noite, estava também o escritor peruano Manuel Scorza. Não se conheciam. Detrez, sempre tímido, introspectivo, foi relembrando seus anos no Brasil, as ações e os limites da luta armada, e, sobretudo, a literatura do desenraizamento e da ruptura, como era a sua e também a de Scorza. Estava contente com a publicação de *L'herbe à brûler* no Brasil, que saiu com o título *O jardim do nada*. Quando François Mitterrand chegou ao poder, em 1981, Detrez foi nomeado para um cargo diplomático na embaixada da França na Nicarágua, em plena revolução sandinista. Já era um escritor confirmado, que publicara outros dois livros parcialmente passados no Brasil: *La lutte finale* [A luta final] e *Les noms de la tribu* [Os nomes da tribo]. Na Nicarágua, adoeceu com o que ainda era um mal misterioso e sem tratamento: a aids, que o matou em 1985, quando tinha 47 anos.

O que você fez ao chegar ao Brasil em 1962?

Eu deveria ser professor num colégio católico de Minas, mas o padre que iria me esperar no cais do porto e me levar lá nunca apareceu. Sem falar português, procurei o diretor do Seminário São José, no Rio, e soube que em Volta Redonda havia um bispo muito aberto que buscava leigos para trabalhos apostólicos. O bispo era dom Agnelo Rossi, hoje cardeal em Roma. Em Volta Redonda, criei uma seção da Juventude Operária Católica. Depois de seis meses, mudei para o Rio, onde por dois anos fui professor de francês na [hoje] faculdade Santa Úrsula. Na Zona Norte, onde vivia, continuava paralelamente meu trabalho da Ação Católica.

E como passou da Ação Católica para a esquerda clandestina?

Eu já me sentia integrado na vida intelectual do país e pretendia naturalizar-me. Com o golpe de 1964, todo o trabalho, apostólico e social, foi proibido, inclusive o de alfabetização de adultos que fazíamos. Senti-me atingido e não via como ficar à margem de uma luta pela restituição das liberdades democráticas e da justiça social. Quando alguns amigos da Ação Católica romperam com a Igreja e passaram para a Ação Popular, fui com eles.

No seu livro L'herbe à brûler *você menciona uma viagem a Montevidéu logo depois de 1964.*

Fiz muitas viagens pela América Latina. Quando entrei para a AP, não possuía formação política e ideológica séria. Era apenas uma pessoa de boa vontade. A AP enviou-me então para fazer um estágio, não em Montevidéu, mas em Paris, onde passei seis meses estudando marxismo com Louis Althusser. Voltei ao Rio em 1965, onde trabalhei como tradutor para ganhar a vida. Na AP, eu escrevia panfletos, organizava manifestações, cuidava da formação ideológica dos militantes. Isso durou três anos, até ser preso, em 1967.

Como foi preso?

O Betinho, um dos líderes da AP, era hemofílico. Em dezembro de 1966, ele se machucou e conseguimos interná-lo no Hospital Getúlio Vargas. Eu era doador universal e doei sangue para ele. Depois descobrimos que o médico que conseguiu interná-lo e que trabalhava conosco era, na verdade, um agente da polícia. Ele entregou a lista com nome e endereço dos doadores. A polícia passou a acompanhar meus passos através de agentes disfarçados de varredores de rua. Finalmente, ela chegou, numa madrugada, às quatro da manhã. Em casa, eu guardava máquinas de escrever que tinham sido *expropriadas*, como se dizia. Tinha também uma mala de documentos e planos que seguiriam para a Bahia dias depois.

Onde esteve preso, e como foi solto?

Fiquei preso na Vila Militar, uns dez dias. Sofri torturas morais, como ameaça de fuzilamento, e físicas, como espancamento e humilhações sexuais. Graças à intervenção do governo belga junto ao Itamaraty, fui solto e expulso do país. Sem conseguir me readaptar em Liège, vim para Paris. Era fim de 1967. Aqui encontrei exilados que faziam parte da AP. A organização tinha duas cabeças: uma em Paris, outra no Brasil. A de lá tinha uma opção efetivamente nacional, e a de Paris, uma orientação internacionalista, de cunho maoista. Eu não aceitava a visão dos brasileiros de Paris, tive problemas com eles e acabei me separando do grupo. Em Paris passei um tempo fazendo traduções de escritores brasileiros, como Jorge Amado, o *Quarup* de Antonio Callado, e dom Helder Câmara. Em 1968, meu advogado disse que eu poderia regressar. Meu processo por ter praticado atividades subversivas fora arquivado. Voltei para São Paulo, pois no Rio estava queimado. Trabalhei como redator internacional da *Folha da Tarde*. Com a promulgação do AI-5 e da censura, a prática do jornalismo tornou-se impossível e como minha situação era difícil, por causa do processo, aceitei o conselho de amigos para que regressasse à Europa, à espera de dias melhores.

E como você chegou a Marighella?

Fui procurado por um amigo dele, em Paris, que me pediu para colaborar na divulgação da luta de Marighella, na Europa. Meu trabalho era essencialmente levar ao conhecimento dos europeus a situação brasileira, denunciar as torturas, explicar por que Marighella havia escolhido a luta armada de tendência guevarista. Um dia, ele me chamou para ir ao Brasil, onde me concedeu uma longuíssima entrevista. Ele queria que eu fosse seu porta-voz. Encontrei-o no seu esconderijo em São Paulo. Na volta, publiquei o livro *Pela libertação do Brasil*, com textos de Marighella e uma apresentação minha. A primeira edição do livro foi imediatamente censurada.

Na França?

Estávamos em 1970 e o ministro do Interior, Raymond Marcellin, alegou que o "Manual do Guerrilheiro Urbano", de Marighella, que constava do livro poderia influenciar negativamente a juventude francesa. Correu também a versão de que a proibição e medidas tomadas pela polícia francesa contra certos exilados foram decididas em troca de uma venda de aviões Mirage franceses ao Brasil. A editora Le Seuil foi processada, eu saí da França, mas em maio do mesmo ano 25 editoras se insurgiram contra a censura do governo e republicaram, juntas, o livro. O governo nada pôde fazer, pois não ia processar o conjunto das editoras mais importantes do país.

O que o impressionou em Marighella?

Primeiro, o aspecto físico e a tal peruca; essa incrível peruca de um jovem, quando ele tinha mais de cinquenta anos, era muito mal colocada, preta, caindo por cima das sobrancelhas. Meu encontro com Marighella foi em fins de outubro de 1969, numa época de extrema tensão. Daí a peruca, mas ela chamava muito mais atenção do que disfarçava. A segunda impressão foi sua coragem intelectual. Ele tivera a coragem de rever as posições da esquerda brasileira que julgava improdutivas, principalmente as do PCB, e rompeu com o partido. E a coragem física. Era um homem extremamente atrevido, participava de atos perigosos com uma valentia incrível. Passei um dia com ele, e no dia seguinte Marighella enviou-me um recado dizendo que a situação de todos nós estava profundamente ameaçada, que o cerco da repressão apertava. Ele acabava de receber informações sobre a prisão de companheiros que me tinham levado a ele. Pedia-me para sair urgentemente do país. Poucas horas depois eu peguei um avião. Uma semana depois, no dia 6 de novembro, Marighella morria.

Qual era o ressentimento que ele tinha em relação ao PCB?

Ele não estava ressentido, porque esperava que um dia o PCB revisse as posições ideológicas e adotasse uma linha mais nacional, articulada com a de Cuba. Marighella queria reunir uma frente das esquerdas brasileiras, repetir o que Fidel Castro fizera em Cuba.

Quando você o encontrou ele ainda acreditava na luta armada?

É uma pergunta que muitos fizeram. Acho que Marighella não acreditava na possibilidade de luta puramente política. Julgou necessário tentar a via armada. Mas é difícil dizer que chances ele atribuía a esse tipo de luta. Tenho a impressão de que, já com mais de cinquenta anos, ele não queria morrer sem ter dado ao país o testemunho de que tentara todos os meios para derrubar uma ditadura que não suportava. Seguramente, seu comportamento não teria êxito imediato. Tiradentes também teve um comportamento político extremo para a época, mas hoje a história o reconhece. Sua luta justificou-se a posteriori. Tenho a impressão de que com Marighella acontecerá o mesmo.

Como funcionava o esquema de segurança de Marighella? Ele sabia que podia morrer a qualquer momento?

Aí você coloca o dedo numa das fraquezas principais da esquerda brasileira: a segurança. A empolgação, o entusiasmo e possivelmente as características latino-americanas de machismo, valentia e quixotismo faziam com que muitos negligenciassem o problema da segurança. A meu ver é um problema de imaturidade política. O que vou dizer pode não agradar mas é preciso que se saiba: o machismo estúpido fez com que muitos rapazes se sentissem invulneráveis e considerassem que quanto menor a segurança, maior a coragem. Essa atitude adolescente foi própria ao Guevara e à luta armada brasileira.

O que você acha dessa história de que teria havido alguma participação dos dominicanos na morte de Marighella?

Naquela época dizia-se que os dominicanos de São Paulo tinham organizado uma armadilha para Marighella. É difícil acreditar nisso. Conheço-os de perto. Se eles ajudavam os amigos de Marighella, era por dever de caridade cristã, assim como na França, durante a Ocupação nazista, os padres ajudaram a resistência armada, acolhendo os *maquisards* feridos. Essa armadilha foi uma calúnia da polícia para queimar os dominicanos e a esquerda brasileira e para justificar a repressão contra a ala esquerda da Igreja. Hoje e já há vários anos considero que a luta armada foi um erro, porque não se mediu a força do inimigo. A repressão no Brasil se desenvolveu muito. Na época, graças à formação maciça de centenas de oficiais brasileiros nas academias de polícia norte-americanas e na zona do canal do Panamá. Além disso, a maioria dos militantes eram jovens de origem social pequeno-burguesa e impregnados de um romantismo que os levava com muito atrevimento a uma luta gigantesca. Considero também que se privilegiou o aspecto militar sobre o político. A partir do momento em que se iniciaram as ações militares, surgiu uma engrenagem da qual o militante não conseguia sair. Quem desfechava uma ação à mão armada ficava logo conhecido, não podia ir mais longe e acabava preso. Em suma, acho que a luta armada pecou por militarismo, radicalismo pequeno-burguês e por não ter analisado a realidade com a devida lucidez. Houve um comportamento esquizofrênico. Eles enxergavam a realidade como queriam que ela fosse, deformando-a através de óculos ideológicos rígidos. E agiam a partir dessa visão irreal. Essa patologia política foi o mal da época, e atingiu todo o esquerdismo latino-americano. Assim como hoje atinge as Brigadas Vermelhas italianas e o grupo Baader na Alemanha.

Mas o que leva uma pessoa a assaltar um banco, andar armado, viver clandestinamente não é justamente essa coragem esquizofrênica do sonho?

De um lado, há uma certa ingenuidade, uma inconsciência que nos leva a pensar que jamais seremos presos ou torturados. De outro, há a ideologia. A coragem de engajar-se e pegar em armas vem do ódio muito grande ao imperialismo e à repressão. Quando faço uma crítica ao comportamento do esquerdismo brasileiro, não quero atacar a coragem de ninguém. Eles lutaram por valores que achavam fundamentais. Os de origem cristã tinham uma motivação moral; os marxistas, uma concepção histórica determinada pelos interesses do proletariado. No fundo, o objetivo era um só: justiça social. Mas deve-se analisar a causa psicológica de tanto radicalismo. Era evidente que problemas de frustrações afetivas ou de revolta contra a família autoritária geraram uma opção política extrema. A transferência da revolta familiar para a política explica o número importante de militantes mineiros, saídos de um estado em que a educação familiar era rígida. O importante é saber o porquê de seu comportamento. Creio que nem todos sabiam.

Élisabeth Badinter — o mito do amor materno*

Em 1980, um dos best-sellers da França foi o livro *L'Amour en plus*, que logo chegou a meio milhão de exemplares vendidos. O assunto era polêmico, para não dizer escandaloso: afinal, existe mesmo o amor materno ou ele é um sentimento como os outros? Pior: seria manipulado pela sociedade? Mães têm necessariamente que amar os filhos? Sempre foi assim? Quem fazia essas indagações provocativas era a filósofa Élisabeth Badinter. Nascida em 1944, filha do criador de um império publicitário francês, o Publicis, casada com o então ministro da Justiça da França, responsável pela lei que acabou com a pena de morte, Élisabeth Badinter era uma personalidade em voga. Cinco anos depois de lançado, seu livro ainda recebia uma saraivada de críticas por ter ousado abordar um tema até hoje tabu: e se o amor materno não fosse natural e inato? E sequer amor?

Élisabeth Badinter foi voz atuante no feminismo dos anos 1960, mas muitas vezes na contramão. Sempre se qualificou co-

* *IstoÉ*, 13 dez. 1985.

mo "filha" de Simone de Beauvoir, embora defendesse um feminismo laico, "sem adjetivos", e de esquerda. Foi a favor de todas as bandeiras feministas, desde o direito ao aborto até as novas formas de reprodução. Sua tese sobre o feminismo baseava-se não nas diferenças, mas nas semelhanças dos sexos. Seu enfoque humanista indicava ser mais correto aproximar homens e mulheres, o que levaria ao progresso da condição feminina, do que diferenciá-los, o que levaria à discriminação e à desigualdade. Essa especialista do Iluminismo tem uma vasta obra de ensaios e biografias literárias. Na esteira de *L'amour en plus*, traduzido no Brasil com o título *Um amor conquistado — o mito do amor materno*, vieram os livros *O conflito: a mulher e a mãe*, *XY — sobre a identidade masculina*; *Um é o outro*.

Em 1985, dias antes de sua ida a São Paulo, encontrei-a em seu belo apartamento de frente para o Jardin du Luxembourg.

A senhora nega a existência do instinto maternal?

Não, o que contesto é que o amor materno seja inato e idêntico em todas as mulheres. Nem toda mãe sente a compulsão irresistível de se ocupar de seu bebê — e nem por isso ela é anormal ou desnaturada. O amor materno é um aprendizado que a mãe vai tricotando no contato diário com o filho. Mas o problema é que esse amor pode não surgir.

O amor materno é então um sentimento como outro qualquer?

Estou convencida de que sim. A maternidade não é a preocupação instintiva da mulher. Não me parece claro que o interesse da criança passe à frente do da mãe nem mesmo do companheiro. O amor materno é um sentimento como os outros. Ele não existe em si — ele é "a mais" (*en plus*).

Como os homens reagiram à ideia de que o instinto materno não existe?

A reação foi de defesa. Mais do que as mulheres, os homens não admitem que suas mães não os tenham amado. Eles sempre consideram uma verdade incontestável o fato de que se casam com mães amantíssimas. Ora, se o amor materno não é instintivo, é provável que suas mulheres não gostem dos filhos do casal.

E a reação feminina?

Mulheres me escreveram para dizer que o que conheciam na prática tinha sido enfim teorizado. Que eu tinha lhes dado coragem para eliminar o sentimento de culpa. Os homens só conhecem a maternidade através do que as mães transmitem. As mulheres, ao contrário, conhecem um duplo aspecto: o amor que receberam das mães e a própria experiência com os filhos.

Não existe um fator biológico no amor materno?

Acredito que não. Faz-me rir quem diz que o amor materno está no sangue. Quando uma mulher dá à luz num hospital e recebe pela primeira vez o bebê nos braços, jura que aquele é o seu filho. Ora, se a enfermeira se enganar e trouxer outra criança, a mãe vai jurar, da mesma forma, que aquele é seu filho. O amor materno nasce do desejo de maternidade, mas está ligado à história pessoal de cada mulher e às influências que a sociedade faz pesar sobre as mulheres, valorizando ou não a maternidade.

O amor materno é menos visível nas sociedades desenvolvidas?

Historicamente tem sido assim. No início da civilização romana, as mães ocupavam-se dos filhos. À medida que Roma se torna um centro de riqueza e cultura, dando às mulheres oportunidades para se dedicarem a outras coisas além do cuidado do lar, elas começam a enviar os filhos para amas de leite. Em diversos momentos da história, quando o nível de bem-estar cultural e material se elevou, as mulheres se libertaram das obrigações da maternidade. Como se quisessem ser mães, mas não apenas mães.

Em que época essa tendência foi mais marcante?

Nas sociedades ricas, jamais houve tanto desinteresse pelos filhos como no século XVIII. Na França, mas também na Alemanha e na Inglaterra, era ridículo ser mãe, e o ato de amamentar não raro era qualificado de nojento. Isso começou a mudar no fim do século XVIII, quando a demografia ganhou peso politicamente. Na França, os recenseamentos indicaram que a população estava diminuindo e os políticos entraram em pânico. As crianças passaram a ser vistas como mercadoria. Era preciso repovoar o país. Os filhos passaram a ser a riqueza do Estado.

Do que se conclui que o instinto maternal foi uma sutil invenção dos homens?

Sem dúvida. Os homens inventaram o conceito do amor materno instintivo e automático e divulgaram a noção de que a mulher só se realiza na maternidade. Devolveram à mulher o papel de mãe. Primeiro, vieram com promessas. Se as mulheres fossem boas mães, teriam um lugar na sociedade. Rousseau prometia que elas seriam honradas pela nação e glorificava o papel da mãe — argumento retomado mais tarde pelo nazismo. Outros diziam que a boa mãe encontra um prazer indefinível no ato de amamentar e que, se fossem boas mães, os maridos seriam mais fiéis.

E esses argumentos deram resultado?

Para as intelectuais, sim. Nos salões de Paris virou moda amamentar os filhos em público, durante horas. Mas foi preciso um século para que as mulheres de todas as classes se convencessem de suas funções maternais, ditas naturais e espontâneas.

A ideia de que a mãe desnaturada era doente e anormal foi, no século XIX, amplificada por Freud e a psicanálise. A psicanálise promove a mãe à posição de maior responsável pela felicidade dos filhos. Freud sublinha o sentido de sacrifício e devoção da mulher "normal". Ao afirmar que a mulher é a detentora exclusiva do amor aos filhos, e ao destacar sua responsabilidade ilimitada na formação da criança, Freud e a primeira geração dos psicanalistas tornam a mãe culpada de todos os desequilíbrios dos futuros adultos.

A psicanálise, então, foi nociva para as mães?
É terrivelmente angustiante jogar em cima da mãe toda a responsabilidade sobre a felicidade futura dos filhos. A psicanálise foi nociva ao transformar a mãe na personagem central da família, como causa imediata e primeira do equilíbrio psíquico da criança.

Como se explica tamanha repercussão da psicanálise?
Pela extrema vulgarização das teorias psicanalíticas nos meios de comunicação. As revistas femininas contribuíram muito para isso.

Mas não é traumatizante para uma criança saber que sua mãe não a ama?
É uma questão grave. As mães nunca dizem que não amam os filhos, mesmo quando não amam ou têm dificuldade de amar. O drama é que não se pode fingir que se ama. Todas as provas de amor não bastam se, inconscientemente, não há amor.

As mães que maltratam os filhos estariam se vingando do papel imposto pela sociedade?
É evidente que muitas mães que maltratam os filhos fazem

um acerto de contas com a sociedade. Mas coloco a questão de outra forma: não será um crime obrigar as mulheres a procriar? Mesmo as que querem ser mães têm surpresas desagradáveis. A pressão natalista, que existe hoje nos países europeus, contribui em grande parte para o aumento do número de crianças martirizadas e neuróticas. A ideologia da maternidade a todo custo leva as mulheres a serem mães sem sentirem verdadeiramente o instinto da maternidade.

Então chegou a hora de as mulheres inventarem o amor paterno?
Nos últimos vinte anos as mulheres vêm conciliando a dupla vida de mães e trabalhadoras. Não é uma situação ideal, mas elas estão se saindo incrivelmente bem. Naturalmente os homens se angustiam, pois se as mulheres conciliam a via social e pessoal, eles terão, também, de dividir mais tarefas na vida familiar. E poucos se mostram dispostos a isso. Chegou a hora de repensar o papel do pai. No século XVIII, ele tinha uma função autoritária — exatamente a mesma que lhe atribui a psicanálise. No século XIX, deveria trazer dinheiro para casa. Hoje, as mulheres demonstram que podem ser a autoridade e também assumir a função econômica. Os pais já não têm função específica. E muitos indagam se a função do pai não seria justamente amar e educar os filhos. "Amor paterno" são duas palavras que nunca andaram juntas. Mas não perco as esperanças. Pode estar nascendo uma grande revolução familiar, porque não só ela corresponde a uma justa e forte reivindicação feminina, como responde ao prazer que certos pais começam a ter em cuidar dos filhos.

Ernesto Sabato — entre a ciência e a literatura*

Nascido em 1911 em Rojas, formado em matemática e física, o argentino Ernesto Sabato pertenceu a uma geração que cultuou a fé na razão e no progresso. Trabalhava em Paris, no laboratório de Irène Joliot-Curie, quando em 1938 foi descoberta a fissão atômica que abriu as portas à bomba nuclear. Terrivelmente chocado, foi aos poucos se afastando da ciência racional para se dedicar ao irracional literário. A literatura foi sua maneira de mergulhar na condição humana e seus fantasmas, suas contradições, seus sonhos. A isso Sabato dedicou os únicos três romances, publicados um a cada treze anos. *O túnel*, de 1948, recebeu elogiosas referências de Albert Camus e de Thomas Mann, numa época em que a ficção latino-americana estava longe do apogeu que conheceria mais tarde. Seguiu-se, em 1961, *Sobre heróis e tumbas*, a história de uma cidade às voltas com a crueldade de uma seita de cegos. Em 1974, *Abadon, o Exterminador* falava de uma juventude

---

* Entrevista inédita, Biarritz, 1981.

suicidária. Como ensaísta, Sabato publicou as coletâneas *Uno y el universo* (1945), *Hombres y engrenajes* (1951), *O escritor e seus fantasmas* (1963), *Apologías y rechazos* (1979). Em 1984 ele presidiu a comissão que, não sem dificuldade, investigou o destino dos desaparecidos e os crimes da ditadura militar argentina. Ernesto Sabato morreu em 2011, prestes a completar cem anos.

Em setembro de 1981, ele e a mulher Matilde estavam em Biarritz, convidados do Festival de Cinema Ibero-Latino-Americano. Seu filho, o cineasta Mario Sabato, concorria com o filme *O poder das trevas*, adaptação do "Relatório sobre os cegos", essa novela encaixada no romance *Sobre heróis e tumbas*. Mario ganhou o prêmio de melhor direção. Nosso encontro ocorreu numa manhã de sábado, no salão do Hôtel du Palais. Fazia algum tempo que Sabato já não escrevia. Uma lesão na retina o estava deixando cego. Os óculos de lentes grossas e escuras debaixo da testa franzida, o ar de aparente ausência passavam uma impressão de angústia e tensão. Garantiu que encontrara outras distrações para compensar a perda da visão. Em sua casa de Santos Lugares, nos arredores de Buenos Aires, dividia o tempo entre a pintura, os netos, a televisão — ele e dona Matilde lamentavam estar perdendo os capítulos da novela *Escrava Isaura* — e os muitos jovens que, sufocados pela ditadura militar, iam a seu encontro à procura de um esteio moral para enfrentar aqueles tempos de tormenta.

Eu estava em Biarritz com meu marido, que conhecera Sabato em Paris no final dos anos 1940. O reencontro prolongou-se por passeios pela cidade, com paradas na catedral ortodoxa russa e nos casarões da belle époque. No dia seguinte, uma chuvosa manhã de domingo, fomos ao Palácio do Festival assistir a *A idade da terra*, o filme de Glauber Rocha que passava hors concours em homenagem ao cineasta falecido pouco antes. Sabato desculpou-se no meio do filme e saiu do cinema.

No final de Abadon, o Exterminador, *lê-se que este será o último romance de um escritor chamado Ernesto Sabato. Por que o senhor decidiu abandonar a literatura?*

Abadon é, de certo modo, um romance em segunda potência. É um romance sobre o romance. Parece-me até eticamente repudiável que eu volte a escrever. Já disse praticamente tudo o que queria sobre os temas que me apaixonam: a morte, a esperança, a angústia, a solidão, a frustração, a justiça, a liberdade. Não sei o que mais poderia dizer que não fosse reiteração. Além disso, esta lesão na retina veio confirmar — confirmação tenebrosa — o que escrevi nas últimas páginas de *Abadon*. É como se eu tivesse tido uma premonição. Por último, voltou-me a paixão, que tenho desde criança, pela pintura.

A pintura tem a mesma força de expressão que a literatura?

São atos complementares. Tanto a pintura quanto a literatura têm impossibilidades. Sempre pensei que se Van Gogh tivesse escrito romances — e ele possuía grande talento para isso, como vimos em sua correspondência — teria se salvado da loucura. Há várias hipóteses para a morte de Van Gogh. Pessoalmente, acho que ficou louco por causa da imensa angústia interior. Ele arrebentava, literalmente, vivia uma situação-limite, e para os temas metafísicos a pintura não tem a mesma capacidade da literatura. Inversamente, se Dostoiévski tivesse se dedicado a pintar não teria enlouquecido.

O que distingue a literatura?

Ela é uma das poucas expressões humanas que tem um pé no pensamento puro, na razão — que lhe permite veicular ideias — e outro pé no pensamento mítico — que lhe permite cobrir a outra zona da realidade do homem. Por isso os romances são tão catárticos. Não sei se a pintura permite essa catarse. Mas sei que pintando eu sinto uma euforia que não sentia escrevendo. A pintura tem um lado artesanal que resgata algo que a civilização industrial pôs a perder: a unificação do espírito com a mão. O cheiro da terebintina, o manuseio do pincel, as untuosidades da tinta a óleo me proporcionam uma felicidade que a literatura não foi capaz de me dar.

Os pintores são mais felizes?

Já observei que são muito mais felizes do que os escritores. Os pintores são cheios de vida. E como duram! Picasso, Miró, Chagall são exemplos recentes. No passado tivemos Tintoretto. Todos tinham uma vitalidade excepcional, viveram noventa anos pintando. Isso na literatura é raro. Para um Walt Whitman, que era um homem eufórico, temos centenas de escritores e poetas tristes.

O senhor pinta tão pouco quanto escreve?

É verdade que sempre publiquei muito pouco. Apenas três romances e, mesmo assim, *Sobre heróis e tumbas* esteve prestes a ser queimado. Só não o fiz porque minha mulher Matilde adoeceu seriamente e resolvi publicá-lo. Sempre fui destrutivo. Mas escrevi uma quantidade equivalente a dez ou quinze romances. Quanto à pintura, como não penso em "publicá-las", não tenho esse problema. Porém, antes de vir para a Europa deixei uma carta a meus filhos estipulando que, em caso de morte — as viagens, nunca se sabe —, guardem apenas os quadros que estão assinados. Os outros, que queimem. Sempre fui um piromaníaco com o que produzo.

Uma constante em seus três romances é o confronto do homem com as forças do mal. O tema pode ser atribuído a que o senhor, físico de formação, pertence à geração dos que legaram à humanidade a bomba atômica?

É primeira vez que me fazem essa pergunta. Agora que você me dirige essa questão, penso que sim, penso que talvez minha literatura reflita essa angústia em face da bomba atômica. O mal é uma constante da condição humana. Existiu nos tempos bíblicos, no Renascimento, existe hoje. Mas atualmente ele se manifesta de maneira mais brutal e em escala planetária. A manifestação do mal através da energia atômica me parece um símbolo. No caso do átomo, essa agressão à natureza que sempre caracterizou os ocidentais chega à mais profunda intimidade da matéria e desata uma força oculta que ameaça destruir a humanidade inteira. E nada melhor para demonstrar a perversidade desse progresso demoníaco do que a bomba de nêutrons, que se jacta de ser limpa porque destrói "apenas" a raça humana, deixando intactos os edifícios.

Mas a agressão à natureza não seria inerente a todos os homens?

Constato que não. Todo desenvolvimento científico que se deu na Europa, toda a técnica trazida pela ciência positiva foram tentativas de dominar a natureza. Em outros mundos, como o chinês, foi diferente. Pode-se perguntar, por exemplo, por que os chineses não desenvolveram ciências como a física, a química, se tinham condições para isso. Conheciam a pólvora, a bússola, acumularam grande quantidade de conhecimentos técnicos. Não há motivo para, sendo tão inteligentes, não terem desenvolvido as ciências como nós, ocidentais, o fizemos. É que tinham outra filosofia, consideravam a natureza como algo sagrado. Hoje, essas civilizações são chamadas de primitivas. Pois eu considero que foram culturas muito sábias. Elas permitiam ao homem viver em harmonia com o cosmos. Perguntaram-me um dia se eu era um ingênuo que queria voltar às culturas primitivas onde, como na África ou na Polinésia, existem leprosos. Respondi que havia leprosos, mas não havia psicanalistas.

O senhor é contra a psicanálise?

Não digo que a psicanálise seja ruim, digo que é o resultado desta civilização. Ela nasceu promovida por uma cultura cheia de angústias e é a expressão desta formidável neurose contemporânea que, em alguns momentos, alcança o grau de psicose. No final da Idade Média, havia pelas estradas europeias quantidades de rapazes barbudos e cabeludos que dançavam desenfreadamente, caíam como epilépticos. É curioso que a nossa civilização tenha tantos jovens drogados, pessoas que busquem em filosofias e religiões esotéricas a paz que lhes foi negada. São indícios de que algo está chegando ao fim.

Como o senhor reagiu às primeiras pesquisas atômicas?

Eu estava trabalhando no laboratório Curie quando se deu, em 1938, o descobrimento da fissão atômica. Os físicos corriam alvoroçados. Senti naquele momento que começava o fim da história ocidental. Coloquei um pouco desse sentimento em *Abadon*, num capítulo sobrenatural — melhor dizendo, sobrenaturalista — passado no laboratório Curie. Naquele ano de 1938 tive um enorme choque. Era como se a ciência estivesse nas mãos do demônio.

Estudei física como podia ter estudado outra coisa. Fui um adolescente caótico, desequilibrado, neurótico. Quando cheguei ao estudo dos teoremas, no curso secundário, fiquei subjugado pela ordem e pela harmonia das matemáticas. Daí encaminhei-me para a física. Mas sempre tive paixão pela literatura e pela pintura. Com os anos, compreendi que a física não era o meu caminho e que jamais encontraria a paz numa atividade puramente racional.

O que acha dos homens de ciência?

Em geral não tenho boa opinião dos cientistas. Mas devo assinalar em seu benefício que alguns deles, eminentes, abandonaram a profissão, horrorizados, diante do fato consumado da bomba de Hiroshima. Oppenheimer, genial matemático, foi se dedicar à música. Schiller, um físico húngaro que também trabalhou na bomba, trocou a física pela biologia, uma ciência da morte por uma ciência da vida. O próprio Einstein morreu entristecido pelo que havia desencadeado. A ciência é amoral, é alheia aos valores éticos. Isso é um fato, não é uma acusação. A ciência cinde o homem, separa o abstrato do concreto, o racional do irracional, o corpo da alma. É uma espécie de alienação.

O que tanto o fascina na irracionalidade?

O mundo dos conceitos não consegue explicar o espírito impuro do homem. Deus pode ter sido um grande cientista ao ordenar o universo. Deus jamais seria um romancista. São as forças irracionais, reverenciadas pelas velhas culturas, que constituem a essência da condição humana. O racional é uma pequeníssima fração que serve para a lógica, para a matemática. Todo o resto — as paixões, os sentimentos, os ódios —, todo o mundo mítico que temos dentro de nós e se manifesta em nossos sonhos, foi desprezado, desde Descartes, pela filosofia científica. Os cientistas não sabiam que o irracional é um mundo indestrutível. Os fantasmas expulsos pela porta entraram pela janela, pelas janelas da literatura. O romance moderno é um fenômeno contemporâneo e correlato ao desenvolvimento da ciência. É a contrapartida da mitologia que os cientistas quiseram eliminar. Do mito pode-se dizer tudo, menos que seja mentira. Ele representa algo profundo para a humanidade. É como o sonho, algo essencialmente verdadeiro para a atividade do homem. Só que sua mensagem é quase sempre obscura e ambígua. Isso também se passa com certos romances. O que Kafka quis dizer com *O processo*? É a história de um judeu da Europa Central? É o problema do homem na sociedade abstrata e anônima? É a ausência de Deus? É tudo isso e cada uma dessas coisas. Mas é, sem dúvida, uma verdade profunda.

Bruno, personagem de Abadon, *indaga se os que escrevem não são os incapazes, como ele, de atos absolutos de paixão ou de heroísmo. É o que resta à literatura?*

Quis dizer que aquele que não pode fazer algo de absoluto escreve. Mas seria uma injustiça afirmar que a literatura se limita a ser uma escapatória para os incapazes de gestos absolutos. Podemos fazer atos absolutos com a arte. Uma sonata de Mozart é algo absoluto. A frase de Bruno não é taxativa. Ele é um abúlico, e disso se lamenta. Seria incapaz de um ato de heroísmo como foi o de Guevara. No máximo, conseguiria escrever sobre o assunto. Mas quem diz isso é ele, não eu. Bruno tem uma carga autobiográfica, mas os personagens de um romance não representam necessariamente as ideias e opiniões do autor. Ao contrário, muitas vezes o contradizem. Um escritor religioso tem personagens ateus, e vice-versa.

A omissão e o escapismo intelectual de muitos de sua geração teriam contribuído para a atual situação política argentina?

Estou convencido que sim. O processo argentino foi tão complicado quanto o brasileiro, mas é certo que na Argentina chegamos a este ponto porque muitos homens eminentes se negaram a participar da vida política. Era tradicional, na Argentina como em muitos outros países, a ideia de que a política é suja. A política é real, e a realidade é suja. Só o mundo platônico é limpo. Temos sempre que sujar as mãos. A arte mais perfeita está vinculada à sujeira, seja através das lutas de clãs, das rivalidades, das invejas. Do momento em que age, o homem já está fazendo algo imperfeito. Por isso, creio que na América Latina todas as pessoas eminentes devem fazer política, de um jeito ou de outro. Interessei-me pela política, no sentido amplo da palavra, desde jovem. Tenho muitos defeitos, mas não me acho mesquinho. Sou um ser comunitário e nunca pude suportar a injustiça social. Meu pai era industrial, o que pesou para eu perceber ainda mais as injustiças. Na adolescência, vinculei-me aos anarquistas de La Plata, um dos centros do anarquismo argentino. Depois ingressei no movimento comunista, no qual atuei durante cinco anos. Minha mulher e eu passamos perigo de morte, fui perseguido, estive em vários países. Mas nunca fui comunista de salão. Tampouco nunca fui revolucionário de bar. Por isso, quaisquer que sejam as diferenças que tenha com Guevara, coloco-me de pé diante de um homem como ele.

Por que o senhor se afastou do comunismo?

Abandonei o comunismo na época em que começaram os processos de Moscou. Meus ideais de juventude não coincidiam com aquele realismo brutal, sinistro e policial da ditadura stalinista. Desde então, nunca mais participei da política no sentido estrito. Sempre dei declarações, participei de organizações em defesa dos presos políticos, mantive minha velha paixão pela justiça social. Não quero liberdade apenas, pois seria uma liberdade hipócrita que vale para poucos. Tampouco quero justiça social sem liberdade, pois seria substituir a escravidão da miséria pela escravidão do Politburo. Não quero crianças que tenham sapatos, e nada mais que sapatos, se vão ser escravas de um país totalitário. Não quero crianças de pés descalços, embora sejam livres. Quero crianças livres e calçadas. Quero justiça social e liberdade, e por este ideal lutarei até a minha morte.

Que análise faz dos governos militares que têm sido tão maléficos para a América Latina?

Talvez por aquele escapismo intelectual a que você se referia, os militares vivem eufóricos à cata de uma possibilidade de preencher o vazio do poder. Mas, à parte o argumento da força, não são capazes de governar. Na melhor das hipóteses, um militar serve para fazer a guerra. Digo "na melhor das hipóteses" porque em alguns casos nem para isso serve. A guerra, disse Clemenceau, é assunto demasiado grave para ficar nas mãos dos militares. Como um homem que esteve nas escolas com o exclusivo propósito de saber destruir, mediante guerras, o inimigo, pode ter capacidade para tarefas ligadas à educação, à economia? É uma loucura. Se amanhã um governo civil me nomeasse comandante do I Exército da Argentina, haveria levantes nas Forças Armadas. É exatamente isso, às avessas, que os militares estão fazendo no poder. E ninguém se surpreende. No caso argentino, houve algumas mudanças, houve melhoras, mas até que se instale um Estado de direito pleno, até que apareçam os desaparecidos, até que se restabeleçam as garantias da Constituição que temos desde o século passado, e que foi reiteradamente violada pelo governo atual, não teremos paz. A multidão que compareceu recentemente ao enterro de Ricardo Balbín, grande caudilho radical, foi a demonstração emocional de que a Argentina está farta dos militares.

Há algum tempo foi publicado um diário de Thomas Mann, no qual ele faz referências elogiosas a seu primeiro romance. Mann foi um dos seus mestres?

Acredito ter sido uma espécie de discípulo seu em algum momento. Minha geração esteve muito marcada por Thomas Mann. Era um escritor de enorme peso e em particular *A montanha mágica* influenciou muita gente. Na época de sua publicação, eu era um jovem que me formava em literatura. Não sei se a influência ainda é visível, talvez em algum fragmento dos meus livros. Faz pouco tempo que soube dessa passagem do diário de Mann. Nunca poderia imaginar que ele tivesse lido *O túnel*, em inglês, como o fez no ano de 1951. Essa referência foi um dos maiores estímulos que recebi na minha vida, pois Mann era tão duro em seus julgamentos!

Que contribuição a América Latina deu à literatura universal?

A literatura ibero-americana, e digo ibero porque incluo o Brasil, é atualmente a mais importante do mundo. Não sei a que isso se deve. Estou falando de um fato, e não de uma teoria. Assim como depois da Primeira Guerra a literatura mais importante foi a norte-americana, com John Dos Passos, William Faulkner, depois da Segunda Guerra foi a ibero-americana, com escritores da magnitude de um Guimarães Rosa, de um Graciliano Ramos. Cito esses dois brasileiros porque os novos não conheço. Faz muitos anos que não leio nada. Creio que isso se passa com todos os escritores depois de certa idade.

Existe uma temática típica do continente?

Não. A temática latino-americana é tão diversa quanto a europeia. O que tem a ver um romance búlgaro com um inglês? Conosco se passa o mesmo. A temática de Borges nada tem a ver com a de García Márquez. Existe uma certa unidade, pois tivemos, com exceção do Brasil, uma história bastante comum. Posso usar a metáfora da orquestra. Só um louco teria uma orquestra inteira de oboés. Há países que tocam oboé, outros, trombone, outros, a percussão. Todos seguem a mesma partitura, mas cada um no seu instrumento. É a unidade dentro da diversidade. Certa vez me pediram para definir a América Latina. Parodiei então a frase de Santo Agostinho sobre o tempo. Quando me perguntam o que é, não sei. Mas se não me perguntam, sei o que é.

Os três autores mais lidos na Argentina — Borges, Cortázar e o senhor — parecem sempre muito preocupados com temáticas universais, enquanto os escritores brasileiros parecem valorizar mais questões do próprio país. O senhor concorda?

A grande diferença é que vocês tiveram uma herança ímpar — a forte injeção de sangue negro e indígena. A raça negra é cheia de força, de musicalidade, de ritmo, de uma religiosidade essencial. Os negros chegaram às Américas depois de uma seleção brutal. Os europeus caçavam os melhores exemplares da raça. Estive na ilha de Goré, no Senegal, onde se concentraram milhões de futuros escravos. Muitos morriam ali mesmo, em consequência dos maus-tratos típicos da perversidade da raça branca. Dos que embarcavam, um terço ou mais morria naqueles barcos horrendos. Necessariamente, os que chegavam eram super-homens físicos, e essa terrível seleção genética deixou suas marcas nos descendentes, os Pelés, os Cassius Clay. Foi essa vitalidade que produziu, nos Estados Unidos, o jazz, a maior revolução da música contemporânea, e, no Brasil, uma alegria que nós, argentinos, não temos. Com toda essa herança tão diversificada, é natural que a literatura brasileira se debruce muito mais sobre a temática nacional.

O elemento europeu não levou nenhuma alegria para a Argentina?

É muito curioso, mas não levou. Poderia ter deixado suas marcas, já que os países de origem de muitos imigrantes, como a Itália, têm uma inegável alegria. Somos um povo cheio de ressentimentos. A presença dos colonizadores espanhóis e dos imigrantes criou desavenças de toda ordem. Ressentimentos entre as classes sociais, ressentimentos do homem simples dos pampas contra a oligarquia, ressentimento da população indígena contra o colonizador, sem contar a natural nostalgia que os imigrantes nutriam pela terra natal. De nossa formação histórica resultou um fato: os argentinos são um povo triste. É uma tristeza que se revela até neste subúrbio da literatura que é o tango. As melhores letras de tango sempre exprimem a propensão metafísica do argentino. Tratam de problemas de solidão, morte, desencontro e frustração. Compare nossas músicas — alguém já disse que o tango é um pensamento triste que se dança — com a brasileira. Escrevi um ensaio que se chama "A metafísica do tango", no qual desenvolvo estes temas. Seria impossível escrever a metafísica do samba, você não acha?

Eugène Ionesco — o profeta do absurdo*

Eugène Ionesco tinha nove anos quando escreveu sua primeira obra: um livro de memórias, de apenas duas páginas. Em 1982, quando nos vimos, ele estava com 73 anos e se admirava por, já em criança, ter entendido toda a miséria da condição humana: envelhecer e morrer, ver os homens matarem para comer. O absurdo maior era descobrir que tudo estava escrito naquelas duas páginas — esse mesmo absurdo que fez de sua obra de dramaturgo um sistema filosófico.

Ionesco nasceu na Romênia em 1909, e foi para a França ainda menino. Formado em letras, ganhava um modesto salário de revisor. Suas peças não encontravam editor. Até o dia em que decidiu aprender inglês por um método popular, que lhe deu a ideia de escrever uma "antipeça" com diálogos imitando as frases incoerentes do manual de conversação: surgia assim *A cantora careca* (1947), que lavrou a certidão de nascimento do teatro do ab-

---

* *IstoÉ*, 11 ago. 1982.

surdo. *A cantora* deu a volta ao mundo e se instalou nos anos 1950 no palco de um teatrinho do Quartier Latin, onde desde então está em cartaz. O deboche das primeiras peças evoluiu para uma linguagem de angústia, como na fábula *Rinoceronte* (1959), sobre o poder que corrompe a sociedade a ponto de transformá-la em manada de paquidermes. Ele escreveu quase trinta peças, que lhe valeram a comparação com Ésquilo e Shakespeare ao tratar dos grandes mitos e arquétipos teatrais.

A primeira tentativa de entrevistar Ionesco resultou numa decepção. Troca de cartas, dia acertado, endereço anotado. Estávamos em 1974 e, entre o último telefonema e a data do encontro, houve em Paris, no dia 31 de março, uma importante manifestação no Palais de la Mutualité, em que intelectuais e artistas mais uma vez denunciavam os desmandos e a tortura praticada pelos militares que completavam dez anos no poder. Ionesco não estava presente mas devia ter sido informado. Recebeu-me à porta do seu apartamento, no Boulevard de Montparnasse, mostrando a metade do rosto e indagando: "Com quem a senhora quer falar?". "Com monsieur Ionesco." Ele retrucou: "Sou eu, mas não quero falar para a imprensa de um país que vive sob ditadura". Nada feito.

Oito anos depois, nova entrevista marcada. Ionesco ia ao Brasil, pela terceira vez, para assistir às encenações de *A lição*, no Rio de Janeiro, e *Morre o rei*, em São Paulo. À porta de seu apartamento, o mesmo rosto redondo surgiu semiescondido. "Com quem quer falar?" "Com monsieur Ionesco", respondi apreensiva diante de mais uma negativa. Ionesco foi desconcertante: "Vou ver se ele está". Não afastou o rosto, sequer fingiu que foi chamar o dono da casa. Não se deu ao trabalho de disfarçar: "Ele está, sim; sou eu, pode entrar". Entramos, eu e o fotógrafo Pedro Pinheiro Guimarães. O salão tinha mais quadros do que livros. Telas de Marc Chagall, um retrato seu pintado por Miró. Espalhados em cima das mesinhas, diversos rinocerontes de madeira e de pedra, presentes dos amigos. Bochechas caídas, roupa surrada, fala arrastada, mal conseguia controlar o cacoete de enrolar a língua dentro da boca. Eugène Ionesco morreu em 1994.

Duas peças suas, A lição *(1951) e* Morre o rei *(1962), serão encenadas no Brasil. A linguagem do absurdo, que tanto chocou em seu tempo, terá envelhecido?*

Espero que não. Espero que a linguagem ainda choque. O tema de *Morre o rei*, a morte, tem sua atualidade todos os dias. É uma peça moderna, na medida em que não há uma ação constituída, mas também é uma peça clássica construída segundo as três regras de unidade de tempo, espaço e ação. Tudo se passa em uma hora e meia, o tempo da representação.

Os clássicos são sempre novos?

As hipóteses científicas são sempre ultrapassadas a certa altura, abrindo caminho para outras mais novas. A medicina progride, a tecnologia progride. Mas a arte nem progride nem recua. Sófocles é sempre novo. Shakespeare é sempre moderno. Aliás, agora ele serve a experiências de vanguarda, como as dessa diretora Ariane Mnouchkine, que veste os personagens de Shakespeare com figurinos japoneses dos séculos XII ou XIV. E o que há de interessante é esse modernismo. Eu mesmo tentei fazer isso, com outros meios, em *Morre o rei*. Temos que reencontrar a tradição nas fontes muito antigas, no arquétipo da teatralidade, e nelas colocar elementos modernos. A verdadeira vanguarda é a tradição.

E a força de A lição*?*

Escrevi uma peça sobre a ditadura da linguagem. Há um professor e uma aluna. Ela é segura de si, ele é muito tímido. Mas, pelas virtudes da linguagem, o professor consegue dominar a moça, chega a estuprá-la psicologicamente — e há todos os sinais do estupro —, a dominá-la inteiramente. São essas as virtudes da linguagem, e também as do humor, que dá força à linguagem. O humor, dizia Marcel Duchamp, *"c'est la politesse du désespoir".* Você vai traduzir a citação? Parece-me mais bonita em francês.

Morre o rei teve montagens intimistas, que ressaltavam a ironia do texto, e outras quase ritualistas, como uma cerimônia mortuária. Qual delas o senhor prefere?

As duas. Entre o ritual e o humor. Se essa peça não for bem representada, é uma catástrofe. O diretor tem que ter muita inventividade, o ator tem que ter muita flexibilidade, tem que passar continuamente do trágico ao cômico. É a minha peça mais difícil de ser encenada. Pode ser muito ruim, como ocorreu certa vez na Sicília, mas pode ser muito boa, como a montagem de Jorge Lavelli, em Paris. O rei pode ser cada um de nós diante da morte, pode ser a nossa civilização agonizante. O que mais me interessa na peça é a última parte, a preparação para a morte. Ali estão as etapas da agonia, ou melhor, da renúncia: o medo, o desejo de sobreviver, a tristeza, as lembranças, e finalmente a resignação. Despojado de tudo, o rei se vai. Inspirei-me, para esse texto, num rito funerário tibetano que consiste em dizer ao homem que acabou de morrer: mais alto, mais alto, não tenha medo! Assim, ele não cairá no inferno, não voltará ao mundo inferior. Este rei, como cada um de nós, é um pobre coitado.

Vinte anos mais velho, o senhor acrescentaria alguma coisa ao tema?

A morte sempre será um tema angustiante. Os últimos anos de vida, ou a última parte da vida de um homem, são os mais difíceis, os mais irritantes. Você já fez, ou não fez, o que tinha de fazer no tempo que lhe foi dado. No entanto, você jamais compreenderá o que não compreendeu anteriormente. Você já sabe tudo o que poderia saber, ou seja, nada sabe e não saberá mais nada. É terrível, é inadmissível. E você continua vivo, você não quer ir embora.

O senhor tem alguma peça política?

Escrevi uma peça sobre o problema do mal — *Tueur sans gages* [O assassino] (1959) — que é a única que posso chamar de política. Um anônimo começa a assassinar as pessoas do bairro mais bonito e tranquilo da cidade. O herói principal, que conhece todos os dados do assassino, pergunta-se por que os cidadãos não reagem, por que a polícia não prende os marginais, em vez de prender o homem que todo mundo conhece. É o que acontece atualmente. Outra peça que posso considerar política é *Macbett* (1972) — e não Macbeth. É inspirada em Shakespeare. Lendo velhas crônicas da Inglaterra, aprendi que Macbett foi um bom rei, que reinou dezessete anos. Foi Shakespeare que o modificou. Tentei mostrar que todo poder é fonte do mal. Contrariamente à de nosso grande mestre, na minha peça só há gente odiosa. O rei, a rainha, que é uma bruxa, e o homem que mata Macbett, que é ainda mais atroz do que ele mesmo.

Shakespeare é o grande mestre para um dramaturgo do absurdo?

Shakespeare faz Macbeth (o dele, não o meu) dizer que o mundo é uma história contada por um idiota, sem nenhum sentido, e cheio de som e fúria. Esta é a própria definição do absurdo. Portanto, você pode ver que temos uma longa tradição de absurdos e muitos mestres, até entre os gregos. *Édipo rei* é uma peça absurda. A diferença é que na tragédia grega o homem se opunha ao seu destino e acabava destruído por ele. Existia ao menos uma lei. Os meus personagens são irrisórios porque não têm destino. Paradoxalmente, a tragédia grega era mais otimista do que a comédia. Já nas minhas peças, que parecem comédias, as pessoas são ridículas porque não têm qualquer contato com o universal, com o que se pode chamar de Deus. Como ninguém acredita em nada, minhas personagens são necessariamente fantoches, irrisórios fantoches.

E além de Shakespeare? Shaw, Pirandello?
      Não... não. Eles não são maus autores. Shaw não é ruim, levantou até alguns temas modernos, como a libertação da mulher. Pirandello tampouco era ruim, mas faltava-lhe metafísica. São grandes, mas não são da nossa família.

Brecht também não pertence à sua família.
      Oh, não. Para mim, todas as sociedades são más, e a que Brecht propunha também é má. Brecht foi o ilustrador de uma ideologia hoje ultrapassada. Veja o que ocorre atualmente em qualquer parte do mundo. Mas o que é interessante em Brecht é *Mãe Coragem*. Ele achava que fazia propaganda, mas fazia outra coisa. *Mãe Coragem* é uma personagem jogada no mundo. Ela vive e morre. E não se morre só na guerra, morre-se de qualquer jeito. A peça interroga, mais do que a condição social, a condição humana. *Mãe Coragem* ultrapassou Brecht. Por isso é sua melhor peça.

E Samuel Beckett?
      Este sim, é da nossa família, da família dos metafísicos.

É verdade que o senhor começou a escrever peças porque não gostava de teatro?
      É verdade. Por isso é que minhas primeiras peças se chamavam antipeças, antidramas. Eram uma paródia ao teatro. Mas fi-

nalmente compreendi que a paródia conduzia ao teatro. Não ao teatro de diversão, que para mim é todo aquele que trata dos problemas secundários, desde o social até o adultério. Meu teatro é um jogo, que pode ser dramático ou cômico, mas não pode ser um teatro de bulevar. Eu e outros autores que surgimos entre 1950 e 1965 pomos em questão o destino do homem, seu mal-estar neste mundo, o mal com M maiúsculo. Não fizemos peças em que as pessoas se divertem durante duas horas e depois esquecem. Os problemas que colocamos não eram sociais, mas existenciais.

O teatro está passando por uma crise?

Desde 1960, mais ou menos, não temos tido realmente teatrólogos. Só há diretores. Hoje, o teatro é uma atividade de diretores que montam peças clássicas, montagens modernas que às vezes são boas, às vezes são ruins. Por uma dessas heresias modernas, o diretor acaba ficando acima do autor. É como se o pedreiro fosse o verdadeiro construtor do edifício. Mas a crise não é só na dramaturgia. Também existe na pintura, só que esta dura há muito mais tempo, desde Mondrian, Klee, Kandinsky. Eles esgotaram as últimas experiências pictóricas e esgotaram também a pintura não figurativa. Os que hoje fazem pintura abstrata apenas repetem aquelas experiências. Na escultura é a mesma coisa, só se faz repetir Brancusi e Giacometti. E na literatura também: desde o nouveau roman o gênero romanesco está num impasse.

A crise, então, é de criatividade?

No teatro, é. Nós mesmos, os autores, destruímos o teatro. Não criamos mais personagens, não elaboramos uma língua estruturada. Isso vem desde os anos 1960. Com toda a desgraça que está acontecendo no mundo, essas catástrofes, essas guerras, as pessoas só pensam na política, na morte. Não têm mais tempo de fazer experiências dramáticas. O que é uma pena. Talvez o que nos falte seja um novo surrealismo.

O teatro engajado agrava ou atenua a crise?
A ideologia contribuiu muito para diminuir a noção de experiência dramática. O teatro não foi feito para veicular ideias políticas. Quando os ideólogos viam suas ideias ilustradas numa peça diziam automaticamente que ela era boa. Ora bolas! Se tenho uma metralhadora que atira nos inimigos do povo, não posso dizer que ela é necessariamente boa. A qualidade da metralhadora independe do alvo. O mesmo ocorre com o teatro. A arte tem critérios que vão além do momento e das ideologias. Mesmo as boas ideologias se tornam ruins quando chegam ao poder. Elas expiram. Enquanto a condição existencial, o amor e a morte são permanentes.

Quem ainda celebra o amor, o sonho?
É realmente difícil saber, mas é o que se deve tentar. Hoje não vejo sinais dessa celebração. Vejo que os homens se detestam e se matam. Na época em que escrevi minhas principais peças, os homens também se matavam, mas éramos menos informados. Havia a universalidade da morte, não havia a universalidade da informação. Havia, também, pessoas que se amavam. Talvez hoje ainda haja. Mas não as vemos. A televisão mostra as que se matam, não mostra as que se amam. E, quando mostra, é tão falso que temos mais vontade de detestar do que de amar.

Há saída?
Temos que esperar que essa nossa época passe. Aí, sim, vão surgir peças sobre o mundo que vivemos hoje. Como acontece na vida de cada um, é preciso que as tragédias passem para podermos refletir sobre elas. Nem Shakespeare escapou disso. As coisas

com ele eram assim: existe um rei corrompido, velho, vicioso, e aí um príncipe jovem, bom e generoso o mata e o substitui. Com os anos, torna-se por sua vez um criminoso. Um outro príncipe bom, generoso e justo o substitui. E ainda haverá outro etc. E hoje tudo gira em torno do poder.

Mas não é preciso haver alguma forma de poder?

Ah, isso é verdade. O poder é indispensável. Precisamos de gente que administre. Mas que sejam apenas bons administradores. O que não suporto é o poder dos ambiciosos, dos que querem o poder pelo poder. Se a política fosse a organização das relações sociais para que as pessoas pudessem se desenvolver, seria muito boa. Mas a política tomou a liderança de todos os campos do espírito. É um excesso. No tempo de Stálin, a política guiou até a biologia. No tempo de Hitler, inventou uma outra genética. Chostakóvitch foi malvisto porque sua música não correspondia à vontade do poder. É isso que é ruim. A política subjuga a arte e as outras formas de pensamento. Eu leio muito os jornais, talvez em demasia. E vejo que os homens se detestam e se matam. O que fazer? O melhor é tentar convencer os jovens do mundo inteiro a fazer arte, e não política. É difícil, mas já foi mais. A política dominou a juventude francesa por muitos anos. Lembre-se da audiência que Sartre tinha. Ele vivia correndo atrás da história, e é por isso que chegava sempre atrasado.

Que contribuição o senhor deu ao teatro?

Em primeiro lugar, uma nova linguagem. Em segundo, o absoluto despojamento. Em terceiro, uma sátira contra o teatro burguês e ideológico. Que mais? Sei lá. Que os críticos descubram. Às vezes eu penso que tudo que fiz — e tudo o que o mundo fez — não serviu para nada. É como se eu tivesse feito uma tentativa de obra inútil. Shakespeare dizia: "Som e fúria"... Os críticos não compreendem os autores. E é normal. A arte deve escapar um pouco a seu tempo. E os críticos são prisioneiros do tempo. Quem quer conhecer uma determinada época deve ler os críticos. Eles refletem as modas ideológicas de seu tempo. Para entender o século XIX leia-se Sainte-Beuve, Jules Lemaître. São ótimos para se compreender a psicossociologia daquela época. Quanto ao conteúdo! Pensar que grandes críticos diziam que Balzac era um autor enterrado, que Baudelaire era passageiro porque não sabia escrever francês!

Que influência tem o teatro?

Acredito que nenhuma. Que influência tem um quadro de Vermeer, a música de Bach ou de Mozart? Nenhuma, a não ser a elevação do espírito. As pessoas tendem a exigir muito do teatro. Como ele pode ser uma tribuna de propaganda, os ideólogos o manipulam. Mas ele é inútil. Aliás, o que há de mais importante e de mais interessante do que o inútil? O inútil é indispensável. Para que serve um jogo de futebol? No entanto, as pessoas se precipitam para assistir a uma boa partida. Portanto, por que pedir ao teatro o que outras manifestações do espírito não proporcionam?

Existem teatros específicos para cada povo, para cada continente?

Não. Todos os teatros podem ser compreendidos no mundo inteiro. A arte é o sinal de nossa identidade, mas as culturas não são separadas umas das outras, como pensava Spengler. Veja a literatura. Se ela ainda existe, é na América Latina — além das obras dos dissidentes soviéticos. E a literatura latino-americana é perfeitamente compreensível para os europeus. Há uma unidade de conjunto, sempre que a política não se meter, é claro! A política é o grande obstáculo ao desenvolvimento das artes. Os políticos desconhecem a importância da cultura e por isso vivemos uma fase de embrutecimento do espírito, e os intelectuais são em grande parte culpados disso. A política tomou a frente de todas as expressões do espírito, o que é péssimo, ela não passa de um combate insensato pelo poder. Isso é péssimo.

Por que o senhor interrompeu a experiência cinematográfica?

Eu só fiz um filme, em 1974. Escrevi o roteiro, e com o diretor alemão Von Cramer filmamos *La Vase*. Éramos só nós dois. Ele do lado de lá e eu do lado de cá. Eu era o único ator. Discutimos muito. Um dia eu lhe perguntei por que ele me mandava dizer tanta besteira. Ele respondeu: "Mas está aqui no roteiro que você fez!". Minhas peças de teatro têm sempre muitos elementos visuais. Gosto muito da imagem. O texto deve parar onde a imagem pode transmitir melhor do que a palavra. Eu tenho muitas coisas para dizer em imagens. Estou com vários roteiros prontos, mas não encontro produtor. Nunca encontro produtor. Não sou comercial. Estou agora escrevendo uma peça que vai ser montada quando eu voltar do Brasil. Chama-se *Un Voyage chez les morts*. É a continuação de *Morre o rei*. O rei morreu e está perambulando entre mortos. Encontra pessoas que morreram trinta, quarenta anos antes. Entre elas, um homem com quem ele brigou quando vivia. Mas a briga continua depois da morte.

O senhor está animado com a viagem ao Brasil?

Adoro viajar. Para mim, é uma fuga. Quando não posso ir muito longe, vou para uma casa de campo a setenta quilômetros de Paris. O Brasil me anima porque é bem longe, bem diferente. Estive lá em 1960 e em 1971, mas não vi o país. Estive em São Paulo, Rio, Bahia e Brasília, como turista. Queria ver mais, conhecer as pessoas. Mas nunca me deixam.

Como é o seu dia a dia?

Eu sigo muito a atualidade, leio vários jornais, até demais.

Veja a situação dos países do Leste. O movimento sindical polonês foi abafado, mas isso tudo vai estourar. E vai começar pela União Soviética. Com todas essas guerras que eles ajudam, mais a Guerra do Afeganistão! Tomara que não estoure com uma bomba atômica. Eu me preocupo muito em saber se haverá uma Terceira Guerra Mundial. Não perco uma oportunidade de perguntar a especialistas de política internacional.

O que eles respondem?

Cada um diz uma coisa, mas a situação me parece muito feia. Com sua lúcida ingenuidade, o Idiota de Dostoiévski pergunta: por que os homens não se amam? Temos que refazer esta pergunta. Não precisamos de grandes homens e grandes doutrinas. Somente de um pouco de amor, um pouco mais de caridade. Sei que essas palavras estão muito gastas, mas, por favor, não sorria.

Fernand Braudel — lembranças de um pioneiro francês*

Em janeiro de 1984, São Paulo se preparava para comemorar o cinquentenário de sua primeira universidade. Em Paris, numa sala envidraçada da Maison des Sciences de L'Homme, o historiador Fernand Braudel rememorou a sua São Paulo, a cidade provinciana onde viveu três anos na década de 1930. Ah, como eram gostosos os bailes organizados pelos *grã-finos*! Foi uma entrevista alegre. O sorridente Braudel confessou que tinha sido um pé de valsa, embalou-se à medida que fomos puxando o fio das lembranças, e ao final de hora e meia de conversa ensaiou um "Sa-sa-sa-rrri-can-do" que lhe deu saudades das marchinhas carnavalescas, enquanto Alécio de Andrade o fotografava para a entrevista.

Fernand Braudel nasceu em 1902, numa aldeia da Lorena. Em 1935, mudou-se para São Paulo, como integrante da missão francesa que formaria o corpo docente da recém-criada Faculdade

---

* *IstoÉ*, 1º fev. 1984.

de Filosofia, Ciências e Letras. Por três anos lecionou história da civilização. De volta à França, foi convocado para a guerra e logo feito prisioneiro pelos alemães, só retornando em 1945. Aproximou-se dos historiadores da École des Annales e dirigiu a *Revue des Annales*, fundada em 1928 por Marc Bloch e Lucien Febvre. Em 1949, publicou sua tese sobre *O Mediterrâneo na época de Filipe II*, obra-mestra da historiografia. Com o enfoque inovador que unia história, geografia e ciências sociais, escreveu outra obra clássica: os três volumes de *Civilização material, economia e capitalismo nos séculos XVI a XVIII*. Professor do Collège de France e da Escola de Altos Estudos de Ciências Sociais, e por muitos anos presidente do júri da cátedra de História, Braudel orientou uma geração de historiadores franceses e estrangeiros. Publicou também *Escritos sobre a história* (1969) e, junto com Ernest Labrousse, organizou os quatro volumes da *Histoire économique et sociale de la France de 1450 à 1980*.

Ao contrário de outros professores da missão francesa, Fernand Braudel nada escreveu sobre o Brasil, mas sempre admitiu que o convívio com os estudantes da futura universidade, inteligentes e curiosos, embora nem sempre bem preparados, forçou-o a rever sua metodologia de ensino e abriu-lhe o caminho para desenvolver certas ideias que balizaram a École des Annales. Pouco depois desta entrevista, ele foi convidado para ir a São Paulo festejar o meio século da universidade que ajudara a criar. Intuía, porém, que os fragmentos esparsos da memória que ainda conservava do Brasil fossem frágeis e rejeitou o convite, temendo que se desfizessem. Morreu em 1985.

Por que o senhor decidiu ir ensinar no Brasil nos anos 1930?

O professor da Sorbonne que aceitara ensinar história da civilização na recém-criada Universidade de São Paulo havia morrido, e Georges Dumas, que organizava a missão francesa, propôs-me substituí-lo. Aceitei de braços abertos. Sempre tive vontade de percorrer o mundo. Acabara de passar quase dez anos na África do Norte. A ideia de uma permanência no Brasil me seduzia. E não me enganei. De pouco adiantava saber pelos livros o que era um país semitropical, tentar imaginar a vegetação. Quando se chega, o choque é absoluto, a realidade ultrapassa tudo o que se conhecia pelos livros.

Como era São Paulo em 1935?

Era uma sociedade se fazendo. Eram portugueses, japoneses e negros tentando se integrar. O mundo ali parecia distante e perdido. Na época, a catedral da Sé ainda estava nas fundações, e São Paulo tinha um único arranha-céu, o edifício Martinelli, que nos servia de ponto de referência quando estávamos perdidos, longe do centro. Assim que cheguei, impressionou-me muito aquela ferrovia de cremalheira que subia de Santos até a estação de São Paulo. E o cinema Odeon, o máximo do chique, onde nos reuníamos às segundas-feiras! Lembro-me de uma família tão numerosa que ocupava duas filas inteiras do cinema. Em relação a hoje, São Paulo era uma cidadezinha do interior, embora já tivesse 1 milhão de habitantes.

Claude Lévi-Strauss, que fazia parte da missão de jovens professores, acreditava que ia encontrar índios nos arredores de São Paulo. O senhor também?

Eu tinha uma grande superioridade sobre Lévi-Strauss: havia lido um volume inteiro sobre geografia do Brasil. Sabia que não encontraria índios facilmente. Os franceses são sempre muito orgulhosos, sempre acham que vão para um país banal, que a França é muito melhor.

Como era o nível de seus estudantes?

Eu deveria ensinar toda a história, desde a Antiguidade até o mundo contemporâneo. Mas era muito difícil explicar aos estudantes brasileiros o que era a história da Europa. Parecia-lhes uma extravagância existir uma história específica à Europa. Não digo que os alunos se desinteressassem pelo assunto; simplesmente não o conheciam. Faltava-lhes base. O ensino médio brasileiro era muito fraco. Eu era obrigado a desenhar no quadro-negro o curso do Danúbio, do Reno, tinha de situar o século XIII, o XIV. Ou seja, tinha de fazer um esforço incomum do qual era dispensado quando dava aulas na Sorbonne, cujos estudantes conheciam tudo isso na ponta da língua. Mas havia entre os brasileiros um enorme prazer de compreender, uma autêntica fruição intelectual. Era exemplar. Eu ia para as aulas sem a menor anotação. E aqueles estudantes com pouca base finalmente me obrigavam a me reexplicar, a repensar. Isso para mim era uma novidade, e posso dizer que esse esforço me levou a recomeçar minha vida intelectual.

Quem eram esses alunos?

Em 1935, eram basicamente os filhos da boa sociedade paulista, filhos de fazendeiros do interior, da elite do café. Mas no segundo e terceiro anos em que ensinei, a coisa mudou. Em 1936, o governo de São Paulo procurou estudantes no ensino médio, a alguns deu bolsa de estudos e recebemos, assim, trezentos novos alunos. Vinham de um meio social mais humilde, não tinham uma formação exemplar, mas foram esses que contribuíram para que a universidade se consolidasse de verdade. A universidade real sobrepôs-se à universidade mundana.

E essa, como era?

Para você ter uma ideia, no início eu dava aulas em francês, como todos os membros da missão. E todos entendiam. Essa universidade mundana era constituída pelos representantes do governador, pelos amigos de Júlio de Mesquita Filho. Lá fora, ficavam estacionados os carrões que traziam os grã-finos. Havia também intelectuais autodidatas, como Paulo Prado, um homem de enorme finesse e dono de uma fantástica coleção de pintura. Muitos iam à universidade apenas para se distrair, como se assistissem a conferências públicas. Assim que acabava a aula, todos os representantes da alta sociedade se reuniam e ficavam conversando sobre política, sobre os *potins*, como se estivessem numa reunião mundana.

A universidade real, como o senhor diz, era bem-vista pelas elites?
Alguns intelectuais da alta sociedade me pareciam bastante inquietos ao ver que estávamos formando gente recrutada num meio social relativamente modesto. Mas nunca tive a sensação de estar contribuindo para ensinar a uma elite. Formávamos um mundo universitário, que por princípio não pode ser elitista. Quando chegamos, as elites já estavam lá, eram os *nouveaux riches*, a elite econômica dos Matarazzo etc.

Mas os membros da missão francesa conviviam com a elite!
Ah, sem dúvida! Éramos o divertimento predileto da alta sociedade. Éramos mimados pelos grã-finos. Eles nos procuravam para falar da França, recordar suas passagens por Paris. Lembro de Roberto Simonsen, que mantinha um salão extraordinário, onde dançávamos muito. Ah! Os bailes! Sempre adorei dançar. Lembro de brasileiros que dançavam com os ombros balançando o tempo todo. E dançavam até os de idade mais avançada. Lembro-me de João Cruz Costa, um filósofo adorável, que tinha na biblioteca uma cadeira de balanço. Ali ele me ensinou o que era o Brasil:

"Monsieur Braudel, o senhor tem que ler este livro, comportar-se dessa maneira". Um mundo digno de Marcel Proust. O Brasil era um banho de juventude para quem vinha da Europa. E eu adorava inteirar-me da vida sentimental da alta sociedade paulista, um verdadeiro deleite. Lembro de cenas assim, com a força da amizade que caracterizava os brasileiros — o que, para um francês, não é corrente. Ao mesmo tempo, era uma sociedade terrivelmente instável, na qual hoje se podia ser rico, amanhã pobre, obrigado a refazer fortuna. Aliás, dizem-me que atualmente é a mesma coisa.

Durante as aulas falava-se muito em política?

O mito dominante era a Revolução Francesa. A Revolução Russa não havia chegado à Universidade de São Paulo. Lembro de um dia em que dei uma aula sobre a Revolução Francesa mostrando que seus protagonistas eram homens como os outros. Foi um deus nos acuda! Um dos alunos, indignado, me interpelou: "Mas professor, essa é a revolução que esperamos! E o senhor vem dizer que seus atores eram homens comuns!". Aliás, vocês brasileiros esperavam por essa revolução desde 1789. Ela nunca chegou.

Em 1949 o senhor volta ao Brasil. Como reencontra a USP que ajudara a fundar?

Encontrei uma outra São Paulo. A da minha juventude não existia mais. A universidade também estava muito diferente, já era um centro brasileiro, onde ensinavam meus antigos alunos, que tinham muitas qualidades e muitos defeitos. O grande defeito era, a meu ver, eliminar as mulheres do corpo discente. Uma espécie de franco-maçonaria masculina excluía a presença das mulheres nas salas de aula.

Seus colegas de missão se inspiraram no que viram. Lévi-Strauss escreveu sobre os índios. Pierre Monbeig tem um livro clássico sobre a geografia do Brasil. Bastide, sobre os negros. A história do Brasil nunca o tentou?

Escrevi um livro sobre a história do Brasil. Júlio de Mesquita insistiu para eu publicá-lo, mas eu não quis. Seria muito trabalhoso escrever um livro de história para os brasileiros. Precisaria fazer mais pesquisas, o que na época representaria grande esforço porque os arquivos portugueses de Lisboa estavam ainda desordenados. Se eu era capaz de ensinar convenientemente a história do Brasil para os franceses, seria uma arrogância minha querer ensiná-la aos próprios brasileiros. Além disso, já estava comprometido com a minha tese sobre o Mediterrâneo e não queria me dispersar.

Sua tese foi escrita no Brasil?

Em grande parte, sim. A verdade é que os estudantes trabalhavam pouco, e os professores também. E havia tantas festas, você nem imagina. Dia da Descoberta da América, dia de são João, de são Pedro, dia de soltar balão, dia de Carnaval. E aí não havia aula. A universidade fechava e eu aproveitava, tirava o dia inteiro para mim e ia escrevendo a minha tese, escondido. Mas não era culpa minha...

Algumas ideias da École des Annales germinaram, então, no Brasil?

É claro que sim! O Brasil transformou-me intelectualmente. Eu voltei outra pessoa. Acho que me tornei inteligente — a palavra é ridícula —, ou menos banal, em São Paulo. Mais dia menos dia temos de nos separar do que já vivemos. Lá me separei do que já vivera, do que já sabia, a fim de comunicar-me com os alunos, e enveredei por um caminho diferente. Aqueles estudantes de pouca base obrigaram-me a reformular minha démarche intelectual. Lucian Febvre, que era meu pai intelectual, dizia que me transformei muito mais em três anos de Brasil do que nos dez que passei na África do Norte. Para mim, foi mais importante ir para o Brasil do que é para os brasileiros virem para Paris.

Por que o senhor, como já disse em mais de uma ocasião, não quer voltar ao Brasil, nem mesmo agora para as comemorações do cinquentenário da universidade que viu nascer?
Estou com 81 anos, sou dos mais velhos professores franceses. Vi morrerem meus grandes amigos no Brasil. Júlio de Mesquita, Eurípedes Simões de Paula, Cruz Costa. Se não vou às comemorações do cinquentenário da USP é porque eles não estão mais lá. A morte dessas pessoas deixou-me uma ferida no coração. Os anos a cicatrizaram. Não quero reabri-la. Tenho medo de ir lá, tomar muito uísque, dormir às duas da manhã, emocionar-me. Não quero cair na tentação.

François Perroux — o conselho do mestre*

Era um dia de verão de 1984. Poucos carros nas ruas, o calor batendo forte, cheguei rápido ao endereço que a secretária de François Perroux tinha me passado: um prédio de tijolinhos numa ladeira de Montmartre. No térreo morava o grande economista francês, o teórico do desenvolvimento e do crescimento. Em companhia de uma senhora simpática e baixinha que ele me apresentou como sua *gouvernante*. Apesar do dia quente, Perroux estava de terno preto e com a gravata-borboleta que sempre usava. Num francês rebuscado, pontuou toda a conversa com gestos amplos, teatrais, insistindo em certas palavras, numa escala musical que subia e descia para dar mais ênfase ao que dizia. Só essa gesticulação já bastava para indicar o que todos me diziam: ele foi não só um economista original e criativo, um dos grandes da corrente heterodoxa, como um excelente professor.

Perroux nasceu em 1903; em meados dos anos 1930 fez estudos de economia na Alemanha e na Áustria, onde frequentou os

* *IstoÉ*, 9 maio 1984.

seminários de Ludwig von Mises e Oskar Morgenstern, e assistiu a aulas de Sigmund Freud. Na Alemanha, teve contato com o economista e sociólogo Werner Sombart, e com o filósofo Carl Schmitt, que se aproximaria, logo depois, do Partido Nazista. Outra grande influência de Perroux foi Joseph Schumpeter, que ele só iria encontrar no fim dos anos 1940.

Já era um nome respeitado da ciência econômica quando foi chamado, em 1936, a integrar a missão francesa que lecionava na Faculdade de Filosofia, Letras e Ciências Humanas de São Paulo, embrião da USP. Ficou menos tempo que outros colegas franceses e dividiu sua presença entre São Paulo e a recém-criada Universidade de Porto Alegre.

De volta à França, foi professor de economia e escreveu suas primeiras obras, em que expunha a necessidade de uma terceira via equidistante do liberalismo e do estatismo, o que a seu ver seria alcançável por uma espécie de corporativismo. Essas noções iriam coincidir com as do marechal Philippe Pétain, que desde 1940 aceitara colaborar com os ocupantes nazistas. Perroux foi também um dos diretores de uma revista favorável a Pétain, e essa aproximação motivou, no final da guerra, um inquérito interno da universidade sobre sua atuação durante o conflito. Nada se comprovou contra Perroux, que então criou o Instituto de Ciências Matemáticas e Econômicas Aplicadas. Autor prolífico, escreveu clássicos da ciência econômica, como *A economia do século XX* (1961), *Massa e classe* (1972), e trabalhos sobre polos de desenvolvimento. Quando nos despedimos, deu-me alguns de seus livros em edições portuguesas. Morreu em 1987, como um teórico maior da economia heterodoxa, do subdesenvolvimento, do crescimento, do planejamento, e autor de uma obra que influenciou muitos economistas brasileiros, que nele viam um mestre.

Quais são as suas recordações do tempo que passou em São Paulo?
Ensinei durante um semestre na Faculdade de Filosofia, Letras e Ciências Humanas. Eu dava aulas em francês, como todos os meus amigos da missão francesa. Na época, São Paulo tinha um único edifício, o Martinelli. Diziam que eu era muito severo, e que dava notas baixas no fim do ano. Mas os alunos respondiam a essa severidade enviando-me flores. Lembro que o embaixador da França na época, Louis Hermite, pediu a mim e a Paul Arbousse-Bastide, que também estava na missão, para irmos ao sul do país, a uma universidade recém-inaugurada em Porto Alegre. Lá, fiquei impressionado porque podia falar alemão o tempo todo. Provoquei também um pequeno escândalo quando o *Estado de S. Paulo* concordou que eu publicasse uma série de artigos contra o nazismo. No Sul havia uma colônia nazista que se chamava Deutsch am morgen, e que injuriava regularmente a França e os franceses. Júlio de Mesquita Filho, que compreendia o horror de um francês pelo nazismo, pediu-me para responder no seu jornal.

O senhor foi dos primeiros a estabelecer a diferença entre desenvolvimento e crescimento. Os países da América Latina, nos últimos trinta anos, tiveram um real desenvolvimento ou apenas cresceram?
Quando estive no Brasil, estávamos todos mergulhados no saint-simonismo, no "Ordem e Progresso", nos templos e também nas lojas orientadas para o pensamento de Auguste Comte. Havia muita fé no crescimento da industrialização, na ciência agindo para mudar a sociedade. Vendo hoje, é claro que, como ocorre no mundo inteiro, os países da América Latina têm fenômenos estruturais. O crescimento se faz por setores e sem ser igualmente distribuído, o que resulta em fenômenos de propulsão e num desenvolvimento muito desigual. O verdadeiro desenvolvimento

equivale à dialética das estruturas, seja em escala nacional, seja dentro dos grandes setores da economia. Seria impossível compreender os países da América Latina se raciocinássemos apenas em termos de crescimento, em particular porque nem sempre as estatísticas são boas. Os simples indicadores do crescimento nos dão uma visão ilusória.

O que caracteriza o desenvolvimento?

No desenvolvimento, muitas estruturas são dinâmicas. A relação entre indústria e agricultura, ou entre aglomerações urbanas e conjuntos rurais, é um aspecto da realidade nem sempre perceptível pelo crescimento. Por exemplo, se eu representar apenas o crescimento da renda nacional brasileira, estarei longe de poder explicar o fenômeno brasileiro como um todo. Não digo que se deva negligenciar a dimensão do crescimento, mas que devemos observá-lo melhor em conexão com os fenômenos de estruturas. Compreende-se alguma coisa entre esses dois conceitos quando se percebe que os índices do crescimento subiram muito, mas que o desenvolvimento foi extremamente desigual. Basta visitar o Nordeste. As dimensões imensas do Brasil, as disparidades e as variedades climáticas acentuam inevitavelmente a desigualdade.

O senhor criou o conceito de polos de desenvolvimento. Como vê a aplicação de sua ideia em alguns estados brasileiros?

Os polos não foram feitos como deviam. Jamais um polo de desenvolvimento pode ser apenas o estabelecimento de uma grande empresa num espaço vazio. Os centros de exploração de recursos naturais devem ser acompanhados de uma política complementada pela instalação de redes de transportes, que permita a importação e a exportação dos produtos e também a transferência de competências, a formação e a informação das populações circundantes. Os polos brasileiros não foram bem concebidos, assim como também não se concebeu direito o polo Bari-Taranto, no sul da Itália, onde trataram de instalar uma siderurgia sem estabelecer ligações com o resto do Sul e, do ponto de vista dos insumos, sem conexão adequada com as grandes indústrias do Norte. Jamais uma política de implantação isolada dá bons frutos. Há um exemplo na Itália que julgo antológico: tendo em conta que o clima do Sul era quente, lá instalaram fábricas de sorvete. Mas o sorvete desaparecia, consumido pelas pessoas do Sul e do Norte, sem deixar efeitos secundários.

Como o senhor analisa o crescimento do Brasil nos governos militares dos últimos vinte anos?

O Brasil teve um crescimento gigantesco, mas amplamente de origem externa, e em especial dos Estados Unidos. Houve também um efeito de mimetismo que levou os brasileiros ricos e semirricos a imitar os hábitos da vida americana. Aqui na França este efeito de imitação está começando agora. O Brasil tem um estilo de vida que é muito dele, muito original, marcado por disposições artísticas, literárias, de dança, e seria muito ruim que ele fosse tragado pelo *American way of life*. Quanto ao desenvolvimento, foi muito desigual. O Brasil criou as articulações de estruturas que poderiam ter dado chances aproximadamente iguais a toda a sua população. Mas esbarrou necessariamente em razões de ordem da natureza, com diferenças na base de recursos naturais. Quem conhece o Mato Grosso, onde estive na época da missão francesa, compreende essas dificuldades.

O que a seu ver levou tantos países a essa crise do enorme endividamento?

Coloco-me a questão, como muitos outros economistas, da estabilidade do capital financeiro. O risco do sistema é inerente à distribuição de crédito, trazendo também uma inerente incerteza.

Sobre o crédito a longo prazo, destinado à criação de grandes empresas e grandes obras, ele supunha uma massa de recursos financeiros que dificilmente poderiam ser reunidos. Então, houve o apelo aos investimentos estrangeiros. Faço uma pergunta, talvez insolente: repreende-se o Brasil por ter projetos ambiciosos. Mas como ignorar que as multinacionais participaram, ou tiveram a iniciativa, de muitos desses projetos? E esta imensa dívida, como surgiu? Por iniciativa da massa da população ou dos chamados "bons amigos" do Brasil? É uma questão extremamente grave. A crise atual do Brasil não é econômica, mas financeira. Houve um excesso de investimentos das empresas transnacionais e, nesse caso, as responsabilidades devem ser compartilhadas, os ônus da crise de pagamento devem ser divididos. São tão evidentes essas interconexões que me recuso absolutamente a jogar toda a responsabilidade nos grandes países que estão em dificuldades. Apoiar a tese de responsabilidade mútua não significa concordar com a ideia pós-keynesiana de que o capitalismo em sua fase de expansão conduz necessariamente à crise financeira. Não é exato. Mas o que é certo é que o capitalismo financeiro produz inevitavelmente uma instabilidade, que pode ser vista tanto como um jogo ou como um desequilíbrio insuportável. Não existe, na verdade, crescimento equilibrado. Crescimento e desenvolvimento são feitos de desequilíbrios sucessivos, mas corrigidos a tempo.

O Brasil, este ano, deverá mobilizar todo o seu esforço de exportações apenas para pagar o serviço da dívida.

Vejamos o exemplo do México, que não tem a mesma dimensão, a mesma força, e talvez o mesmo futuro do Brasil. O México esteve em situação de cessação de pagamentos, mas finalmente, depois de um pequeno período de incerteza, reuniu 450 bancos em consórcio e agora tudo parece se arranjar. O problema é saber quem promoveu esse endividamento. Não se pode esquecer que existe abundância de dinheiro. Quando o México se declarou em estado de cessação de pagamentos, e antes mesmo de conseguir reunir os banqueiros, o Banco de Compensações Internacionais da Basileia se apressou em dizer que o dinheiro internacional estaria lá, não faltaria.

Por que então as negociações das dívidas latino-americanas são tão difíceis?

O mundo inteiro se encontra em estado de oligopólio. Vemos diariamente a luta entre os oligopólios, econômicos ou financeiros. É o aspecto sinistro da dialética do capitalismo financeiro. Mas há uma contrapartida: essas grandes unidades oligopólicas jamais se deixam desmoronar. Veja o exemplo da França. Os inimigos do atual governo dos socialistas dizem sempre que a França está caminhando para a catástrofe. É uma completa bobagem. Pelas razões que acabei de indicar, coloridas de motivos políticos, a França é indispensável para a Europa, e a Europa é indispensável para os Estados Unidos. Portanto não é verdade dizer que caminhamos para o abismo. Aplique esse raciocínio ao Brasil. Ele interessa, e como, ao conjunto da América Latina, que por sua vez é fundamental para os americanos. Portanto, ninguém vai deixar cair o Brasil.

Mas o preço a pagar seria a recessão.

Uma recessão bem suave, sem contração da economia, ainda é concebível. Ela provocaria um ligeiro achatamento do poder aquisitivo, mas seria controlada, preservando a futura retomada da atividade econômica. É, aliás, uma solução política que vem sendo adotada em muitos países, inclusive aqui entre nós, no governo socialista. Quanto à moratória, por que não? A palavra não quer dizer nada em si. Tudo depende de como for feita. Em casos especiais, pode comprometer a dignidade do país. Mas há moratórias que funcionam muito bem, entre empresas sólidas. O que dizer, então, de um país? A moratória não é desonrosa. O Brasil é um dos países mais ricos do mundo em recursos naturais. Dispõe de um patrimônio humano já muito sofisticado. Ele pode evocar esses recursos humanos e naturais e não aceitar ser tratado, como vem sendo de fato, como se fosse um dos mais atrasados países africanos. O Brasil deve jogar uma carta que é muito honesta: veja quem eu sou. E a moratória pode ser até uma maneira de modificar a política monetária brasileira. A crise atual foi essencialmente financeira. Diz-se que agora os países apresentam mais riscos. Mas antes de qualquer risco, que pode ser calculado, há a incerteza. Assim como os agentes não são passivos diante das modificações dos preços, tampouco uma ação é passiva. O Brasil não é um ator passivo, muito menos um espaço vazio. Além dos meios correntes, como reescalonamento da dívida, ou a moratória parcial, o Brasil pode contar com a carta de que, a longo prazo, terá um futuro brilhante, apesar das contramarchas atuais.

Os países endividados correm o risco de ser governados por estruturas supranacionais?

Numa série de conferências que pronunciei em Oxford, procurei distinguir três situações de dominação. Primeiramente, a influência, ou seja, como um país tenta influenciar o comportamento de outra economia. Em segundo lugar, a dominância, na qual se cria uma situação que o outro não pode rechaçar. Enfim, a dominação total, que é um simples caso teórico. Tratando-se de uma economia com os recursos brasileiros, as possibilidades de negociação são consideráveis. Mas os que falam em nome do Brasil devem ser economistas independentes e devem ter interlocutores independentes.

O senhor defende a economia como a arma capaz de libertar as pessoas.

Insisto muito nisso. É bonito, não é? Libertar os homens e mulheres, individualmente, e também os povos que alguns grupos gostariam de escravizar. A libertação dos povos é a essência. Tudo o que acabo de dizer, que parece tão técnico, inspira-se nesta ideia. A economia do mero enriquecimento traduz um comportamento estritamente mercantil. Mas jamais, em toda a história dos homens, especialmente na época contemporânea, jamais os capitalistas puderam agir sozinhos. Eles sempre buscaram um apoio do poder público, que, por sua vez, não é capaz de obedecer estritamente às regras mercantis, a menos que renuncie a suas funções de guarda das riquezas confiadas ao governo e de promotor do desenvolvimento — ao contrário do que se diz correntemente nos círculos da teoria econômica. O recurso humano é a grande potencialidade.

E essa economia voltada para o homem está sendo observada?

Estamos numa época em que se impõe uma renovação profunda nas motivações e nas organizações do mundo inteiro. E se o Brasil passa por provas graves, é porque é grande e porque realizou um imenso esforço de desenvolvimento na ordem econômica. Não falo com o otimismo dos poetas. O que digo é uma convicção profunda. Mais de um escreveu sobre a oposição entre o homem de ciência e o poeta. Não esqueça que o poeta Paul Valéry teve paixão pela matemática e que o físico Alfred Kastler era um poeta.

Françoise Giroud — a insustentável condição feminina[*]

Quando fui entrevistar Françoise Giroud, uma primeira pergunta se impôs: por que uma ministra da Condição Feminina? Em seu gabinete luxuoso de móveis de estilo Luís XV e lambris de madeira, ela sorriu por trás da mesa coberta de papéis: "A vida da mulher é como Waterloo. Não basta ter estado lá para se ter ideia da dureza da batalha. Mas ajuda... E eu estive envolvida nessa luta, de todos os lados".

As batalhas enfrentadas por essa mulher elegante, bonita, com uma ternura na voz que vinha acompanhada do sorriso, começaram quando o pai, turco de origem judaica, morreu e chegou ao fim a vida abastada da família que morava na Suíça, onde Françoise nasceu em 1916. Ela viu a mãe ir vendendo os bibelôs, as pratarias, o piano, os móveis. Aos quinze anos, já em Paris, aprendeu datilografia e foi trabalhar numa livraria, onde leu muito. "Ainda bem que não era uma loja de vinhos", disse com um

[*] *Manchete*, 3 maio 1975.

sorriso. Depois, foi assistente de direção, e roteirista de cineastas como Jean Renoir. Durante a guerra, a atividade na Resistência lhe valeu uns meses de prisão. Chegou enfim ao jornalismo, indo dirigir uma nova revista que se apresentava como moderna e feminista: *Elle*. Foi quando conheceu o grande amor de sua vida, o jornalista Jean-Jacques Servan-Schreiber. Que aliás, no meio de nossa entrevista, lhe telefonou apenas "*pour dire un bonjour*". Em 1953, os dois fundaram a revista *L'Express*, que em poucos anos se tornou a mais lida da França.

Ao assumir a Presidência da República, Giscard d'Estaing anunciou a criação de um Ministério da Condição Feminina e a convidou para a nova pasta. Ela disse "não". Um mês depois Giscard renovou o convite, interessado nessa jornalista muito admirada pelos franceses, e que tinha um livro autobiográfico, *Si je mens*, que vendera 250 mil exemplares.

Naquele dia de abril de 1975, em sua sala da Rue de Varenne, numa ala do Hôtel Matignon onde oficiava o primeiro-ministro, Françoise Giroud nos cumprimentou com um dito de Colette. A alguém que lhe dissera: "Mas esta mulher é de ferro!", a escritora retrucara: "Nada disso. Esta mulher é mulher, simplesmente". E piscando o olho, me disse: "Tento ser apenas mulher". Passou as duas horas seguintes brincando com os clipes de papel e falando de feminismo, discriminação entre os sexos e seus planos como ministra.

A ONU proclamou 1975 como o Ano Internacional da Mulher. Acha certo dedicar um só ano aos problemas da metade da população da Terra?

Não acho que seja uma ideia muito boa. Analisando o que significam os anos organizados pelas Nações Unidas, chega-se à conclusão de que eles constituem uma boa ocasião para viajar (às vezes com despesas pagas), mas não vejo bons resultados. Bem, mas isto foi decidido em 1972, a França deu seu apoio e, portanto, vamos considerar esse ano como algo concreto. E utilizá-lo da melhor maneira possível. Pena é que o Ano Internacional da Mulher seja usado para mil coisas paralelas, servindo para anúncio de sutiã, iogurte... Lamentável. Não se escreve um só artigo na imprensa sem que seja citado o Ano Internacional da Mulher. É positivo na medida em que sensibiliza as pessoas para o problema da mulher. Mas não posso deixar de achar que um ano internacional é algo complicado, pois os problemas femininos são diferentes no mundo todo.

Mas não há problemas em comum?

Claro que há. A distância que permanece entre a situação da mulher e a do homem, por exemplo. Esta distância varia, mas existe em todos os países.

Costuma-se comparar a situação das mulheres à das minorias oprimidas. Isso faz sentido?

É difícil falar em termos de minoria, pois entre homens e mulheres há uma relação muito mais complexa do que entre classes oprimidas e opressoras. É uma relação individual entre o homem e a mulher, que não se coloca no nível clássico do explorado ou colonizado. Por isso a situação da mulher é mais complicada. A condição feminina, para mim, é bem mais do que a metade da condição humana. Cada mulher esteve, está ou estará intimamente envolvida em suas relações com pai, marido, amante, colega ou patrão. Cada mulher age sobre os homens de sua vida, que por sua vez agem sobre ela. Não se pode tomar a revolução feminina como uma revolta de escravos, por exemplo. Com a mulher está havendo uma mudança de civilização, mudança causada pela pílula, pela industrialização, pelo trabalho fora de casa etc.

O mais importante desses fenômenos foi a industrialização. Quanto ao trabalho, é um absurdo considerá-lo um problema novo. As mulheres sempre trabalharam. Mas trabalhavam em casa, como artesãs, com os filhos ao lado. A grande mudança é saber até onde os homens deixarão as mulheres trabalhar fora.

A crise econômica, que resultou no desemprego, serviria como agravante para essa marginalização?

Escute aqui, o desemprego é um fenômeno absolutamente novo na Europa. Não havia desemprego na França desde a Libertação, no final da Segunda Guerra. Pelo contrário, havia excesso de oferta de trabalho. Tanto que — não garanto a exatidão estatística — existem no mínimo 2 milhões de trabalhadores imigrantes na França, que vieram para suprir essa oferta. O que sempre existiu, e estamos tentando mudar, é a mulher constituindo mão de obra barata, é a mulher que não exige, aquela cujo salário é importante para o lar mas não é o salário de que vive a família.

A mulher de classes média e alta seria cúmplice dessa situação subalterna?

Não creio que isso seja um problema mais de classes média e alta. Direi mesmo que é o contrário. Antes de mais nada porque na classe operária, pelo menos na França, a mulher é personagem muito importante. Ela administra o dinheiro da família, cuida de tudo, mesmo que não seja ela a trabalhar fora. Enquanto isso, nos meios mais abastados, a mulher desocupada se sente inútil. E é exatamente nas classes mais favorecidas que, colocando em questão a sua existência, a mulher resolve enfrentar os riscos do mercado de trabalho.

Apesar do avanço dos movimentos feministas, recentemente mulheres do Texas se manifestaram contra a igualdade, alegando que isso seria a ruína dos Estados Unidos.

Os Estados Unidos são sempre o teatro das coisas extravagantes, aloucadas. Creio que o fenômeno é outro. Nos países desenvolvidos, o tempo necessário para formar uma família é reduzido. Em geral, a família comum — de três filhos — já está pronta quando a mãe tem trinta anos. E as crianças estão soltas e independentes quando a mãe tem menos de quarenta anos. Antigamente, essa idade era o fim da juventude e quase da vida. Hoje, há um imenso período de vida à frente de uma mulher de quarenta, com filhos criados. Há um momento em que essa mulher começa a ter vida pessoal, própria. A verdadeira mulher se cria nesse momento.

Mas essa disponibilidade não varia entre as classes sociais?

Repito que não creio que seja uma questão de classe, pois na classe operária a mulher sempre trabalhou. Há na França 8 milhões de mulheres que trabalham, ou seja, mais de uma em duas, entre os dezessete e os 65 anos. Desses 8 milhões, 82%, quando interrogadas, respondem que estão contentes em trabalhar. O que é significativo, quando se sabe quanto ganham e que tipo de trabalho fazem. E as condições que lhes são impostas são terríveis: problemas com filhos pequenos, falta de creches. Mas, de modo geral, elas não têm vontade de ficar em casa. Há outro fator que eu gostaria de assinalar. A industrialização e a urbanização destruíram completamente o *village*, a pequena comunidade. A empresa substituiu o *village*. Ou seja, a empresa hoje é o lugar de encontros, de trocas, de amizade, de fofocas, de solidariedade.

A senhora tem planos para impedir que os patrões dispensem as mulheres por causa da gravidez. Até que ponto essa medida contraria os que defendem a livre-iniciativa?

Não creio que contrarie. O verdadeiro problema é econômico. É evidente que num período de recessão a liberalização das condições de trabalho feminino parece coisa secundária. Por outro lado, as pessoas mais interessadas em resolver esse problema são os industriais. Eles têm necessidade de mão de obra feminina. Os empresários querem manter o máximo de lucros. Para isso, precisam de pessoal. No momento, as pessoas que mais sabem que o trabalho deve ser melhor e mais abundante são os donos das grandes empresas. Nas grandes empresas, as trabalhadoras são fundamentais. O que interessa aos patrões é o período de tempo em que elas precisam se ausentar. Quando eu estava no *L'Express*, me diziam: "As mulheres faltam muito". Um dia mandei fazer um cálculo das faltas dos homens e das mulheres. Pois o número era igual. Por motivos diferentes, é claro. Eles sofrem mais de anginas do que de gestações… Faltam não porque tiveram um filho, mas porque batem o carro e se machucam, o que é mais emocionante, é claro. Quando a mulher fica longe por catorze semanas por causa do parto, o empresário não faz drama, desde que esteja avisado. O que apavora qualquer empregador é a ausência irregular.

A senhora planeja diminuir o horário de trabalho feminino nas empresas, passando de oito para seis horas, quando as mães tiverem filhos pequenos. Essa iniciativa é bem-vista?

Se a situação econômica se degradar ainda mais, não será fácil. Mas poderia ser vitoriosa porque, no momento, os empresários têm muita necessidade da mão de obra feminina. Imagine se, hoje, 8 milhões de mulheres parassem de trabalhar.

Romain Gary diz que "não temos que colocar a mulher no lugar dos homens, o que temos é que dar uma chance à feminilidade, conciliando a mulher com o trabalho, criando uma cultura feminina".

Cultura feminina talvez seja um termo inadequado. O mais adequado é falar em valores femininos. As mulheres têm mais respeito à vida, pois sabem das dificuldades para criar uma vida. Elas não gostam de destruir. Em segundo lugar, as mulheres não são produtoras de sonhos, mas de coisas materiais. São os homens que sonham. Foi muito importante para a história do mundo que os homens tivessem sonhado, tivessem sido criativos. Mas, no mundo atual, acho que é melhor parar essa corrida de sonhos. Na medida em que as mulheres — e aqui faço as reservas necessárias contra as generalizações — vivem muito mais o momento presente, muito menos os projetos, elas são menos apegadas à conquista do impossível. Uma influência feminina maior nesse sentido será ótima. Acho que estamos caminhando para lá. Talvez não já, pois as mulheres não são tão poderosas para conseguir mudar valores de civilização de uma hora para outra. E será que, por exercerem um papel maior na sociedade, elas não serão contaminadas pelos valores masculinos? Não sei. Creio que o que Romain Gary diz é muito profundo. Mas as mulheres ainda avançam a passos lentos e pequenos. O que não impede que dentro de alguns séculos as coisas mudem.

O Ministério da Condição Feminina é um ponto de partida. Como vê o futuro dessa iniciativa pioneira?

Essa é realmente uma iniciativa pioneira, mas se o ministério foi criado é porque, de certa maneira, as mulheres provocaram a sua criação. Giscard d'Estaing logo sentiu isso e acreditou no ministério. Mas se sentiu é porque o germe da mudança já existia nas francesas. Não creio que as coisas caiam do céu. Este ministério surgiu porque um bom número de mulheres possibilitou sua criação. O importante é saber se continuará ou se haverá um período de calmaria, ou até, eventualmente, de regressão. Isso já aconteceu na história da emancipação feminina. Na hipótese de piorar a crise econômica, não sei o que se passará com as mulheres. Elas poderão já ter chegado ao ponto de enfrentar a crise, ou poderão voltar para suas antigas funções. É difícil avaliar. O que é importante num país como a França é pôr homens e mulheres lado a lado. Fazer com que os homens compreendam que a própria vida deles depende da emancipação feminina. E que participem desta evolução.

Os homens estão dispostos?

Relativamente. Na França, homens e mulheres se entendem bem, sem grandes antagonismos e sem as dominações que acontecem em outros países latinos, com tanta frequência. Como tudo isso vai progredir? Não sei. Garanto apenas que, em relação ao trabalho, os progressos são enormes. Não sou a autora desses avanços, apenas catalisei alguma coisa. Tenho certeza de que os jovens aceitam melhor essas mudanças. E tudo depende deles.

Depois da legalização do aborto, a próxima batalha será o problema da prostituição?

O problema da prostituição é grave, mas não temos medidas específicas para a sua solução. A única solução seja talvez o próprio trabalho feminino. Não me refiro às mulheres que escolhem deliberadamente a prostituição, mas às que caem nas mãos dos exploradores, por falta de condições de enfrentarem a vida de outra maneira. As soluções mais imediatas seriam campanhas de informação sobre os mitos da grande cidade e a criação de novas condições de trabalho. Entre as próximas medidas no nosso ministério estão a alteração da idade da admissão das mulheres no funcionalismo público, os problemas da viuvez, a Previdência Social para mães que não trabalham. Também estamos nos ocupando da educação infantil. Iniciamos a batalha para conseguir uma pensão para as mulheres que prefiram ficar em casa cuidando dos filhos até a escola maternal. Deve haver uma opção real: trabalhar e ganhar dinheiro, ou ficar em casa e ganhar dinheiro. O dever da sociedade é proteger as crianças, e se suas mães quiserem trabalhar fora, a sociedade tem que providenciar creches. Os horários das empresas deverão ser programados de acordo com os das escolas. Ao mesmo tempo, a jornada de trabalho deverá ser menor para as mulheres que têm filhos pequenos.

Nem fazendo toda essa revolução silenciosa em favor das mulheres a senhora não se considera feminista?

Não sou feminista porque não sou sexista, se você quer chamar de feminismo esse clima que existe nos Estados Unidos, de guerra ao homem declarada pelas mulheres. Eu gosto dos homens. Eu acredito no amor. O que as mulheres precisam é dizer aos homens: muito bem, até o momento vocês detiveram o poder. Agora é hora de dividi-lo conosco. Só isso.

Georges Simenon — os dedos amassados*

Georges Simenon foi uma máquina de escrever. Na juventude, esse fenômeno de vitalidade e criatividade chegou a produzir cinco livros por mês. Depois, a média estabilizou-se em seis por ano. O inspetor Maigret, lendário comissário da Polícia Judiciária de Paris, figurou em 82 romances, teve 52 adaptações para o cinema, outras tantas para televisão e foi interpretado por 22 atores. Mas Maigret era só uma parte. Em meio século de literatura, o prodígio Simenon publicou 330 títulos, 214 com o seu próprio nome e 116 com diversos pseudônimos. Quantos? Dezessete. Quando o entrevistei, em 1976, um relatório da Unesco informava que ele já vendera 200 milhões de exemplares. Traduções? Para mais de cinquenta línguas e dialetos. Direitos autorais? Na época, era em torno de 8 milhões de dólares.

Simenon nasceu em Liège, na Bélgica, em 1903. Aos dezesseis anos, era repórter policial. Aos dezoito, publicou o primeiro

* *Manchete*, 20 mar. 1976.

romance, *Au Pont des Arches*, com pseudônimo de Jorge Sim. Já em Paris, foi office-boy de uma associação de ex-combatentes, secretário de um marquês, e de noite dedicava-se a escrever para aprender o ofício e encher o estômago. Em 1931, nasceu o primeiro Maigret, *Pietr-le-Letton* [*O assassino sem rosto*]. No ano seguinte o inspetor robusto, amante de *blanquette de veau* e bons goles de calvados, foi parar no cinema. Simenon percorreu toda a Europa e a África do Norte fazendo reportagens para a grande imprensa e passou longas temporadas nos Estados Unidos, levando uma vida de luxo. Teve palacetes, colecionou carros, iates e obras de arte. Em 1973, ao completar setenta anos, enterrou de vez o que restava dessa vida extravagante. Empilhou os quadros valiosos num guarda-móveis, vendeu os cinco carros, acomodou a biblioteca num escritório do centro de Lausanne e se mudou para uma casa térrea à beira do lago.

Foi nessa casa cor-de-rosa, na Avenue des Figuiers, que Simenon recebeu a mim e ao fotógrafo Chico Nascimento. Ali morava com Teresa, sua terceira esposa, e o filho Pierre. Teresa, miúda, toda de preto, dividia sua vida havia catorze anos, mas a ele se dirigia, na frente de estranhos, com o cerimonioso *Monsieur*. Foi uma entrevista de muitas horas, com Simenon sentado na poltrona de couro ao lado da lareira. De vez em quando, Teresa servia um cafezinho, um vinho do Porto e biscoitos. Esvaziava o cinzeiro onde Simenon batia o cachimbo, um dos cinquenta de uma coleção que várias universidades tinham manifestado o desejo de herdar. Foi Teresa que, no final da entrevista, buscou o ex-libris que Simenon me ofereceu: um homem diante da árvore da vida; embaixo, a divisa *"Comprendre, et ne pas juger"* ("Compreender, e não julgar") — o lema do inspetor Maigret. Quando nos despedimos num fim de tarde de frio intenso, ele vestiu o casaco de pele e se dirigiu para o belo cedro-do-líbano que dominava o jardim. Pediu para ser fotografado ali, debaixo da árvore de 250 anos e tombada pela prefeitura. Dois anos depois, o cedro imponente presenciaria um momento trágico. Sob os galhos centenários, o escritor espalhou as cinzas de Marie-Jo, única filha mulher, que se suicidou. Georges Simenon morreu em 1989, aos 86 anos.

Há três anos o senhor desistiu de escrever romances e Georges Simenon tornou-se o seu último personagem. Como se deu a passagem da literatura às memórias?

Sou um instintivo, e não um intelectual. Por isso tomo decisões em poucos minutos. Há três anos, numa manhã, elaborei o plano de mais um romance e percebi que se tornava penoso e pesado criar personagens. Percebi também que não havia alcançado o que desejava, ou seja, encontrar o homem. O homem *tout court*, como ele é em todas as raças e países. Naquele momento, decidi parar de escrever romances e resolvi interrogar a mim mesmo. Comprei um gravador bem simples, pois não entendo nada de mecânica, e passei a ditar. Em meu primeiro livro ditado, *Un Homme comme un autre*, analisei o que eu tinha em comum com os outros homens. Estou no oitavo volume, três já editados e cinco no prelo.

Como romancista, o senhor costumava se esconder atrás de seus personagens?

Há uma certa verdade nesta pergunta. Como romancista, eu tentava encontrar o homem criando personagens que fossem tão verdadeiros quanto possível. Agora, me ponho a analisar meus sentimentos, paixões, minhas pequenas manias e emoções, o que há de comum entre mim e o que chamamos de *l'homme de la rue*.

Mas essas paixões e emoções já não estavam em seus romances?

Sim, mas eu não ia até o fim. Antes, eu precisava estar em harmonia com os meus personagens, enquanto agora posso escrever, ditar o que quero. Meu pequeno gravador está ali, dito o que me vem à cabeça. Ideias que havia apenas esboçado em meus romances, e que apenas um número restrito de leitores percebeu, agora as expresso mais longamente, com maior liberdade.

Para quem sempre criou personagens, é difícil falar de si mesmo?

Não é difícil, mas exige certa coragem, pois as ideias que expresso poderiam não agradar a meus leitores habituais. Ou seja, arrisco-me a fazer mais inimigos do que amigos. Surpreendentemente, meus leitores têm me escrito mais, todos satisfeitos porque estou enfim escrevendo o que penso. Mesmo com minhas dezenas de romances, nunca recebi tantas cartas como agora. E na maioria, cartas calorosas. Antes, eu era um escritor; agora sou um aposentado que escreve tudo o que lhe passa pela cabeça. E cada vez mais percebo que sou um homem como os outros.

Quem está acostumado a criar diante de uma folha em branco, na máquina de escrever, se sente à vontade diante de um gravador?

A primeira diferença entre os dois métodos é a preguiça. Não tenho mais a coragem de passar cinco horas por dia diante de uma máquina de escrever. Em segundo lugar, não tenho que seguir o fio do romance; dito quando quero e quando tenho algo a dizer. Falo das coisas mais banais, como minhas crises de bronquite. Trabalhando apenas hora e meia por dia, consigo ir longe. Acabo de reler as 190 páginas de meu penúltimo livro. Fico na minha poltrona, Teresa me passa o microfone e vigia a fita cassete. Dito e depois releio. Revejo rapidamente o manuscrito, mas não me preocupo com o estilo, a língua. Se dou a um personagem uma determinada personalidade, é preciso que ele aja e fale de acordo com ela. Ao passo que, ditando, escrevo em estado bruto, com toda a franqueza, e com certo cinismo.

Antes de se dedicar à literatura, o senhor foi jornalista. A profissão o ajudou a formar o romancista policial?

Comecei a fazer jornalismo aos dezesseis anos, em Liège, minha cidade natal, como repórter de polícia. Ia diariamente às delegacias, assistia ao trabalho rotineiro, via os cadáveres. Este foi o meu primeiro aprendizado de jornalismo: perceber como vive uma franja da sociedade. Mas depois fui promovido. Fazia entrevistas. Como todo jornalista, pude conhecer, aos dezoito, dezenove anos, pessoas que de outra forma jamais teria encontrado. Entrevistei o marechal Foch, Raymond Poincaré, o imperador Hailé Selassié, Winston Churchill. O jornalismo é uma porta aberta para o mundo. Em poucos anos, um jornalista acumula experiências que outros levam anos para adquirir, e nem sempre conseguem. Por isso, sempre me senti muito feliz de ter começado pelo jornalismo, a exemplo de alguns companheiros de literatura, como Hemingway, Dos Passos, Faulkner e Steinbeck.

Que recordações boas lhe ficaram desses anos de jornalismo?

A melhor, a que mais me marcou depois de ter feito duas vezes a volta ao mundo, graças ao jornalismo, foi descobrir que o verdadeiro homem é o mesmo em qualquer lugar. Os costumes e as religiões podem mudar, mas as aspirações e as paixões são as mesmas. Viajei muito na época da França colonial, e sempre me indignei ao ver a barreira que os colonizadores impunham entre si e os nativos. Quando penso que os negros que conheci nus, nas tribos, frequentam agora as grandes universidades, e são tão inteligentes quanto seus antigos colonizadores! Mais que isso, quando vemos que médicos europeus ilustres vão para a África visitar as tribos mais atrasadas e estudar a medicina dos feiticeiros, pois percebem que estes às vezes são mais avançados! Esta é a grande lição que o jornalismo me deu.

Por que o senhor o abandonou?

Sempre quis ser romancista, mas antes desejei conhecer o mundo, saber como eram os homens nos diferentes continentes. Escrevi meu primeiro romance, *Au Pont des Arches,* aos dezoito anos. É um livro sem nenhum valor, a não ser o de mera curiosidade para os colecionadores. Mas não pensava em romances policiais. Aprendi literatura com o jornalismo, escrevendo romances populares, que era o meu meio de sobrevivência. Em Paris, conheci a fome e, com frequência, passava três dias apenas com um camembert e um pedaço de pão. Um dia, achei que poderia escrever romances semiliterários e fiz o primeiro Maigret. Depois de dezoito Maigret, abandonei-os e passei a escrever o que chamo de romances *duros.* Mantive minha palavra por cinco anos, mas recebi tantas cartas de leitores me acusando de não querer continuar a série Maigret, que eu teria ficado esnobe demais, que voltei ao personagem. Nessa época, eu escrevia em média seis romances por ano, e resolvi que um ou dois seriam sobre Maigret, o que para mim era uma forma de relaxar mentalmente.

O que o senhor gostava de ler? Muitos policiais?

Quando criança e adolescente, vivi numa pensão de família onde praticamente só havia estudantes russos. Conheci a literatura russa antes mesmo da francesa. Li Gógol, Tchékhov, Púchkin e Dostoiévski antes de Flaubert e Balzac. Depois, me apaixonei por Dickens e Conrad. Enfim, mergulhei em Balzac e nos escritores franceses do século XIX. Mas antes, como bom colegial, li todos os clássicos. Quanto aos policiais, li pouquíssimos. Claro que, como toda a minha geração, li alguns Sherlock Holmes. Acontece que, para mim, o romance policial era bem mais fácil de escrever.

Por bons motivos: você tem apenas dois suportes — o cadáver e o detetive. Num romance normal, se o terceiro capítulo é fraco e não mantém a vitalidade, o leitor o abandona. Um policial, o leitor lê até o fim, para desvendar o enigma, o mistério. Por isso comecei pelos policiais. Para mim, são mais fáceis. Mas sempre escrevi romances policiais como qualquer outro romance, ou seja, criando um detetive que não fosse uma abstração mas um homem de verdade, com manias e defeitos. Além disso, sempre explorei casos normais, dramas familiares e íntimos, e jamais crimes escabrosos. Depois, quando não precisei mais dos suportes cadáver e detetive, escrevi outros romances.

O senhor chegou a escrever cinco livros por mês. Esta produção gigantesca não corria o risco da fabricação em série?

No mundo inteiro houve muitas críticas a meus romances, mas jamais me acusaram de me repetir. Ao contrário, os críticos se surpreendem com a minha versatilidade. Houve também um grande número de teses universitárias sobre minha obra, e nenhuma me acusou de produção em série. E olhe que as teses são feitas por pessoas que me leem de lupa, que não deixam passar nada! Aliás, dos meus 214 romances, apenas 82 são sobre Maigret. Eles não foram escritos em série, mas quando eu não sentia a força de escrever um romance *duro*.

Antes de se tornar Georges Simenon, o senhor utilizou dezessete pseudônimos. Era uma forma de conquistar novos públicos?

Escrevi sob pseudônimo romances populares, que não pretendiam ser melhores do que os outros. Para mim, tratava-se apenas de uma escola e de um ganha-pão. Como eu produzia até cinco romances por mês, era obrigado a escolher pseudônimos, pois o mesmo editor não podia editar cinco títulos de um mesmo escritor por mês. Sempre trabalhei muito. Olhe meus dedos, estão amassados de tanto bater à máquina.

De acordo com a Unesco, o senhor já vendeu 200 milhões de exemplares. Que efeito lhe causa esse recorde de vendas?
No início, era angustiante. Recebia cartas de leitores que se diziam culpados por terem as mesmas ideias que eu, mas que graças a mim não se culpavam mais. Outros se identificavam com um determinado personagem, tinham medo de acabar mal, e me pediam conselhos. Passei então a responder a todas as cartas de leitores, o que faço até hoje, apesar do tempo que isso me exige.

A que atribui a popularidade do romance policial?
Sempre houve na história da literatura diversos gêneros policiais. Por exemplo, não há qualquer relação entre Conan Doyle e os romances policiais americanos. Para Doyle, é como um jogo de xadrez. O escritor coloca o leitor diante de um enigma e cabe a ele adivinhar, tanto quanto o inspetor, quem é o criminoso. Esse gênero prolongou-se até Agatha Christie. Depois, houve o romance policial americano, mais brutal e naturalista, que descrevia um assalto com todos os detalhes, muita briga e muito sangue. Quando me iniciei em literatura, usando pseudônimo, estava em voga o romance muito sentimental e dramático, o *Il faut faire pleurer Margot*, como se dizia: o escritor devia fazer o leitor chorar. A ele, seguiu-se o romance de espionagem no final da guerra. Agora predomina a ficção científica.

A literatura policial nasceu de certa admiração pelo trabalho da polícia. Hoje, ao contrário, a sociedade quer distância das forças policiais. Isso atrapalha o romancista?
É verdade que o policial é, hoje, um personagem ridículo. As *séries noires* tendem a desaparecer. O verdadeiro romance poli-

cial, que começa por um enigma que o leitor tem de resolver, acabou há muito tempo. Agora que a ciência e a futurologia se tornaram populares, devem-se escrever romances que se passem em Marte e Vênus. E que tenham astronautas. O policial tornou-se um personagem quase grotesco.

A literatura policial tende a julgar as pessoas, a distinguir o bem do mal, a punir o criminoso. Qual a sua opinião sobre a polícia e a Justiça?

Não acredito na Justiça. Não acredito nos códigos, nem no Código Civil. Eles não correspondem à moral atual. Não falo da moral oficial, mas da prática. Vivemos uma época em que a moral cambaleia, tal como ocorreu no Renascimento, nos séculos XVIII e XIX. E é evidente que na nova ordem moral os papéis da polícia e da Justiça serão outros. Nesse sentido me vejo como um anarquista, embora não aprove bombas nem atos extremistas. Quem sente esta ternura que sinto pela criatura humana é necessariamente anarquista. Acabou a velha moral do século passado, quando o rei Luís Filipe dizia "Enriquecei-vos". Hoje, quando a sociedade se preocupa com a felicidade dos indivíduos, a polícia não pode mais usar a força e a Justiça tem que ser revista.

É o que dizia o inspetor Maigret...

Exatamente. É por isso que Maigret jamais concordava com o delegado, o qual se guiava por textos absolutamente racionais mas não tinha nenhuma experiência de vida. Maigret era um intuitivo, por isso se sentia tão pouco à vontade numa sala de tribunal. Fala-se ali uma linguagem tão diferente da do dia a dia que o pobre réu não entende nada. Até a missa em latim foi suprimida, mas nos tribunais continua a vigorar uma espécie de latim que ninguém compreende. Conheci na minha vida muitos inspetores, delegados e juízes. Sempre se travou entre eles uma espécie de ba-

212

talha, porque às vezes o inspetor tinha nascido na mesma rua do assassino e conhecia melhor o criminoso do que o juiz de instrução. Este, saído de uma faculdade, se apoiava apenas em textos e leis que aplicava friamente, ficando de consciência tranquila. Maigret jamais teve a consciência tranquila.

E até que ponto Maigret se assemelha a Simenon?
Isso eu não sei. Quando escrevi os primeiros Maigret, não sabia que viriam outros. O inspetor era um personagem episódico. Depois, delineou-se sua silhueta: gordo, alto, pesado, impondo-se pela placidez. Nem no físico nem na moral essa descrição se assemelha a mim. Mas que eu tenha lhe dado certas ideias e certas manias pessoais, é possível. Uma coisa é certa — o nosso lema é o mesmo: "Compreender, e não julgar".

Depois de ter vivido em vários países, por que escolheu a Suíça para morar?
Primeiro, porque é o país mais calmo do mundo, e eu gosto de calma. Segundo, é um país de liberdade total. Há vinte anos moro na Suíça e jamais alguém me perguntou minha religião, minha filosofia ou minhas crenças políticas. O suíço o deixa completamente tranquilo. Quando alguém bate à minha porta sem encontro marcado, sei que é um estrangeiro.

Como é a sua vida?
Há muito tempo não sinto prazer nas distrações artificiais como cinema, boates e recepções. Tudo me parece cansativo e monótono. Mesmo os jantares com amigos não me tentam mais. Quando digo isso, as pessoas se espantam e acreditam que me aposentei da vida. Como explicar que é exatamente o contrário, que jamais vivi tão intensamente como agora? Percorri os continentes, passei noites dançando e fazendo amor com mulheres que

não conhecia, não porque fosse um fenômeno na matéria, mas porque achava que só se conhecia uma mulher depois ir para a cama com ela. Tive o que se chama de vida movimentada. De tudo isso, restou-me a faculdade de fruir intensamente de minha vida atual. Hoje, meu grande prazer é caminhar com Teresa pelas ruas de Lausanne. Raramente recebo um amigo durante mais de uma hora, e é um de cada vez. As exceções são meus amigos médicos. Assisto aos jornais de televisão e leio muito. Jornais e revistas de dois ou três países. Livros, de preferência os de medicina, que são a minha grande paixão, mas nenhum romance. Quando era mais moço inventei um método para decorar os nomes das doenças.

O senhor escreveu que ser homem é uma profissão muito difícil, mas que o ofício de pai é mais difícil ainda. Foi duro educar seus filhos?

Tenho quatro filhos, todos crescidos. E altos. São, no mínimo, dez centímetros mais altos do que eu. Johnny, com 37 anos, estudou economia em Harvard. Marc, com 27, está casado, quis se lançar no cinema. Marie-Jo tem 23, mora em Paris e escreve. Pierre, de dezessete, o caçula, mora comigo nesta casa. Meus filhos me ensinaram muito. Procurei educá-los dando-lhes total liberdade, sem intervir para corrigir qualquer tendência perigosa para eles. A diferença de idade entre eles me permitiu ficar em contato com as sucessivas juventudes. Vi a evolução entre o de 37 e o de dezessete. Lembro que, aos dezessete anos, tinha exatamente as mesmas ideias de meu filho Pierre. Mas não tinha o direito de expressá-las. Ele diz o que quer, se veste como tem vontade, entra e sai quando quer, com os amigos que escolhe.

Um de seus primeiros livros autobiográficos é Lettre à ma mère *(Carta para minha mãe). O relacionamento com sua mãe foi difícil?*

Durante toda a minha vida, desde a juventude, minha mãe e

eu não nos entendemos. Ela sempre preferiu meu irmão mais moço. Há cinco anos, estava com 92 anos, e eu passei oito dias à sua cabeceira, enquanto ela morria suavemente, sem dor. Quase não nos falamos, mas procurei entender por que nunca houve entre nós um contato tão íntimo como o que existiu entre ela e o meu irmão, por que nunca houve afeto. Três anos mais tarde, pensei novamente naqueles oito dias e ditei *Lettre à ma mère*, no qual tento entendê-la.

Primeiro leitor de muitos dos seus manuscritos, André Gide o considerava o maior escritor francês contemporâneo. Quais as lembranças dessa amizade?

Gide quis me conhecer depois que eu já havia escrito uma quantidade de romances. Encontramo-nos e, nessa primeira vez, conversamos longamente. Revimo-nos muitas vezes e mantivemos longa correspondência. Ele lia todos os meus livros, e lia-os inclusive em voz alta, para os amigos, à noite. Acho que essa admiração nasceu porque Gide era o oposto de mim. Ele era antes de tudo um estilista, um moralista, ou um imoralista, o que dá no mesmo, pois os contrários se tocam. Gide daria toda sua obra para ter escrito um verdadeiro romance. Seu sonho era ser romancista. Não conseguiu. Nem mesmo *Les Caves du Vatican* (*Os subterrâneos do Vaticano*) é propriamente um romance. Gide era incapaz de criar personagens, porque era muito ele mesmo, vivia no interior de si, e não no exterior. Tenho imensa admiração por ele.

Mas concorda com o que ele disse a seu respeito?

De jeito nenhum, embora não me preocupe muito com isso. Um romancista, tanto quanto um pintor ou escultor, jamais saberá o que vale. Só depois de morto é que se saberá. O verdadeiro lugar de um artista só é fixado, no mínimo, uma geração depois de sua morte. Pense em Anatole France. Quando eu era jornalista, tive a ocasião de entrevistá-lo. Quando falo dele a meu filho Pierre, ele nem sabe direito o nome desse homem que foi um grande escritor e conheceu a celebridade em vida. Depois da morte de cada escritor, há por parte do editor uma exploração que, em geral, dura uns três anos. Vem em seguida o purgatório, que dura de quinze a vinte anos. Depois, ou o escritor renasce ou continua num purgatório contínuo, anônimo. Quem hoje lê Eugène Sue? Quando ele e Balzac eram vivos, se fossem convidados a um jantar, Sue ficava à direita da dona da casa, e Balzac à esquerda, ou num dos últimos lugares. O mesmo aconteceu com outros escritores. Um romancista não deve se orgulhar do que sua geração diz dele. O que vale são as críticas que virão depois de sua morte.

Anteontem, dia 13 de fevereiro, o senhor comemorou 73 anos. Chegou a hora dos balanços?

Um balanço, como diria um contador? Não sei. Francamente não sei. A única coisa que me dá prazer, nessas horas, é empregar uma frase de Maigret. Ele queria ser um remendão de destinos. A mim aconteceu remendar destinos. Isso vai para o ativo. Para o passivo, não sei. São as gerações futuras, e não eu, que devem dizê-lo. Durante mais de cinquenta anos escrevi romances, centenas de romances, febrilmente. E no entanto, hoje eles me parecem tão distantes. Não tenho nenhum exemplar em casa. Estão todos empilhados no apartamento perto daqui. Não penso mais neles. Fiz muitas outras coisas. Naveguei, montei a cavalo, fiz muito amor, esperando um dia uma verdadeira relação amorosa. Não consegui. Foi preciso esperar o que se chama velhice. A vida é um todo. Tudo serve, tanto o bem como o mal que praticamos. Tudo acaba se equilibrando e formando o que chamamos "um velho". O que conta para mim, hoje, é ter atingido a serenidade. Não gosto da palavra felicidade, porque é muito grave. Serenidade é o termo exato.

Jorge Semprún — os combates de um romancista[*]

Jorge Semprún tinha treze anos quando estourou a Guerra Civil Espanhola, em 1936. Seu pai, embaixador da efêmera república, exilou-se com a família na França. Desde cedo comprometido com ideias de esquerda, Semprún militou na Resistência francesa, foi preso pelos alemães e deportado para o campo de Büchenwald. No final da guerra, entrou para o Partido Comunista Espanhol (PCE), passando à clandestinidade sob o nome de Federico Sánchez. Em 1964, quando defendia o eurocomunismo, foi expulso do PCE. Reassumiu sua identidade e publicou *A grande viagem*, sobre Büchenwald. Seguiram-se romances autobiográficos, como *A segunda morte de Ramon Mercader*; *Autobiografia de Federico Sánchez*, e *Que belo domingo*. Foi também roteirista de filmes políticos, como *A guerra acabou* e *Stavisky*, de Alain Resnais; *Z* e *A confissão*, de Costa-Gavras.

Em agosto de 1982, Semprún acabara de publicar o romance

[*] *IstoÉ*, 25 ago. 1982.

A *algaravia*, em que fez experiências de linguagem, alternando o francês e o espanhol, recorrendo às gírias de cada idioma e mudando de estilo ao sabor das sintaxes. Ele morava num apartamento do Boulevard Saint-Germain, a dois passos dos famosos Café de Flore e Les Deux Magots. Raramente os frequentava, evitando, como dizia, o parisianismo ao qual não poupava saborosas críticas. Preparava-se para sua primeira viagem ao Brasil, onde seu grande amigo Yves Montand, que estava havia treze anos longe dos palcos, iniciaria uma turnê mundial com um show no Maracanãzinho. Ali Semprún começaria a escrever a biografia de Montand: *La Vie continue*.

Cinco anos depois desta entrevista, eu já afastada do jornalismo e Semprún em novo endereço, voltei à sua casa com um convite para participar de um evento literário que reuniria, no Brasil, escritores franceses. Estávamos na sala quando tocou o telefone. Ele foi atender, retornou com a expressão fechada e retomamos a conversa. À despedida, disse-me que acabava de saber que Primo Levi morrera. Um e outro tinham conhecido os campos de concentração na Alemanha nazista. Mais alguns dias e Jorge Semprún me comunicaria que não podia aceitar a ida ao Brasil, como "escritor francês", porque ia assumir o Ministério da Cultura do governo do socialista Felipe González. Jorge Semprún morreu em 2011, sendo seu corpo enterrado com a bandeira republicana espanhola.

O que o fascina em Yves Montand?

Custo a entender emocionalmente o funcionamento de um ator e cantor dessa categoria. Para mim, é uma impressão de loucura essa mistura de violência, fragilidade, orgulho, angústia, megalomania. Eu quero escrever um livro para Montand e, quem sabe, em seu lugar. E acho que encontrarei a distância necessária para evitar a indecência dos segredos e a frieza da pura biografia.

Biógrafo e biografado são, ambos, estrangeiros na França e militaram na política.

Montand é um imigrante que cedo virou francês, enquanto eu sou e continuarei a ser um espanhol que talvez um dia volte para a Espanha e mergulhe novamente na política. Montand jamais foi militante como eu. Foi um companheiro de viagem do Partido Comunista. Sua própria profissão de ator o preservou muito do choque do stalinismo que eu sofri. Mas existem uma semelhança e alguns acasos. Dois acasos. Quando escrevi o roteiro de *A guerra acabou*, servi-me do personagem de Diego para prestar contas a mim mesmo sobre minhas brigas políticas com o Partido Comunista de Espanha. Montand foi o ator que me possibilitou ir até o final dessa tomada de consciência. Isso cria laços muito fortes e estranhos. *A guerra acabou* foi uma cura psicanalítica, uma libertação para superar o traumatismo da minha exclusão do partido. Mais tarde, em 1968, depois da Primavera de Praga, eu escrevi o roteiro de *A confissão*, e novamente por acaso o diretor Costa-Gavras escolheu Montand para interpretá-lo. Estranhamente, eu o reencontrava em momentos-chave de minha vida, época de intenso questionamento político.

A crítica francesa vislumbrou no romance A algaravia *uma guinada na sua criação literária.*

Chego a um momento em que posso falar de política de outra forma, com menos paixão, mais distância. Portanto, com humor. *Algaravia* marca o fim dos meus livros autobiográficos. Ainda que contivessem uma forma romanesca, uma mistura de realidade e ficção, em *A grande viagem* e *Que belo domingo*, para não falar de *Autobiografia de Federico Sanchez*, o personagem era sempre eu. Já em *Algaravia* a semelhança corresponde a um jogo que qualquer escritor pode fazer. Isso não quer dizer que não voltarei a falar de política ou a utilizar a minha experiência pessoal. Só que o jogo, a trama, passarão muito mais pela terceira pessoa do que pela primeira. Creio que foi Kafka que disse que a literatura começa quando se passa do "eu" para "ele". Quem sabe somente agora é que começo a fazer literatura…

Os personagens do livro A algaravia *são muito cultos, escrevem em latim. Alguns são intelectuais franceses conhecidos, só que com os nomes deformados. Como o senhor vê a intelligentsia francesa?*

Eu me choco com essa mania francesa de pensar que o centro do mundo é aqui. Ao contrário da Espanha, aqui se traduz muito pouco. É possível conceber que a França jamais tenha traduzido toda a obra de Max Weber? Eu morri de rir quando traduziram o primeiro livro de Karl Popper. Achavam que era uma grande novidade, quando na Espanha ele já estava traduzido desde 1953. Os franceses leem muito, é claro, e difundem no mundo inteiro ideias que nem sempre são suas. Roland Barthes era um intelectual de mão cheia, mas sem Theodor Adorno ele seria muito menos importante. Não digo que Barthes o copiou, mas caiu no fenômeno da simbiose e do parasitismo que são típicos da cultura francesa e, em particular, do parisianismo. E há também esse fenômeno histórico de imperialismo cultural. Nos séculos XVIII e XIX, quem quisesse pensar corretamente convinha copiar Voltaire e Diderot, e quem quisesse escrever bem tinha de copiar Flaubert. Os franceses ainda não se acostumaram a ver que culturalmente tudo isso mudou.

Um tema constante em sua obra é a perda e a busca de identidade.

A questão da identidade se colocou cedo para mim. Ainda muito jovem conheci o exílio na França e tive de me iniciar no aprendizado de uma língua e uma cultura diferentes. O exílio se desdobrou em outro com a deportação para a Alemanha. No campo de Büchenwald não se falava francês, mas um alemão esquisito, algo como um dialeto de circunstância que expressava o comando e a obediência. Ajustar-me a esse dialeto foi mais um exílio. Depois, houve os anos de clandestinidade. A tudo isso juntou-se a cultura política comunista, da qual a amnésia é um componente fundamental. Estamos sempre reescrevendo, modificando a história em função das necessidades do momento, de personagens que caem em desgraça. Quando se abandona tudo isso, sente-se a necessidade de reencontrar sua identidade, sua verdadeira vida.

O senhor já fez muitos roteiros de filmes políticos, mas nenhum baseado em seus romances. É difícil para o romancista adaptar a própria obra para o cinema?

Sinto que existe uma fronteira, uma dicotomia entre o romancista e o roteirista. Não escrevo um romance pensando no cinema. E como roteirista não sou do gênero de se achar traído pelo diretor. O cinema é uma arte coletiva, com imperativos mercantis. Jean-Luc Godard tem razão ao dizer que o *travelling* é uma questão de moral e que o diretor é o verdadeiro dono do filme, pois é ele quem lhe dá o estilo, a personalidade. O roteirista aceita uma aventura que lhe pode escapar. Mas como romancista, tiro minha revanche. Escrevo sozinho, sem produtor nem empréstimos bancários, e ninguém pode tocar no meu livro. Por outro lado, tenho quatro ou cinco roteiros prontos que jamais consegui vender a ninguém. Tampouco pensei em transformá-los em romances.

A verdadeira literatura seria refratária ao cinema?

Acredito sinceramente que sim. Pode-se tentar, mas sempre haverá uma perda. Li um roteiro que Joseph Losey mandou fazer de *À procura do tempo perdido*. Quem nunca leu Proust acharia o roteiro bem construído. Mas quem leu acharia insultante resumir em duas horas e meia um livro como aquele. Como transmitir para o cinema a riqueza interior de um romance, seus fantasmas e sonhos? Eu já sou bastante velho para correr o risco de ter uma cultura apenas audiovisual, embora me apaixone por essa cultura de extrema facilidade e deformação. Mas para mim nada substitui a literatura, e penso que os grandes romances são inadaptáveis para o cinema. Resta saber por quanto tempo ainda será possível a criação desses monumentos literários refratários ao cinema. Não escrevo um romance para que ele se transforme em filme ou seriado. A ideia de best-seller tampouco me preocupa. No meu canto, escrevo livros mais ou menos longos, mais ou menos difíceis, mais ou menos bem-sucedidos. Mantenho minha criação inteiramente protegida. Posso também afirmar que jamais um programa de televisão me fez mudar de opinião sobre o livro que li ou desejo ler.

Falando em Proust, em pelo menos dois romances o senhor cria personagens que não conseguem ir além do primeiro volume de À procura do tempo perdido. *O senhor leu todo Proust?*

Os personagens que dizem isso exprimem uma verdade que parcialmente me diz respeito. Eu ainda estou lendo, mas lentamente... É uma leitura longa, contrariada, que me dá tanto trabalho! Mas já cheguei ao fim de *Sodoma e Gomorra*... Se você considerar minha idade e meu ritmo de leitura, francamente... Estou brincando. Proust me suscita sentimentos contraditórios. Reajo contra a mania, muito francesa, de falar de Proust como a referência absoluta. Tenho minhas dúvidas se as pessoas leram mesmo. Cada vez que interrogo um leitor de Proust sobre coisas que li, descubro que ele é incapaz de relembrar aquele episódio a que me refiro. Você já deve ter observado o fenômeno: os franceses sempre dizem "neste verão, reli Proust". Nunca se encontra alguém que diga simplesmente: "Li Proust". Todos já o leram uma vez na vida, em sonho sem dúvida, e agora releem. Um dia será preciso escrever um romance sobre um cidadão que passou toda sua vida lendo Proust.

O senhor só se tornou um escritor de renome ao deixar o partido. Foi um cálculo consciente trocar a política pela literatura?

Não fiz esse cálculo premeditado. Escrevi meu primeiro livro, *A grande viagem*, entre 1960 e 1961, quando ainda estava no partido e vivia num apartamento clandestino em Madri. O camarada que alugava o apartamento era um ex-deportado e todas as noites me contava, sem saber que eu também fora deportado, a vida nos campos de concentração. Ele contava muito mal e descobri — o que foi uma terrível descoberta — que até a palavra era um privilégio de classe. No seu caso a palavra estava terrivelmente mutilada. Decidi então relatar à minha maneira uma viagem para o campo de concentração. O partido aprovou o projeto, mas [o secretário-geral] Santiago Carrillo, como todos os chefes, preferiu pôr na intendência ou no estado-maior — e não à frente de uma divisão blindada — os generais de quem desconfiava. Fui enviado a Paris, relegado a um estado-maior de exílio. Reencontrei meu verdadeiro nome e publiquei o livro, em 1963. Poderia continuar escrevendo como membro do partido. Carrillo estava de acordo, contanto que eu capitulasse, fizesse uma autocrítica e deixasse de criticar o partido. Não quis me pôr na posição do intelectual que tem mais direitos do que os outros só porque respeita a linha do partido.

O que representou sua experiência de militante?

O Partido Comunista é como muitas coisas difíceis da vida: quando conseguimos nos livrar, a experiência parece fascinante.

Evidentemente, há os que passam pelo PC como passam pela vida, alheios a ela como a uma mala que se carrega até uma estação de trem. Mas eu me refiro, se não aos intelectuais, pelo menos aos que fizeram um investimento intelectual na ideologia comunista. Estes podem morrer ou ficar alquebrados para sempre. Podem também ser atacados de amnésia — é o caso mais frequente — e achar que o stalinismo só começou no dia em que eles se puseram a criticá-lo. Eu não era amnésico nem cínico.

Passados quase vinte anos de sua exclusão do partido, o trauma foi superado?

Na vida cotidiana eu posso falar com total distância e serenidade da experiência comunista e dos camaradas de quem gosto até hoje, embora eles não me cumprimentem. Vou lhe dizer uma coisa que percebi há muito pouco tempo. Eu sonho pouco, ou melhor, censuro meus sonhos no processo de despertar. Mas não consigo censurar os sonhos políticos, cada vez menos frequentes, é verdade, embora tão nítidos como os pesadelos. Não costumo ter sonhos eróticos ou infantis. Não. Sonho que encontrei um camarada do partido, discutimos e, de repente, eu me sinto submetido à crítica, ao ódio, ao desprezo dos que diziam que eu era um revisionista e um traidor. Ou então a discussão termina com um camarada dizendo: você tem razão, é você quem tem razão.

Em Autobiografia de Federico Sánchez *está clara a sua discordância com a cúpula do PCE, mas uma coisa é brigar contra a linha do partido, outra é brigar contra os próprios ideais de uma revolução em que se acredita.*

Esta é uma grande questão. A gente começa a questionar o partido por motivos individuais, sem pôr em dúvida a revolução. Foi o que aconteceu comigo. A partir do momento em que fui excluído, eu poderia esquecer as brigas com o partido e ser um ficcionista que acreditava na revolução. Mas eu era um intelectual e precisei, mesmo excluído, compreender as razões de tudo aquilo. E aí o lado circunstancial — os erros do PCE — passou a segundo plano, em favor da análise da própria revolução comunista. Ela é possível quando existe a submissão à hegemonia do PC soviético? Algum partido comunista pode ser elemento de libertação intelectual? Talvez se tenha chegado ao fim das ideologias. Penso em ideologia como uma filosofia política global, ou como uma religião alienante, sendo este o outro traço do seu caráter.

"Se fosse para recomeçar, eu refaria o mesmo caminho" — esta frase banal, dita entre outros pelo poeta comunista Louis Aragon, referindo-se à militância no partido, costuma lhe atormentar o espírito?

Eu penso muito nisso. Tem dias que respondo não, e outros, sim. Quando penso nos objetivos que nos propúnhamos e no tempo perdido, digo que não. Não acabamos com o regime de Franco, não estabelecemos uma sociedade justa nos países que governamos e, ao contrário, criamos uma sociedade de opressão de tipo novo. Nenhum dos postulados que levam um jovem de dezoito anos a ser comunista foi cumprido. Eu poderia ter me tornado professor de sânscrito ou qualquer outra coisa. Mas, alguns segundos ou meses depois, eu reflito que, sendo filho de uma família burguesa que sofreu com a Guerra Civil Espanhola, se eu tivesse preferido ensinar sânscrito em vez de ir a fundo no engajamento, não teria conhecido a fraternidade, a clandestinidade e tudo o que ela comporta, a luta para restabelecer uma verdade contra as próprias verdades que julgamos ter. Eu não saberia nada de essencial sobre mim mesmo.

Que tipo de engajamento está ao alcance da juventude atual?

Fico chocado quando converso com os jovens, e mesmo com

os que tinham vinte anos em 1968. Muitos se tornaram *gauchistes*, outros tiveram de recorrer à psicanálise, alguns se suicidaram. Mas todos olham o mundo como espectadores. Não tenho coragem de criticá-los. Engajar-se em quê? Lutar para quê? Claro que há sempre meia dúzia de oportunidades por ano para demonstrar nossa vontade de impor justiça ao mundo; sempre podemos assinar petições ou desfilar com cartazes políticos diante de uma embaixada. Mas voltamos para casa e tudo acaba, pois por definição essas ações não têm perspectiva estratégica.

De onde vem seu interesse pelo futebol?

Na época de Franco dizia-se que o povo estava futebolizado e despolitizado. Eu, ao contrário, me futebolizei por motivos políticos. Vivia clandestinamente em Madri e percebi que, se não entendesse de futebol para conversar com desconhecidos no bar, seria considerado suspeito. Ignorar quem era Di Stéfano, estrela do Real Madrid, era pôr em risco a minha clandestinidade e, por conseguinte, o próprio aparelho do Partido Comunista. Foi assim que me tornei um apaixonado pelo futebol. Não sou um fanático do estádio, não me atrai a comunhão religiosa da missa do futebol. Entretanto, creio que a única coisa que me rouba tempo de leitura — e digo isso com prazer, embora choque os intelectuais franceses — é um bom jogo pela TV. O que desejo é ver belas imagens. A propósito, se você conhecer os câmeras da TV brasileira que cobriram um jogo do Brasil contra a Alemanha, antes da Copa, não os felicite. A transmissão arrepiou o mais elementar bom senso. As câmeras pegavam as bandeiras do estádio tremulando, mas não víamos os jogadores. Ali, francamente, teria sido necessário enviar ao Brasil uma equipe de ingleses para filmar o jogo.

O senhor ficou triste com a derrota da Espanha na Copa do Mundo deste ano?

A Copa me fez pensar nos perigos da politização do futebol. É só porque a Espanha é hoje uma democracia, com todos os seus defeitos, que a péssima atuação da seleção não provocou um drama nacional. Com Franco teria sido diferente, mas agora o povo aceitou a eliminação de sua criticada seleção sem cair em clima de luto nacional. Acrescentaria um detalhe curioso: o futebol na Espanha ainda é dominado pelo aparelho franquista, e o fato de a Copa ter sido tão mal organizada significou uma enorme perda de prestígio para o que ainda resta dos nostálgicos de Franco.

Como vai a democracia espanhola?

Não estou desencantado. A transição teve de ser feita sem uma ruptura democrática por causa do peso que a Guerra Civil ainda exercia em diversas camadas da população. Não houve tampouco uma pressão política popular significativa. O essencial da redemocratização veio do próprio sistema. Nessas condições, era ilusório esperar muito mais. Mas a transição não acabou. Ela deve permitir aos sociólogos e teóricos marxistas — se é que eles ainda existem na Espanha — a constatação de que a relação entre a sociedade civil e o Estado é muito mais complicada do que dizem os livros. Onde o franquismo se perpetua não é necessariamente na polícia e no Exército, apesar das tentativas golpistas, mas na administração cotidiana da vida. É mais fácil ver a persistência do franquismo em certos tribunais do que na reação dos espanhóis ao acesso das mulheres ao mundo do trabalho. De todo modo, quando se vê que um tenente-coronel da Guarda Civil pôde ser condenado a trinta anos de prisão, como foi o caso de Tejero Molina, que protagonizou a tentativa de putsch em 1981, tem-se toda a dimensão do caminho percorrido.

Julio Cortázar — uma canção do exílio[*]

Julio Cortázar costumava dizer que foi sua primeira viagem a Cuba, em 1962, que abriu a trilha de seu caminho de volta. Ele, que saíra da Argentina onze anos antes, revoltado com o populismo de Perón, virou-se de novo para o continente. Tornou-se um latino-americano praticante. Nos anos 1970, morando em Paris, foi a figura de proa do boom latino-americano, mas também o escritor engajado a denunciar as ditaduras militares que se implantavam na América Latina. Integrou o Tribunal Russell, iniciativa do filósofo inglês Bertrand Russell que investigou as violações aos direitos humanos na Argentina, no Brasil e no Chile. Em 1979, abriu mais uma frente de luta, em defesa da Revolução Sandinista nascente. Meses antes de morrer, já consumido fisicamente pela leucemia, só aceitava falar em público se fosse em defesa do povo da Nicarágua, ao qual cedeu os direitos do último livro, *Os autonautas da cosmopista*, um diário de bordo da viagem de carro que fez com sua mulher Carol Dunlop pelo sul da França.

[*] Entrevista inédita, Paris, 1978.

Nascido em 1914, em Bruxelas, de pais argentinos, Cortázar foi para Buenos Aires ainda criança. Lecionou literatura francesa e inglês, foi tradutor, gerente da Câmara do Livro, e, em 1951, escreveu os primeiros contos reunidos em *Bestiário*. Na França, publicou *Final do jogo* (1956), *Histórias de cronópios e de famas* (1962), *A volta ao dia em 80 mundos* (1967), *Octaedro* (1974), *Alguém que anda por aí* (1977). Em 1974, *O livro de Manuel* lhe valeu o prêmio Médicis, a mais alta distinção para um escritor estrangeiro. A essa altura, Cortázar já angariara uma legião de admiradores e seu *O jogo da amarelinha* se tornara um livro cult, talvez o que melhor ilustre as marcas de sua literatura: a ironia, o lúdico, uma pitada de surrealismo, os pesadelos e alucinações. Ou, como ele dizia, a obsessão de olhar a realidade pelo outro lado, mais intenso e inesperado.

Em agosto de 1978, Cortázar vivia com Carol num pequeno apartamento a dois passos do antigo mercado do Halles. Com quase dois metros de altura, barba ainda muito negra, gestos ágeis e olhos claros, ele parecia muito mais moço do que os 64 anos que estava às vésperas de completar. Mostrou-me sua imensa coleção de discos de jazz, uma paixão de juventude, e de música popular brasileira, que aprendera a gostar em viagens ao Brasil. Confessou-se um propagandista de Maria Bethânia e Caetano Veloso, e também do romancista Osman Lins, cujo *Avalovara* acabara de ler, na tradução francesa. Naquele ano, o Brasil começava a enxergar no fim do túnel a luz da anistia política, mas Chile, Argentina e Uruguai permaneciam sob ditaduras severas — o que explica os acordes políticos desta entrevista. Ele ainda era um argentino exilado. Pedira a nacionalidade francesa em 1970, quando Georges Pompidou era presidente, e em 1974, quando o presidente era Giscard d'Estaing. Negaram-lhe. Foi o socialista François Mitterrand, em 1981, que lhe concedeu a naturalização.

Três anos depois, num domingo de fevereiro de 1984, morria Julio Cortázar em Paris. Na véspera, esteve com a editora Ugné Karvelis, com quem vivera alguns anos. Disse-lhe: "Eu te garanto que estou fazendo tudo o que posso para viver". Deixou um livro no prelo, *Nicarágua tan violentamente dulce,* e dois a caminho: um ensaio sobre a Argentina e uma coletânea que reuniria sua obra poética. Foi enterrado no cemitério de Montparnasse, na sepultura que comprara poucos anos antes, pensando em si mesmo, mas que já abrigava Carol Dunlop, que partiu primeiro, em 1982, aos 36 anos.

Ao deixar a Argentina, em 1951, o senhor se considerava um autoexilado?

Houve alguns mal-entendidos sobre a minha saída. Muitos acharam que eu me encontrava na condição de exilado. Para mim, o exílio comporta uma obrigação e, frequentemente, uma violência. A noção de exílio voluntário — ou autoexílio — me escapa. Deixei a Argentina por vontade própria. Eu não fazia política, mas o regime de então não me agradava. Levei vinte anos para entender o fenômeno do peronismo. Na época, minha atitude era completamente pequeno-burguesa. Eu me sentia invadido por aquela espécie de agitação popular que tomava conta de Buenos Aires. Para mim, do ponto de vista estético, era a vulgaridade, eram os gritos, os alto-falantes nas esquinas. Mas — e esta foi a principal razão — deixei a Argentina porque queria conhecer o mundo. A França era a minha terra de eleição. Estou aqui há 27 anos.

Hoje, no entanto, o senhor é um exilado.

Em 1973, com a chegada ao poder de Isabel Perón e López Rega, tornei-me um exilado físico. Três anos depois, os militares me transformaram em exilado cultural.

O consulado renova seu passaporte?

Como toda ditadura, os militares procedem com enorme hipocrisia. Nos jornais sou assinalado como um dos inimigos, não da junta, pois ela é muito hábil, mas do povo argentino. Dizem que me tornei um estrangeiro e, num número recente da revista *Siete Días*, figuro na lista dos arqui-inimigos do regime, ao lado do cantor de tangos Juan Cedrón e do pintor Julio Le Parc. A junta faz um jogo duplo: sugere que os jornalistas publiquem meu nome nessas listas mas, aqui em Paris, renova meu passaporte sem problema. Os militares são muito vivos para criar um caso internacional. Provavelmente eu poderia, se quisesse, entrar na Argentina. Sair é que não sei.

Seus livros estão censurados na Argentina?

Meu último livro, *Alguém que anda por aí*, não pôde ser editado. A junta avisou a meu editor que só permitiria a publicação se eu retirasse dois contos. Um referia-se diretamente ao desaparecimento de pessoas no território argentino; outro tinha como tema a destruição da comunidade cristã do poeta nicaraguense Ernesto Cardenal, na ilha de Solentiname. Os outros livros saíram de circulação. Sinto-me completamente cortado do meu povo.

O exílio cultural é muito mais penoso?

O exílio cultural é infinitamente mais doloroso para um escritor que trabalha em estreita relação com seu contexto nacional e sua língua. Ele destrói de vez a ponte que me ligava a meus compatriotas, leitores e críticos. Sem dúvida, aí está uma vitória do regime: cortar o país de sua cultura. E quando pensamos na quantidade de intelectuais e cientistas que tiveram que deixar a Argentina, o corte torna-se ainda mais terrível, pois empobrece o país. Hoje, sobraram apenas uns poucos fantoches que fazem o jogo do regime porque são velhos — ou cegos. Você sabe de quem estou falando.

Jorge Luis Borges.

Exatamente. Este não é um assunto que me agrada, e gostaria de dizer por quê. A minha geração, na Argentina e em toda a América Latina, teve entre seus maiores mestres Jorge Luis Borges. Defenderei sua grandeza de escritor até o fim da minha vida. Por isso, fico furioso quando vejo escritores medíocres, que sentem grande inveja de Borges, tentando descobrir em sua obra sinais que de certa forma seriam um prenúncio desse seu comportamento com os militares. Sou um adversário de Borges, sou seu inimigo político, mas defendo sua grandeza de escritor, assim como gostaria que defendessem a minha numa situação semelhante.

O que, a seu ver, pode motivar essas declarações tão reacionárias?

Ele anda dizendo coisas tão absurdas e tão malvadas que, conhecendo o seu senso de humor, pergunto-me se não estaria zombando de todos nós; se, no dia em que morrer, não virá a público, numa página de jornal, uma declaração desmentindo o que afirma agora. Seria sua última *blague*, uma piada post mortem. Mas creio que infelizmente isso não acontecerá. Borges é profundamente sincero. É um homem da oligarquia argentina e deixou-se deformar em contato com certas pessoas. Os jornalistas norte-americanos foram os primeiros a iniciar esse jogo perverso; provocavam-no, forçavam-no a dar declarações anticomunistas. Foi em sua primeira viagem aos Estados Unidos que Borges começou a soltar essas *boutades*. Depois, tomou gosto e não parou mais.

Cortado das fontes culturais de seu país, um escritor no exílio tende a esterilizar-se ou, ao contrário, a desabrochar?

As duas coisas. Tudo depende do temperamento e das condições do exílio. Há os que se lançam na busca nostálgica da pátria perdida. Há os que caem numa penumbra intelectual que limita e empobrece a produção. Conheço também gente que trabalhava muito bem em seu país e, no estrangeiro, continua a escrever por hábito profissional, mas o coração está ausente. Mas há os que reagem muito positivamente ao exílio. Na Espanha, no México e aqui na França vários argentinos dedicam sua obra à reconquista dessa pátria temporariamente perdida e integram o esforço literário à luta política. É uma questão de força de vontade, de decisão moral.

Heinrich Böll diz que tudo depende da capacidade de carregar dentro de si a língua e o país. Apesar dos 27 anos de vida no estrangeiro, o senhor sente a presença de Buenos Aires?

Neste exato momento em que estou falando com você sinto-me na esquina de Florida com Corrientes. Sinto os odores de Buenos Aires, o cheiro do vendedor de erva-mate, o barulho do amolador de faca, o tráfego, as pessoas falando alto na rua, assobiando. São sons que formam uma música citadina tão nítida que posso escutá-la a qualquer momento. No sentido do que diz Böll, há pessoas que têm menos memória, e as lembranças, ao fim de alguns anos, começam a se apagar. Há também os frágeis do ponto de vista linguístico. Desde que chegam em outro país começam a esquecer sua língua. E no dia em que se sentam diante da máquina de escrever veem que a coisa não funciona. Não é o meu caso. Nenhuma junta militar pode me roubar a Argentina que tenho dentro de mim. Nem que me deixem no exílio a vida inteira.

E como evita que se degrade a ferramenta linguística estando em permanente contato com outra língua?

Eu escrevo e falo francês convenientemente, mas no momento de criar sou cem por cento argentino. A França não pode penetrar em mim por nenhuma fissura. Além disso, tenho sempre o prazer de conversar com um compatriota, com quem divido uma língua que comporta infinitos subentendidos, piscadas de olho, ditos referenciais. As letras de tango, por exemplo, são um sistema de referências fundamental para os argentinos. Quando conversamos entre nós, a cada momento utilizamos uma pequena frase de um tango.

Nestes anos 1970 muitos escritores latino-americanos estão no exílio. Essa deslocação é propícia a criar duas literaturas distintas, a interna e a da diáspora?

Não acredito que haja duas literaturas. Um bom livro uruguaio escrito em Madri ou Paris é igual a um bom livro escrito em Montevidéu. Reconheço que o exemplo beira o humor negro, pois há tão poucas condições e pessoas para escreverem um bom livro no Uruguai de hoje! Mas imaginemo-lo como hipótese de trabalho. Até agora, o exílio latino-americano não modificou o resultado literário. É possível que, se as ditaduras se prolongarem, o quadro se modifique. Afinal, não se pode exigir que um exilado conserve integralmente sua estrutura de brasileiro, uruguaio, argentino. Ele é antes de tudo um homem, uma mulher, permeáveis à influência do novo entourage.

Não há o risco de se estrangeirar?

Não esqueça que a influência estrangeira também se faz sentir no país de origem. A Argentina é um país que tem muito pouca história própria. Sua civilização é o resultado de uma mistura de diversas culturas. Além disso, sempre estivemos muito abertos, às vezes em demasia, às influências e aos modelos externos. Um argentino culto é aberto a todas as literaturas do mundo. Assim, um escritor que já escrevia em seu país não muda muito. O exílio voluntário ou forçado marcou boa parte da literatura latino-americana. A partir dos anos 1920, obras significativas de nossas literaturas são escritas e publicadas no estrangeiro. Muitos dos melhores romances latino-americanos dos últimos anos foram escritos no estrangeiro, mesmo antes da fase dos exilados. Onde escreveram Vargas Llosa, García Márquez e eu mesmo? E são livros profundamente peruanos, colombianos, argentinos. Aceito tudo o que o estrangeiro tem de bom, mas na hora de escrever um conto que se passa em Buenos Aires, desafio quem disser que é um conto à francesa.

O exílio pode transformar-se num tema obsessivo?

Este é um problema que me preocupa. Se caímos na cilada de escolher o exílio como tema, proporcionamos um triunfo à ditadura. O exilado é um vencido, foi expulso de seu país, vive angústias, melancolias, tristezas. Veja a carga de lamentação na obra de Dante Alighieri. É frequente que o exilado se refugie em seu drama pessoal, em vez de mergulhar na realidade exterior. É verdade que digo uma coisa muito dura, pois houve exílios terríveis. Nossos leitores nos respeitam como somos, mas não esperam de nós lamentações. Esperam livros como *Cem anos de solidão*, obras positivas, de choque. Não sou eu que peço ao exilado que deixe de sê-lo; o exílio não deve ser esquecido, mas não pode servir como uma espécie de nostalgia permanente. Nossa atitude deve ser a de ficar na retaguarda, como se diria em estratégia militar, a fim de retomar fôlego para voltar ao ataque. E não é pensando na nostalgia dos tangos — que são muito bonitos, mas negativos — que se faz literatura de combate. A ditadura não triunfa porque nos põe para fora. Ela nos esmaga no dia em que o exílio começar a ter um efeito negativo sobre nós.

E que lado positivo deve ser valorizado?

Há pouco lancei um grito de alerta a todos os meus camaradas exilados. Caí mesmo no paradoxo de dizer que encarem o exílio como uma bolsa de estudos. O governo Pinochet o enviou ao estrangeiro? Pois bem, aproveite para lutar contra ele. Minha resposta ao fascismo cultural que se instalou na América Latina foi multiplicar o esforço ao lado dos que lutam pela libertação de seus países. Façamos da ambivalência do exílio um valor de combate. Sei que isso vai escandalizar muita gente, mas às vezes é preciso escandalizar para conseguir coisas boas. Quando soube que o governo argentino proibira a circulação dos meus livros, foi muito duro. Poderia, naquele momento, ter transformado a impossibilidade de me comunicar com o meu povo num tema literário. Mas não escrevi uma só linha sobre o assunto. O governo me deu uma bolsa de estudos compulsória que eu aproveito, positivamente, contra ele.

O que pode um escritor contra a ditadura?

Nosso papel político na defesa dos direitos humanos, da liberdade e da democracia é muito menos poderoso do que se supunha na época do Romantismo. Victor Hugo, poetas ingleses como Shelley acreditavam serem os legisladores supremos. Nenhum poeta pode derrubar um tirano. O tirano tem que ser derrubado a tiros de canhão. O poema ou o romance não servem. Mas são componentes que, por acumulação, por infiltração na consciência popular, contribuem para fabricar a pólvora que se colocará no canhão. É um mecanismo em várias etapas. Daí a acreditar que o que escrevemos possa ser eficaz contra alguém como Pinochet, ou a junta argentina, é uma ilusão que já perdi há muito tempo.

No seu caso, uma desilusão que surpreende.

Ao contrário. Justamente por isso é que me obstino em fazer meu trabalho. A literatura é, quando nada, um vírus positivo que atrapalha muito a vida dos censores, dos generais, dos tiranos. Eles tremem de medo diante de um intelectual. Quando podem, nos matam. Nem sempre podem, mas o medo é real. Se não, por que reações como essa lista da revista argentina? Por que perder tempo explicando ao leitor, em páginas e páginas, que somos vendidos, uns a Moscou, outros a Havana? Nossa presença os inquieta. Organismos como a Anistia Internacional, o Tribunal Russell e até a Unesco os fazem perder o sono. A cada reunião dessas organizações os embaixadores esbravejam, exercem a contrainformação, dão desmentidos, de tal forma o trabalho intelectual os desnorteia.

Como decorreram os trabalhos do Tribunal Russell?

A parte sobre América Latina encerrou-se em Roma em 1976. O tribunal foi utilíssimo para informar os europeus. Não só informações políticas, pois essas os jornalistas divulgam, mas informações morais, como a violação dos direitos dos homens e dos povos. Tudo o que sei sobre as condições em que se implantou a ditadura brasileira aprendi no tribunal, graças a depoimentos de padres e intelectuais. Houve uma sessão dedicada à fase mais negra do terror, entre as mortes de Lamarca e de Marighella. Fizemos a autópsia do delegado Sérgio Fleury. Vimos filmes clandestinos sobre a resistência, sobre as torturas. O tribunal condenou todas as ditaduras do continente, e a sentença contra o Brasil foi particularmente dura. Desnecessário dizer que, à época, nada saiu publicado no Brasil. Na Argentina ocorreu o mesmo. Pergunte a um portenho culto e verá que ele nem sabe o que é o Tribunal Russell. No máximo, lembra-se vagamente de uma sessão que houve durante a guerra do Vietnã, com a presença de Sartre. Mas o da América Latina foi esquecido.

O que restou do idealismo suscitado pela Revolução Cubana?

Só posso dizer verdades instáveis. Mas tenho a impressão de que o ideal de que a Revolução Cubana se espalharia como uma mancha de óleo, de que rapidamente outras revoluções se sucederiam até libertar o continente da influência dos Estados Unidos, esse ideal demonstrou ser um equívoco. Porque o adversário conhece o jogo tão bem como nós, ele organiza seus ataques. Isso não quer dizer que estou sem esperanças, caso contrário não estaria lhe dando esta entrevista e nem faria parte do Tribunal Russell. Mas Cuba dividiu a intelectualidade latino-americana e rompeu, de certa maneira, com a esperança de uma mudança radical na América Latina.

Algum dia haverá nas histórias da literatura latino-americana um capítulo sobre a produção do exílio. Nele certamente estarão citados poucos brasileiros. Isso o surpreende?

Há várias perguntas a se fazer. A ditadura brasileira mostrou profundo desprezo pelos intelectuais, como a argentina e a chilena? Que eles estivessem dentro ou fora do país era a mesma coisa? Um grande romancista escreve uma literatura de fundo mais popular por vocação ou por uma espécie de autocensura, por não querer se meter com a política? As possibilidades diante do genocídio cultural, termo que foi cunhado no Tribunal Russell, são inúmeras e respeitáveis. Conheço escritores na Argentina que fazem um trabalho político pelo simples fato de que seus livros são lidos e contribuem para enriquecer a cultura do país. É este um argumento que, na mão de gente pouco honesta, covarde, pode se tornar suspeito. Mas não deve ser excluído para alguém como Guimarães Rosa, como Erico Verissimo, como Osman Lins, que conheci há pouco em Paris, como Clarice Lispector. Eles não podem ser acusados de nada.

A literatura latino-americana conheceu uma espécie de apogeu no
boom dos anos 1960-70?

O lado muito positivo desse boom, anglicismo que não me
agrada, não foi tanto para os autores, mas para o público. Um escritor é uma fatalidade: quem tiver de ser será, com ou sem boom,
contra ventos e marés. Mas o boom foi determinante para au-
mentar o interesse dos leitores latino-americanos pela literatura
de seus países, que até então não lhes inspirava nenhuma confiança. Quando eu era jovem, líamos em Buenos Aires traduções
de toda a literatura europeia, enquanto Borges vendia duzentos
exemplares. Isso mudou e, no plano histórico, é uma revolução.
Mas não creio que tenhamos alcançado o apogeu. Há agora uma
nova geração trabalhando admiravelmente bem.

O senhor acompanha a produção literária brasileira mais recente?

Leio mal o português. E, como acontece com vários escritores, não tenho muito tempo para ler. Há anos recebo o suplemento literário de um jornal de Minas Gerais. Está repleto de poetas,
críticos, há uma espantosa criatividade dos jovens. Mas quando
chego ao fim de cada número, percebo que li exclusivamente literatura, ou sociologia, nada de política. Li vinte páginas de literatura pura, nenhuma linha de opinião política. E é nesse momento
que tenho medo. Eu me pergunto como é possível que num país
que atravessa séria crise política, que sofreu tantas perseguições e
torturas, que teve ou ainda tem um Esquadrão da Morte, como é
possível um suplemento literário só de novelas, contos, poemas?
É provável que o governo sequer tome conhecimento do que ali
se publica, mas a autocensura é evidente.

Como nasceu sua paixão pelo boxe?

Desde criança lia muito os jornais, adorava as páginas espor-
tivas e comecei a me interessar pelo boxe. Olhava tudo aquilo
com um critério exclusivamente estético, mas sempre me coloca-

va do lado do mais fraco. Curiosamente para um argentino, o futebol nunca me atraiu muito. Agora sei por quê: não me interesso pelos esportes coletivos. Gosto dos esportes individuais, uma partida de tênis, uma luta entre bons boxeadores. Talvez seja uma projeção do meu individualismo. Falando em boxe, faço um sinal para pararmos a luta. Estou como Mohamed Ali no penúltimo round. Estou velho, peço a toalha.

Estamos terminando...
Quando Mohamed Ali sabe que é o último round, se refaz...

Como se justifica o escasso conhecimento que os latino-americanos têm de suas respectivas literaturas?
Vou fazer uma confissão que gostaria de ver publicada. Como argentino, confesso uma consciência de culpa, não só em relação a mim, mas a meu povo e a todos os outros latino-americanos. Toda vez que vou ao Brasil sinto vergonha. Vocês, brasileiros, nos leem, acompanham o que fazemos. É extraordinário. Falo com um jovem estudante brasileiro e logo ele cita Vargas Llosa, García Márquez, eu mesmo. E nós chegamos ao Brasil e não conhecemos nada. Lemos apenas algumas traduções, e olhe lá. Mais grave que isso é que somos abertos a outros tipos de literatura. Um argentino culto conhece muito bem a ficção inglesa e francesa, mas ignora totalmente a brasileira, que se produz ali ao lado. Será preciso que todos os países de língua espanhola da América Latina façam um esforço para penetrar no Brasil culturalmente. Vocês estão prontos para esse intercâmbio. Creio que esta é uma conclusão bastante bonita para esta entrevista.

Algum postscriptum?
Como sempre na vida, esquecemos de falar de praticamente tudo.

Michel Serres — o filósofo que aterrissa*

Dizia-se de Michel Serres que o bom, nele, era ser um filósofo que aterrissava. Cientista de formação, entre a matemática e a filosofia abstrata, aos poucos foi aterrissando em questões mais palpáveis, da ecologia aos computadores, passando por Cinderela, Júlio Verne, Arlequim, os deuses gregos e a ópera *Carmen*. Serres abriu o leque de sua obra a temas do dia a dia, num país em que livro de filosofia pode virar best-seller. Um desses foi *Le Tiers instruit* [O terceiro instruído], em que ele propunha celebrar o aprendizado pela mestiçagem de raças e culturas, de métodos e experiências. Não à toa, Serres foi um entusiasta da Wikipédia, quando o projeto ainda suscitava reticências. Para ele, era um lugar excepcional de acesso ao conhecimento, e gratuitamente compartilhado. Publicou ainda a série *Hermes*, sobre o impacto da ciência no mundo contemporâneo; *O contrato natural*, em que percorre as ciências da vida e da Terra para chegar à ecologia; e,

* Entrevista inédita, Paris, 1991.

em 2011, *Polegarzinha*, uma fábula sobre as mudanças da revolução digital vistas pela "Pequena Polegar" que toca com dedos hábeis o teclado do celular.

Michel Serres nasceu em Agen, em 1930. Descendente de camponeses e de um pai barqueiro do rio Garonne, já era oficial de Marinha quando estudou filosofia e letras. Desde os anos 1970 dividiu-se entre a Sorbonne e as universidades de Yale e Stanford. A rua onde morava em Montreuil, a poucos passos do bosque de Vincennes, lembrava uma cidade do interior. A casa, de fachada modesta, tinha no salão espaçoso sofás de couro e um piano para o dono da casa, que na juventude sonhara ser compositor. As portas envidraçadas davam para um jardim bem cuidado. Da infância gasconha, Michel Serres guardava o forte sotaque meridional, e o amor pela vida ao ar livre. Ex-jogador de rúgbi, cabeleira branca, porte de atleta, recebeu-nos de jogging e tênis. Contou que ao completar sessenta anos dera-se de presente uma escalada ao Mont Blanc. No início da conversa, relembrou o semestre de 1973 em que fora professor do Departamento de Filosofia da Universidade de São Paulo. Suas aulas na pós-graduação eram em francês. Guardara boa impressão dos estudantes brasileiros que, à época, hesitavam entre a influência francesa e a americana. "Será que a americana venceu? Será que vocês também caíram sob a influência dos bárbaros?"

Naquele abril de 1991, ele acabava de entrar para a Academia de Letras da França. A cerimônia de posse coincidira com a Guerra do Golfo. Diante de tantos mísseis e dos bombardeios que a televisão transmitia, a academia rompera a tradição e desobrigara seus membros do porte da espada que acompanha o fardão. Foi, portanto, um acadêmico desarmado que finalizou seu discurso lançando um desafio aos colegas: "Podemos vencer, somos os mais fortes técnica e cientificamente, mas vencer sempre, vencer a qualquer preço, implica uma moral ultrapassada. Digam-

-me, pode-se verdadeiramente vencer sem crime?". Era assim Michel Serres, um provocador. Morreu em 2019.

O título do seu novo livro, Le Tiers instruit [O terceiro instruído] *lembra o Terceiro Estado, o Terceiro Mundo, os excluídos. Foi essa a sua intenção?*

Quando se convocou o Terceiro Estado, pouco antes da Revolução Francesa, sabia-se qual era a classe dos nobres — a aristocracia —, identificava-se o clero — uma segunda classe —, mas ainda havia muito mais, os burgueses, os representantes dos artesãos. Essa gente sem nome foi chamada de terceira classe, ou de classe dos outros. O Terceiro Estado, que não era nada, quis ser alguma coisa e teve o sucesso que se sabe. Levado pelo crescimento demográfico galopante e correndo sérios riscos econômicos, hoje é o Terceiro Mundo que aspira a se desenvolver. Do mesmo modo, o meu *Tiers instruit* é um excluído, pois não entra numa categoria reconhecida do aprendizado. O termo alude ao princípio do terceiro excluído, segundo o qual entre duas propostas contraditórias é preciso que uma seja verdadeira e a outra falsa. Nesse princípio em que se fundam a lógica, as matemáticas, não há meio-termo possível; é o que corriqueiramente se traduz pela expressão "das duas, uma". Ao contrário, acho necessário suprimir a noção de exclusão e proclamar que *instruir* significa *incluir.*

O ensino tem ignorado essa terceira posição intermédia?

Todo ensino de hoje, praticamente no mundo inteiro, leva ao inverso, à especialização no campo do saber. Esta não tem só defeitos. Mas um cientista se arrisca a ficar cego diante das outras áreas da cultura e da educação. É preciso reequilibrar essa tendência. Se nos limitarmos ao ensino das ciências puras, das matemáticas, entraremos na barbárie absoluta. Aprender as ciências, sim. Mas igualmente aprender o que chamo de problemas do mal, isto é, a fome, a pobreza, o sofrimento decorrentes dos avanços técnicos e científicos.

"Se quiser ser prêmio Nobel de ciências, vá a uma universidade de língua inglesa. Se quiser um Nobel de literatura, vá para a América do Sul." O que o senhor quis dizer com essa frase em seu novo livro?

Houve a mundialização do saber, mas não a democratização. A relação entre as humanidades e a ciência é a mesma que entre os países pobres e ricos, entre o Terceiro Mundo e o Ocidente. Reproduz-se, no saber, o mesmo perfil do mundo político. Os poderosos ficam com a ciência. Os Estados Unidos produzem 20% e publicam 85% do saber mundial. Há um inegável imperialismo norte-americano no campo das ciências. Para lá vai o grosso das verbas. Enquanto isso, a literatura, as humanidades ficam parecendo assunto exclusivo dos *pobres* do planeta. Nós, dessas áreas, nos tornamos uma espécie de terceiro mundo das universidades. América do Sul, logicamente, é um símbolo, mas essa tripla distância — geográfica, de fortuna e de especialidades — mostra a dimensão do desprezo às letras, relegadas a serem a miséria da cultura.

Se lhe pedissem para apresentar um plano de reforma do ensino, o que o senhor proporia?

Não se trata tanto de reformar. A razão pela qual os problemas do ensino são dramáticos no mundo inteiro é que, no século xx, fomos vítimas de tamanhas crises e mudanças que perdemos a ideia do modelo de pessoa que queremos educar. Entre o jovem dos anos 1930 e o de hoje pouco existe em comum. Houve, nesse meio-tempo, uma formidável crise do saber, das mentalidades; o grande projeto do futuro passou a ser a ciência. Temos crianças e jovens entre quatro e vinte anos que devem ser formados.

O que queremos fazer com eles? Nossos predecessores que escreveram tratados de educação não falaram de reforma, mas fizeram o retrato de um homem. Deram-lhe um nome. Rousseau criou Émile. No meu caso, chamei-o *Tiers instruit*; é uma pessoa viva, que quero formar. O problema não é *como*, mas *quem* — quem queremos preparar para o século XXI?

E quem se deve formar visando ao próximo século?

A ideia básica é conciliar as duas áreas do saber que vivem se desprezando, num divórcio que nos custa caro. Conciliar o cientista — que é perfeitamente instruído, mas em geral inculto — e o homem de letras — em geral ignorante em ciências. As humanidades têm sido perigosamente deixadas de lado. Mesmo na França, país muito atento a isso, o estudo das letras é relegado aos estudantes de nível mais baixo. Ora, a especialização nas ciências, sem o contrapeso das humanidades, leva à barbárie. Nessas últimas semanas vimos pela televisão os resultados desse desequilíbrio. Ouvimos dezenas de elogios às armas absolutamente precisas, magníficas e rigorosas da Guerra do Golfo. Ninguém dizia que, do outro lado, no Iraque, havia milhares de mortos. O rigor, a precisão, a tecnologia podem nos fazer esquecer o objetivo de nossas ações, podem levar à loucura da razão.

O que é aprender, se instruir?

Quando uma pessoa atravessa a nado um rio, ou mesmo um riacho, há um momento em que ela se encontra em situação perigosa. Perdeu a segurança dada pela equidistância das duas margens, só pode se fiar nas próprias forças, está entregue à própria iniciativa, à própria coragem. É nessa situação *terceira* que se aprende a aprender. No meio do rio — no meio da leitura de um romance —, dá-se o aprendizado. Ainda não se chegou à outra margem, mas não se pode mais voltar à primeira. Metaforicamente, instruir é ensinar uma criança a nadar, para que ela se lance ao largo e produza os meios de ser autônoma. Educar é fazê-la compreender outra coisa completamente estranha, é deixar sua cultura de nascença, partir rumo a outra, a outro conhecimento. É a assimilação da alteridade.

É nesse sentido que o senhor emprega o conceito de mestiçagem?

O sentido que lhe dou é simbólico. Quem se lança numa aventura de aprendizado parte de um ponto dado de sua cultura, de sua língua, de seu saber. O "eu", a "primeira pessoa", que fala francês, é de cultura latina, vai em direção a "você", a "terceira pessoa", que fala inglês, é matemático, mora do outro lado do rio, caça borboleta. "Eu" me torno "você", mas não deixo de ser "eu". A mestiçagem é o encontro do "eu" que eu não cesso de ser e do "você" que estou me tornando. No processo do devir, surge uma "terceira" pessoa, mestiça das duas primeiras, totalidade do coletivo social que a cerca.

A mestiçagem racial é um bom caminho para a formação do terceiro instruído?

Depende. Os Estados Unidos são um país de comunidades bem separadas. É o país das diferenças. O Brasil é, por oposição, o país da mestiçagem. Um brasileiro que resolva traçar sua árvore genealógica certamente encontrará um índio, um negro, um emigrante europeu. Há no Brasil um sucesso da integração que não existe nos Estados Unidos. Podem-se misturar grãos de trigo com grãos de arroz. Isso são os Estados Unidos. Pode-se misturar um litro de água com um litro de vinho. Isso é o Brasil. Sou a favor do vinho e da água, porque a verdadeira integração é a que se faz no interior de uma mesma família.

A mestiçagem cultural não se choca com certo comunitarismo que, hoje, clama pelo direito à diferença?

A integração não impede o direito à diferença. Só que ele deixa de ser quadrado, para ser redondo. Esses movimentos que exigem o direito às diferenças têm de ser repensados. Lembro de quando estava na Universidade de Buffalo. Os católicos queriam celebrar seus feriados. Os judeus também. Depois foi a vez dos estudantes muçulmanos, filipinos, japoneses, todos com as mesmas exigências. Chegou um momento em que não havia mais aula. Nesses casos, temos de assinar um contrato: você é francês, eu sou japonês, ele é turco, vamos deixar isso de lado na vida comunitária e ver o que temos em comum. No seu íntimo, a pessoa sabe que tem raízes japonesas, italianas. As diferenças sempre serão conservadas.

Que papel é hoje reservado ao pedagogo?

Antigamente, chamava-se de pedagogo o escravo que acompanhava à escola a criança de família nobre. Há muito a atividade pedagógica deixou de ser competência exclusiva da escola. A publicidade, a rua, a TV, todos são pedagogos. O homem que lê seu jornal consagra o jornalista como pedagogo. Vivemos numa cidade pedagógica. O extraordinário é que ninguém queira endossar essa responsabilidade. Diz-se que o professor tem que ensinar, mas ninguém diz que o jornalista é um pedagogo, que o anunciante é um pedagogo. Nosso fim de século e o seguinte serão, sob o signo de Hermes, os dessa passagem da pedagogia para a comunicação. A multiplicação de canais aumenta consideravelmente as possibilidades de se transmitir a verdade, mas também a mentira. Por isso, é essencial convencer os jornalistas, os publicitários, de que eles são tão professores quanto eu. Não podem fazer o que lhes vem à cabeça, precisam se guiar por certos princípios éticos.

O senhor teve uma formação científica, depois se encaminhou para a filosofia, e daí para as humanidades. Como vê a mercantilização da ciência?

No século passado todo mundo era cientista. A ciência, como se dizia, era "boa, toda boa, só boa". Agora que chegamos às crises, começam as críticas, reações de rejeição exatamente porque nem sempre o cientista se lembra da ética. A questão não é tanto a mercantilização, mas saber como as sociedades aceitam o projeto científico global que lhes foi imposto. Citemos os casos dos problemas entre o direito e a medicina, os do meio ambiente, da localização de pilhas atômicas. Está se formando nas sociedades mais ricas um triângulo entre os cientistas, os jornalistas e o mundo político. É por aí que virão as soluções. No meu livro *O contrato natural* eu dizia que o político nunca havia sido um cientista, mas aos poucos estaria se tornando. Creio que isso será cada vez mais verdadeiro.

No conjunto, as ciências cumpriram suas promessas?

Tenho vontade de dizer que algumas vezes, sim, outras, não. Em 1935, eu tinha cinco ou seis anos e vi duas tias morrerem de meningite. Seis meses depois, surgia a penicilina que as teria curado. Era uma época em que a ciência parecia formidavelmente eficaz, era recebida com entusiasmo. Hoje não temos mais ideia disso, não imaginamos um mundo sem penicilina, sem cura para a tuberculose. Quem vem de um tempo em que as coisas ainda não estavam feitas acha necessariamente que a ciência cumpriu suas promessas. Mas ela as excedeu. Acidentes terríveis, como o da física, por ocasião de Hiroshima, ou da biologia, hoje, interromperam o otimismo. Com razão, os físicos atômicos tiveram grandes crises de consciência. Atualmente são os problemas ambientais que geram essas crises. Minha resposta é sim, é não, provavelmente está entre as duas. Não sou um entusiasta da ciência,

248

tampouco a critico. Simplesmente, é preciso administrá-la. Somos fortes, poderosos, muito bem. Não é por isso que vamos destruir o planeta. No século XVII, Descartes disse: Ser senhor (dominar) e possuidor da natureza. Conseguimos o domínio da natureza, precisamos agora dominar o domínio.

Por outro lado, o senhor é extremamente crítico em relação às ciências sociais e humanas.

Sem dúvida alguma. Aprendi muito sobre a sociedade lendo Balzac, Zola... Ah! Não me atrevo a dizer que ainda mais do que nos livros de sociologia. Os tratados de sociologia que me ensinam que os ricos comem mais do que os pobres, que são mais bem-vestidos... Bem, depois de trinta páginas não sei o que podem me ensinar.

O senhor desaprova as ciências sociais por falta de inventividade, mas a função delas não seria analisar e criticar, e não inventar?

É verdade. Em sua maioria, as ciências humanas e sociais são críticas. Ensinaram-nos, com razão, a suspeitar. A partir da era da suspeita, passamos a desconfiar, a denunciar, aprendemos qual era o papel nefasto do pai na família, do tirano na sociedade, do macho em relação à fêmea. Sem dúvida, elas nos ensinaram a melhor conhecer o autor de nossas dificuldades. Bem, agora estamos informados: é culpa do pai, do tirano, é culpa do homem, é culpa, é culpa... Mas será que avançamos muito na solução de nossas dificuldades? A resposta é não. Essa gigantesca máquina de acusar não nos foi muito útil. Trocamos de pai, de tirano, de macho, e não resolvemos as injustiças, a miséria, a dor. Creio que as ciências humanas estão numa séria crise: já não avançam, e não avançam porque já não formam ninguém, porque não se forma ninguém sem, de um lado, as ciências exatas, a tecnologia, e, de outro, o direito, a filosofia, a literatura.

A seu ver, elas se autodenominam ciências abusivamente?

Creio sinceramente que sim. Meus pais eram camponeses no sul da França e os cientistas sociais foram lá estudá-los. Mas já se viu algum camponês do sul da França se interessar pelos costumes sexuais dos professores do Collège de France? Há, portanto, um homem que é o objeto do saber. O que quer dizer ciência humana neste caso? Quem é o homem? Será sempre o objeto do saber? Nunca o sujeito? Grosso modo, toda a filosofia francesa contemporânea, de Sartre a Derrida, aparentou-se às ciências humanas. Acho que esse período terminou. Elas nos ensinaram coisas, não tanto quanto se imaginava.

O que o motivou a escrever um livro sobre os cinco sentidos?

Percebi que, quando falavam das sensações, os filósofos se dividiam: os da escola anglo-saxônica só se referiam à linguagem; os da escola alemã, próximos de Heidegger, exploravam a lógica. No fundo, não se sabe bem o que quer dizer cheirar, tocar, provar. Foi o que tentei averiguar. Passei dias com vendedores de tecidos, fui a adegas de vinho, indústrias de perfumes. *Os cinco sentidos* é o livro de um filósofo falando das sensações de modo imediato e elementar. A droga é um dos grandes temas contemporâneos. Não só as drogas narcóticas. Não. Refiro-me também à droga do jornal, à droga da publicidade, à droga do uso do tempo, dos modismos, à química social, de longe a mais perniciosa. Intelectualmente estamos drogados pelas imagens, pela linguagem, pelo barulho. Quando um casal passa horas diante da televisão, acaba completamente drogado. Quando seus filhos se drogam, imitam-no. Uma maneira de evitar essa cultura de drogas é voltar às sensações, ao prazer de respirar, andar, saltar, dançar. Falta-nos uma higiene de corpo e espírito. Falta-nos o elo entre o conhecimento e a fruição. Curiosamente, hoje em dia a verdadeira moral deveria começar pelo corpo, pelas sensações. A vida de um intelectual requer o mesmo que a de um atleta: ascese, austeridade. Houve, é claro, gênios doentes, drogados, desequilibrados. São exceções, pois normalmente a criatividade não se encontra numa seringa ou no fundo de uma garrafa de álcool.

Num mundo em que as mudanças se precipitam, ainda há lugar para a filosofia?

A importância da filosofia não diminuiu. Mas é verdade que o campo de intervenção do filósofo se modificou. Há uns dez anos, lembro-me de ter recebido o telefonema do ministro da Justiça. Ele estava diante de um grave problema, o das chamadas "mães de aluguel", para o qual ainda não existiam normas jurídicas. Que fazer? Reunir pessoas para debater. Quem? Cientistas, sem dúvida, mas também, nesse caso, religiosos. E filósofos. Cada dia mais os filósofos estão participando dos debates da sociedade. Mas se observarmos mais atentamente, veremos que, ao lado dos filósofos de reflexões puras, sempre houve outros mais implicados nos problemas cotidianos, um pouco como em todo vilarejo existe um ancião a quem se pede conselho.

Há seis anos o senhor dirige os trabalhos do Corpus des œuvres de philosophie en langue française, *imensa empreitada que visa resgatar toda a produção filosófica da França. O que a singulariza?*

Faço este trabalho por devoção filial. Há toda uma tradição filosófica francesa que andava completamente esquecida. Curiosamente, os franceses adoram a filosofia alemã e americana, mas raramente leem a francesa — é uma espécie de patriotismo às avessas. O filósofo de língua francesa é geralmente o enciclopedista que dissertou sobre tudo — direito, política, ciências — e criou uma paisagem extremamente variada. Outra característica é que todos escrevem com extrema elegância, têm um sentido da beleza da língua, do estilo. Estão também muito próximos dos problemas da sociedade, do cotidiano. Não vivem fechados em torre de marfim. Um dos primeiros trabalhos que publiquei, do século XVII, era sobre a diferença dos sexos. Nele o filósofo demonstra que as mulheres são iguais aos homens. Enfim, todos sempre estiveram muito próximos das ciências.

Sartre, neste século, parece uma exceção?

É verdade. Ele se iniciou na filosofia querendo ignorar completamente a ciência — "Nem me fale disso! Tenho mais o que fazer!". Ora, os grandes problemas de sua época eram os de ordem moral gerados pela ciência, como a bomba de Hiroshima. Sartre não terá sido um filósofo tão grande quanto Bergson, embora tenha o mérito de haver importado a escola alemã heideggeriana. Por outro lado, não terá sido um grande romancista. Seu primeiro romance, *Os caminhos da liberdade*, é quase ilegível. Mas tanto na filosofia como na literatura Sartre representa uma tendência muito nítida em certo momento do século XX — foi quando os filósofos se lançaram de corpo e alma nos problemas contemporâneos. Ele terá sido o anunciador de novos costumes, de novas aspirações da juventude, terá sido um moralista, no sentido global do termo, o que também é uma tradição francesa.

E o senhor, como gostaria de ser visto daqui a um século nesse Corpus?

Creio que filosofia é antecipação. Um bom filósofo é alguém que enuncia a ideia que será de atualidade dez, vinte anos depois. Na época em que todos os filósofos eram marxistas e diziam que o importante era a produção, escrevi cinco livros com o título geral de *Hermes*, sobre a comunicação. Vinte anos depois, esta é uma das ideias mestras da vida. Escrevi outro que se chamava *Turbulences*. Dez anos depois, a ciência falava de caos, de turbulência. O mundo que hoje se redesenha já se esboçava há trinta anos. A tensão Leste-Oeste há muito me parecia uma simples tela que escondia uma realidade bem concreta: a oposição entre o Ocidente e o Terceiro Mundo. Este é o verdadeiro problema. Não sou otimista. O Ocidente está fazendo grandes besteiras, entra num período de cegueira, de insolência, de desconhecimento dos problemas do planeta que são muito preocupantes. Num mundo como o nosso, em que 90% das pessoas são pobres, a definição do homem é que ele é pobre, e a definição dos ricos é que eles não são homens. Se eu tivesse um sonho — é o que vocês estão me pedindo — seria que, no futuro, dissessem: "Serres previu trinta anos antes". Sem antecipação não há filosofia.

Norma Bengell — a mulher com o pé na estrada*

Ela era a imagem da mulher independente. Dizia o que queria, fazia o que tinha vontade, não temia ser atacada. Em julho de 1971 Norma Bengell chegara a Paris sem trabalho e sem dinheiro. Nada foi fácil. Mas, disposta a fazer teatro, montou uma peça, atuou em filmes para a TV francesa, atuou sob a direção da cineasta Nadine Trintignant e chegou a um dos mais reputados palcos franceses, o do Théâtre National Populaire.

Norma Bengell nasceu em 1935 no Rio de Janeiro, de pai alemão e mãe brasileira. Ainda menor de idade, conseguiu autorização de um juizado para figurar num show no Copacabana Palace. Ali teve início uma carreira de muitos caminhos, crooner da boate Night and Day, atriz de teatro de revista e de cinema, cantora de shows com Vinicius de Moraes e João Gilberto. Um dos primeiros filmes foi a chanchada *O homem do sputnik*, de Carlos Manga, em que Norma parodiava Brigitte Bardot. Depois, vieram o nu frontal

---

* *Manchete*, 22 dez. 1973.

em *Os cafajestes*, de Jece Valadão, as cenas de lesbianismo em *Noite vazia*, de Ruy Guerra, o cinema na Itália, onde filmou com Alberto Lattuada e se casou com o ator Gabriele Tinti.

Em Paris, Norma Bengell teve um papel que foi além dos palcos. Bem relacionada com gente de cinema e teatro, tinha acesso a personalidades que os brasileiros só conheciam de nome. Simone de Beauvoir era uma delas, e foi quem elogiou o trabalho "denso e autêntico" que Norma fez na adaptação para o francês da peça *Os convalescentes*, de José Vicente. Jeanne Moreau e Delphine Seyrig, Régis Debray e Patrice Chéreau eram outros de seu círculo, a quem várias vezes pediu apoio para os abaixo-assinados contra o regime militar brasileiro. Norma se desdobrou, assim, entre o palco e a militância política e feminista. Ela mesma sofreu mesquinharias das autoridades brasileiras em Paris. Quando seu pai estava prestes a morrer, foi ao consulado para renovar o passaporte e viajar ao Brasil, de onde se afastara depois de ter sido várias vezes presa. As picuinhas do cônsul não a deixaram se despedir do pai.

Quando a encontrei no outono de 1973, em seu apartamento da Avenue Junot, uma das ladeiras que levavam à Butte Montmartre, Norma tinha, como disse para início de conversa, 38 anos de amores e decepções, de combates contra a hipocrisia, o moralismo e a opressão ainda vigentes nas relações entre homens e mulheres. Nas estantes da sala havia muitos livros de poesia e números de revistas acadêmicas, a começar por *Les Temps Modernes*, fundada por Jean-Paul Sartre e dirigida por Simone de Beauvoir. Ela se sentou num sofazinho e me ofereceu o puff de couro, enquanto o fotógrafo Chico Nascimento ia clicando a atriz. Norma Bengell morreu em 2013.

Por que você veio para a França?

Vim para fazer teatro. No início de 1971, fui para o Chile filmar *Les Soleils de l'Île de Pâques* [Os sóis da ilha de Páscoa], dirigido por Pierre Kast. Lá pus na cabeça que viria para a Europa fazer teatro. Não vim pensando em fazer sucesso. Aliás, não acredito nisso, como também não acredito em mito, estrela, nada disso. Na época do filme *Os cafajestes*, inventaram que eu era estrela. Sou apenas uma atriz. E uma mulher que começou a trabalhar muito cedo, aos dezesseis anos. Desde garota não acredito nas pessoas que ficam sentadas num lugar. Sempre fui andando, sou uma mulher com o pé na estrada. Quando vi que era difícil fazer teatro no Brasil, fui trabalhar em outro canto, cantar no galinheiro do vizinho.

O que fez assim que chegou?

Não vim direto para cá. Estive em Londres, mas achei que não se tratava de uma cidade para se fazer teatro. Fui à Suécia e à Dinamarca, mas creio que jamais aprenderia aquela língua. Meu francês era apenas de escola, mas como já sabia italiano resolvi arriscar e vim para Paris. Gilda Grilo, Marcos Flaksman e eu montamos aqui *Os convalescentes*, de José Vicente. Levantamos dinheiro num banco, com um amigo, e levamos a peça em 1972. A crítica foi maravilhosa, as matinês e os fins de semana sempre cheios. Ficamos dois meses em cartaz, só saindo por causa da chegada do verão. Foi então que as pessoas começaram a me espiar. Eu não estava pedindo favor, e sim montando um negócio meu. Na vida de um ator, tudo acontece por acaso. Não adianta forçar a barra. Alguém que me viu no Teatro Ranelagh, onde montamos a peça do José Vicente, falou de mim ao pessoal da televisão e recebi um convite para fazer um filme para a TV francesa. Fui bem paga e o filme sai agora em janeiro. Foi uma experiência muito boa, pois atingirá toda a classe média francesa.

O começo em Paris foi difícil?

Foi duro, sim. Mas acho engraçado certas pessoas no Brasil dizerem que eu passava fome. Que coisa mais louca! Não vivia como milionária, como não vivo nem sou. Mas na França ninguém passa fome. Não existe miséria, apenas pobreza. Dinheiro para um sanduíche de presunto sempre se tem. O que acontece é aquela coisa megalômana: se você não tiver um apartamento de cinco quartos as pessoas acham que você está passando fome.

Você trabalha com alguma agência?

Sim. No Brasil não precisava, os amigos me chamavam. Mas aqui é diferente. Não posso falar de dinheiro diretamente com o Théâtre National Populaire, o TNP, por exemplo. Trabalho com um agente. Vejo os scripts e aceito ou não. Pela agência filmei *A verdade proibida* [*Défense de savoir*], dirigido pela Nadine Trintignant. Mas me cortaram muito no filme. Depois fiz *Cemitério de automóveis*, do Arrabal, que foi montada em Portugal por Ruth Escobar.

Como você chegou ao palco do TNP?

Durante esses dois anos assisti a todas as peças dirigidas por Patrice Chéreau, entre elas *Massacre à Paris*. Considero-o um gênio. Mas jamais tive coragem de ir até os bastidores para conhecê--lo. Um dia, por acaso — é sempre o acaso — o ator Sami Frey nos apresentou. Cheguei em casa excitadíssima, contei para os amigos, ninguém acreditou. Passaram-se cinco meses. Outro dia, estava em Cascais e recebo um telefonema. Era Patrice, me convidando para fazer um papel em *A disputa* [*La Dispute*], de Marivaux, cuja história ele havia adaptado para o ano de 1940. Queria que eu interpretasse a princesa. Patrice prefere trabalhar com atores estrangeiros. Li o script e não gostei. Então ele me escreveu uma carta explicando a sua ideia de direção. Aceitei.

O texto é fiel a Marivaux?

É, embora seja adaptado. As crianças que brigam passam a peça descobrindo os corpos uma da outra. Meu papel, o da princesa, é no estilo Rita Hayworth. Trata-se de saber qual dos dois sexos é o mais inconstante no amor. *A disputa* foi apresentada uma só vez, em 1744, e foi vaiadíssima. Também esperávamos vaias, mas tem sido um sucesso. Além disso, a plateia do TNP é, hoje, bem jovem, formada por pessoas que querem mudar, reformar a sociedade. Depois da peça do Chéreau tenho uma proposta que não é certa e por isso não gosto de falar... Bem... posso adiantar uma coisa: fui apresentada a Luís Buñuel e parece que filmarei com ele. O velho me olhou, conversou comigo, e agora procura analisar a minha cuca, porque só contrata atores depois de saber como é a cabeça das pessoas. Tenho outro filme em vista dirigido por Claude Sautet. Em teatro e cinema, um trabalho puxa o outro.

Por que você resolveu trabalhar em teatro?

Como já disse, sempre fui uma mulher com o pé na estrada. Meu pai e minha mãe são maravilhosos, mas não tiveram condições econômicas para me educar. Fui criada com uma família por quem tenho um carinho enorme, mas que tentava me reprimir. Desde pequena não gosto de repressão. Por isso fugi e fui trabalhar com o Carlos Machado, aos dezesseis anos. Eu sabia que tinha talento. Sou da geração dos musicais da Metro. Sempre vivi naquele mundo de fantasias. Mas a partir do momento em que a fantasia não dá mais pé, vou embora.

Por isso não ficou casada?

É. Casei com um homem maravilhoso, o Gabriele Tinti. Até o casamento correu tudo bem. No dia em que me casei, disse um palavrão e ele retrucou: "Não fale assim, você agora é minha esposa". Droga, pensei, vou ter de largar esse cara. Mulher casada tem de se comportar diferente? Mas é aquela história do italiano, do machismo. Francês também é machista. Mas aqui dá para a gente argumentar. Italiano vai logo metendo a mão na cara. Francês, além de machista, não sabe amar. E tem que aprender. Esse é o nosso trabalho...

Nosso *de quem?*

Nosso, das mulheres! Por isso é que me engajei no feminismo. Ensinar ternura aos homens é muito importante. Se você tem repressão afetiva, não faz nada bem. Ainda há muita hipocrisia por aqui. E as francesas não têm muito o hábito de tomar pílula. Esse, aliás, é outro dos objetivos dos movimentos feministas. Eu me interessei pelo feminismo por causa da minha cuca. No Brasil as pessoas olham os movimentos feministas de maneira muito cômica. Não é nada disso. Estou há um ano e meio no NOW — National Organization of Women — e é de impressionar. Trabalho com um grupo de latino-americanas. É incrível como elas ainda conhecem pouco o sexo e a vida. Há mulheres maravilhosas que, de repente, se sentem culpadas de tudo. Por quê? Porque o marido é quem bota a culpa nelas. Nós nos encontramos uma vez por semana. Repare que a mulher quase não conversa, tem gente que olha feio para um grupo de mulheres numa mesa de bar. Nosso grupo não tem chefe. Nos encontramos para conversar de tudo, chamando inclusive os homens para discussões.

Você acha que a brasileira é mais liberada?

Vou dar um exemplo. Eu trabalho, não dependo de homem, não sofro repressão sexual nem econômica. Pensei que fosse uma mulher liberada. Mas quando olho em volta e ainda vejo gente tão limitada, penso: como posso dizer que sou liberada se o mundo à minha volta ainda não é? Seria uma atitude individualista.

Não se pode falar em minoria. É claro que as meninas de Ipanema sabem de tudo. Mas o Brasil não é Ipanema.

E ainda tem a reação ao feminismo.

Não sei, mas os que vão contra o feminismo são retrógrados. Os homens não podem ser contra a pessoa que vai partilhar a vida deles! Como podem se opor à libertação feminina? Pois se é através da gente que eles se libertam! Li uma vez um artigo no qual um jornalista brasileiro dizia mais ou menos isto: "É claro que Betty Friedan tem que ser feminista, feia daquele jeito!". Isso é um absurdo. Eles dizem: mulher bagulho não dá pé! Mas e nós, não vivemos com homens barrigudos, carecas, feios? Nesse ponto de vista do jornalista, como explicar a presença de Jane Fonda no movimento feminista?

Você se identifica com Jane Fonda?

Muito. Ela foi uma das mulheres mais objeto do mundo. Aquela loura de grandes decotes e pernas de fora. E de repente entendeu. Eu também fui mulher-objeto. Houve época em que se não pusesse biquíni não comia. Até a hora em que percebi: seria preciso mostrar meu corpo para comer? Tomei uma atitude consciente. Aos dezesseis anos fui trabalhar de biquíni, ganhando nove contos por dia. Quando chegou a hora, parei de usar biquíni e pus um vestido com a perna de fora. Aos poucos, fui me cobrindo. E quando achei que estava na hora de ficar nua e fazer *Os cafajestes*, fiz. Esse meu gesto acabou sendo mal interpretado por algumas mulheres. Elas não entenderam minha liberdade.

Peter Brook — encontros notáveis[*]

Era uma tarde de verão em Paris. Fui ao apartamento do dramaturgo Peter Brook, numa rua vizinha ao Palácio do Elysée. A entrevista estava marcada para ser no Les Bouffes du Nord, um teatro em ruínas que ele dirigia havia alguns anos. Mas um imprevisto o fez mudar o local do encontro. Em qualquer lugar, porém, aquela figura miúda, cujos olhos muito azuis chamavam a atenção, não se afastaria da paixão de sua vida: fazer teatro, falar de teatro. Naquele mês de julho de 1980 Brook estava prestes a ir ao Brasil, para lançar seu filme mais recente, *Encontro com homens notáveis*, baseado no livro homônimo de Georges Gurdjieff. Terence Stamp fazia o papel principal, o do estranho místico e ocultista que nascera na Armênia em 1877 e falecera em Paris em 1949. Gurdjieff, um andarilho esotérico que percorrera a Ásia, dera aulas e conferências mundo afora e criara em Paris um instituto para o desenvolvimento espiritual com técnicas polêmicas, encantava muitos intelectuais da época.

---

[*] *IstoÉ*, 30 jul. 1980.

Não era tanto o misticismo de Gurdjieff que interessava Peter Brook, e sim a busca de valores universais. Os mesmos que ele buscava nas obras de Shakespeare, de quem era grande especialista. Foi no santuário shakespeariano de Stratford-on-Avon que o inglês Peter Brook, nascido em 1925, iniciou a trajetória de diretor de teatro. Já aos sete anos, tendo como plateia apenas seus pais, montou um *Hamlet* com marionetes. A Shakespeare retornaria, em 1955, com *Titus Andronicus*, tendo como protagonistas Vivian Leigh e Laurence Olivier. Desde então, o repertório shakespeariano ocupou grande espaço nas suas montagens, também dedicadas a Peter Weiss, Jean Genet, Arthur Miller, Jean-Paul Sartre. Brook sempre aproximava o teatro e o cinema, e mesmo a televisão. Montou para a televisão americana um *Rei Lear* com Orson Welles no papel-título. Para o cinema, adaptou e dirigiu *Moderato cantabile*, de Marguerite Duras, com Jeanne Moreau e Jean-Paul Belmondo. Dirigiu por alguns anos a Royal Shakespeare Company, mas em 1970 trocou Londres por Paris, onde, com uma trupe de atores do mundo todo, fundou o Centro Internacional de Pesquisa Teatral. Suas produções eram sempre grandes acontecimentos, como o épico indiano *Mahabharata*, montado em 1985 com nove horas de duração, e depois levado para o cinema. No Les Bouffes du Nord, Brook exerceu sua mais instigante caraterística de diretor: o abandono dos cenários. A intenção, dizia ele, era que o público — e os atores — se concentrasse no que chamava de "espaço vazio", que os levaria ao clímax da imaginação. Peter Brook morreu em 2022, aos 97 anos.

Por que um filme baseado num livro de Gurdjieff?

Penso que tanto o personagem como o tema têm muito a nos dizer. Os que trabalham com espetáculo e estão em contato direto com o público têm a obrigação de não mostrar sempre a mesma coisa. Na política e na vida artística há temas a princípio desconhecidos, depois explorados a tal ponto que se vai a um cinema ou se lê um livro com a sensação de que já vimos aquilo em algum lugar. Precisamos ser vigilantes e sentir em que momento um tema perde a força, e, ao contrário, em que momento se torna central. Para mim, hoje, o tema central é o que permite a uma pessoa, mais do que a outra, manter suas forças: é um fenômeno de nossos dias ver a que ponto é difícil para um indivíduo não perder suas forças no combate da vida. Seria natural que, como a árvore, o homem envelhecesse mas continuasse em plena atividade. O que acontece atualmente é que o homem é muito mais ativo quando jovem, mas depois perde suas forças. Em 1975 montamos uma peça — *Les Iks* — baseada num estudo antropológico sobre a deterioração moral de uma tribo africana. Nela as pessoas só eram consideradas fortes entre dezoito e 24 anos, depois eram jogadas no lixo. No livro de Gurdjieff, o jovem percebe que a vida é muito mais complicada e misteriosa do que pensava, mas ele recusa as respostas que recebe e vai sempre mais longe. A coragem de ir mais longe e refutar ideias preconcebidas — e este é o tema central — indica que quem se interessa pela vida deve se livrar da identificação com os estereótipos.

Os homens notáveis que Gurdjieff encontra, como o arcebispo de Kars, o pensionista do mosteiro dos irmãos essenianos, lembram o misticismo de certos personagens de Dostoiévski. Os dois se conheciam?

Nada indica que Gurdjieff tenha sido um discípulo de Dostoiévski. Mas os dois, assim como Tolstói e Stanislávski no teatro, eram de uma época em que houve russos de um fôlego incrível, o que é cada vez mais raro. Pessoas que se davam ao trabalho de viver, para quem os valores são universais e para quem não existe a separação artificial entre o intelecto e a espiritualidade. Tanto

Dostoiévski como Gurdjieff acreditavam que a espiritualidade não é algo que pertence à Igreja. É muito importante para nós perceber que existe uma organização internacional e política que se chama Igreja e que fala em nome da espiritualidade. No fundo, é uma espoliação. Na Igreja pode-se encontrar tudo, menos a espiritualidade. Aí está a escroqueria. A Igreja é como um banco que decretou falência mas continua a funcionar. E durante anos ninguém teve o direito de ir aos cofres para ver se o banco tem mesmo as reservas de ouro de que fala. Por muito tempo a confusão foi tamanha que todos os que tiveram uma reação saudável contra a Igreja reagiram também contra a espiritualidade. Hoje vivemos, felizmente, uma situação inédita. O mal-entendido se desfez, de modo que ninguém procura seriamente ser fiel só à Igreja, o que nos permite repensar a questão de modo mais científico, indagar sobre o que se passa além da nossa compreensão. É uma bobagem acreditar que a ciência sabe tudo e que nada temos a aprender com uma sabedoria milenar que se expressava por outras imagens e outros códigos.

Como o senhor passou de Shakespeare a Gurdjieff?

A busca das referências do homem é a verdadeira questão — e nesse sentido encontro interesse tanto em Shakespeare como em Gurdjieff. Meu interesse por Shakespeare baseia-se no fato de ser ele um fenômeno. Há autores, há escritores e há fenômenos. Shakespeare é desses últimos. Ele fez a obra mais específica, no sentido de que não é possível imitá-lo. Seu estilo é marcado por sua individualidade, mais do que qualquer outro autor. E ao mesmo tempo sua individualidade está escondida, no sentido de que ninguém consegue dizer o que ele pensa ou quais são seus verdadeiros pontos de vista. Quem quer dizer que ele é um revolucionário terá vários personagens em quem se basear. Mas outro pode se basear em Coriolano e afirmar, ao contrário, que ele era um reacionário com profundo desprezo pela massa. Todos se enganam, pois falam de um personagem e não de um autor.

Inquieta-o considerar que, quatro séculos depois, Shakespeare continue a ser o melhor exemplo do que o senhor chama de teatro completo?

Um homem que é tão presente no mundo todo e que talvez nem tenha existido inquieta na medida em que é um mistério. O que me interessa é que ele mostrou de modo surpreendente que o teatro podia ser ao mesmo tempo popular e aristocrático, obsceno e poético, truculento e metafísico. Ele representou na história o papel de um poeta nacional: alguém que fala em seu próprio nome mas que carrega atrás de si um país inteiro. Em Shakespeare, é toda a humanidade que se exprime. Por isso não o considero um autor de época — isso seria reduzi-lo. Além do mais, suas peças são sempre contemporâneas; sua matéria bruta é viva. Várias vezes uso a imagem do vinho para explicar Shakespeare. Um vinho pode ter sido engarrafado há dez anos, mas no momento em que abrimos a garrafa realizamos um ato contemporâneo. E pouco importa se a uva morreu há muito tempo. Nesse sentido sou sempre anti-intelectual com Shakespeare. Quando trabalhamos uma peça sua, não importa que ele tenha morrido há quatrocentos anos: ele é contemporâneo.

Qual a sua solução para uma montagem contemporânea das peças de Shakespeare?

Do ponto de vista técnico, podem-se fazer coisas extraordinárias. Se há oposição entre duas personagens, Shakespeare nunca é a terceira pessoa que julga as duas primeiras. Ele vê globalmente. Por isso, situações e frases são inesgotáveis. Ao procurarmos em cada uma delas o contexto político, psicológico, passional e metafísico, está tudo lá. Ele é onipresente. Essa é para mim a essência do teatro shakespeariano. Cada frase pode ser percebida em níveis diferentes, cada nível toca uma parte do público, e esse público, na sua complexidade, reflete a vida inteira. Por conseguinte, a peça convém, no mesmo momento, aos apetites mais rudes e aos mais refinados — e é isso basicamente o que procuro transmitir ao público, em minhas encenações.

As outras escolas shakespearianas não fazem assim?

Quase todas as outras escolas só satisfazem uma parte da comunidade, e se porventura outro segmento se encontra misturado na representação, ele se sente abandonado. Nós tentamos estabelecer com a peça, durante os ensaios, um verdadeiro diálogo, ouvindo o que o próprio texto tem a nos dizer. E dispostos a mudar nossas opiniões prévias. É um erro impor-se ao texto, é, aliás, o que acontece com as montagens de Shakespeare: ou a equipe impõe um ponto de vista tradicional, e aí assistimos a um espetáculo chatíssimo, ou impõe um ponto de vista de hoje, o que não é o melhor. Numa peça como *A tempestade* é fácil dizer que o negro representa uma comunidade oprimida em busca de emancipação. Mas trabalhando durante os ensaios, percebemos que não é bem assim. Às vezes o próprio texto de Shakespeare nos contesta. Na última peça de Shakespeare que montei, com atores franceses, cheguei ao primeiro ensaio e disse que não conhecia a peça melhor que eles. Houve espanto e irritação: como um diretor inglês, um grande especialista em Shakespeare, diz isso? Acharam que era jogo meu. Mas a verdade é que, quando trabalhamos com Shakespeare, temos de dialogar dia após dia com o texto.

Um ator que trabalhou no seu grupo disse certa vez que o senhor não se interessa pelos atores e pelos autores.

Sim e não. Autor e ator são categorias. O que me interessa é a realização da vida, sabendo porém que ela não pode existir sem os organismos humanos. Nesse sentido, interesso-me por tudo o que vem dos atores e autores. Mas para tornar a vida mais rica. Se é para servir à cultura, ou satisfazer o ego do ator, não me interessa. Há diretores que adoram valorizar uma atriz, criar uma deusa na tela ou no palco. Isso não me diz nada, assim como também não me diz nada montar Shakespeare apenas porque é um grande nome.

Raymond Aron — o espectador lúcido*

O sociólogo Raymond Aron nunca se afastou do objetivo que se impôs em sua longa trajetória: dedicar-se a pensar a sociedade contemporânea pelas lentes de um liberal, a seu ver o autêntico praticante da liberdade de pensamento. Contemporâneo de Jean-Paul Sartre, seu *petit camarade* nas aulas de filosofia, Aron foi um antimarxista que julgava antiético escrever artigos anticomunistas. Quando o entrevistei, em 1983, semanalmente retomava nos editoriais do *L'Express* suas preocupações de sempre: a falência do socialismo e o futuro do liberalismo. Vinha atacando duramente a esquerda francesa que chegara ao poder em 1981, mas com a mesma lucidez denunciava a extrema direita fascista que se fortalecia. Suas *Memórias*, publicadas um mês antes de nosso encontro — oitocentas páginas de reflexões sobre meio século de história — já haviam vendido 100 mil exemplares.

Raymond Aron nasceu em Paris em 1905, de família judia da

* *IstoÉ*, 12 out. 1983.

Alsácia. Formado em filosofia, viveu dois anos na Alemanha de Weimar como professor da Universidade de Colônia e estudante em Berlim, onde descobriu Max Weber e colheu material para seus primeiros trabalhos: *La Sociologie allemande contemporaine* (1935) e *Essai sur la théorie de l'histoire dans l'Allemagne contemporaine* (1938). Durante a Ocupação nazista juntou-se aos franceses de Londres, quando dirigiu a revista *La France Libre*, e de volta a Paris iniciou-se no jornalismo político e na carreira docente, tendo ocupado a cátedra de sociologia no prestigioso Collège de France.

Nesses anos em que o marxismo dominava a intelectualidade francesa, Aron escreveu um livro polêmico, *O ópio dos intelectuais* (1955), visto como resposta aos discípulos de Sartre. A publicação atiçou entre ambos o desentendimento iniciado em 1947, quando Sartre comparou De Gaulle a Hitler, para horror de Aron. Ele também escreveu *Democracia e totalitarismo* (1965) e *De uma santa família à outra* (1969), em que esboça um diálogo "sem esperança e sem saída" com a nova geração de marxistas. Seu premiado *Pensar a guerra* (1976) é até hoje considerado o estudo mais completo sobre Clausewitz.

Em fins de setembro de 1983 fui encontrá-lo. Miúdo, pálido, encurvado, sorridente, Raymond Aron entrou na sala da diretoria do *L'Express*, perto do Arco do Triunfo. Nossa conversa foi longa, ele parecia querer fazer um balanço de vida. Saí de lá, preparei a entrevista, despachada para São Paulo, e segui para Bonn, onde fiz uma reportagem sobre o movimento pacifista. No dia 17 de outubro, ao voltar de trem, peguei um táxi na Gare du Nord e o motorista ligou o rádio: estavam apresentando um "especial" sobre Raymond Aron, que morrera naquela manhã, de enfarte, quando descia as escadarias do Palácio da Justiça, em Paris. Ele acabava de testemunhar em favor de um velho amigo, o economista Bertrand de Jouvenel, acusado por um historiador israelense de envolvimento com o nazismo. Aron morreu aos 78 anos, defendendo a liberdade de pensamento. Dias depois, ao falar com sua secretária, soube que esta foi a última entrevista concedida por ele.

Em suas memórias, o senhor se refere a dois acontecimentos que o transformaram em profundidade: a revolução comunista e a ascensão do nazismo. Eles teriam forjado o seu anticomunismo intransigente e a ideia de que a política é sempre irracional?

Jamais acreditei que a política pudesse resultar de decisões racionais. Sempre tentei demonstrar que é uma ilusão atribuir à razão um papel na história. Ilusão mais grave ainda nos momentos pretensamente revolucionários. Mal ou bem, o regime democrático limita os efeitos perversos da desonestidade e do irracional. No início do nazismo, quando eu morava na Alemanha, Hitler me impressionou sobretudo por ter me revelado a que ponto as paixões populares podem ser absurdamente desencadeadas e o que podem suscitar como catástrofes. Mas não precisei de Hitler para distinguir entre política e razão, nem para perceber que a política é irracional.

O senhor também sempre separou a política da moral.

O fim último da política é criar uma sociedade na qual os homens possam ser morais. Mas a política e a moral são duas ordens distintas, não convém misturá-las. Não podemos tomar decisões políticas, sobretudo em política externa, movidos exclusivamente por critérios morais. A política é irredutível à moral e à razão. Para simplificar, retomo a célebre distinção de Max Weber entre ética da convicção e ética da responsabilidade. Uma pessoa qualquer tem o direito de tomar posições políticas sem se preocupar com as consequências práticas. Mas um político não pode

270

se comprometer numa ação sem medir as consequências de suas opiniões e decisões. Ele tem o dever moral de agir pela ética da responsabilidade.

Que importante político francês errou ao obedecer a critérios morais?

[O socialista] Léon Blum foi um deles, em março de 1936. Quando as tropas da Wehrmacht reocupam a Renânia desmilitarizada, os moralistas reivindicam o direito de os alemães controlarem o conjunto de seu território, portanto de não sair da Renânia. Mas a reocupação violava um tratado assinado voluntariamente pela Alemanha. A França tinha o direito de replicar militarmente. Aceitar a reocupação era perder a possibilidade de socorrer seus aliados do Leste, a Checoslováquia e a Polônia, era liquidar com nosso sistema de alianças. Sobre isso é que um verdadeiro político deveria refletir. Mas o primeiro-ministro Léon Blum raciocinou em termos abstratos, achando que era um progresso da humanidade não usar a força militar. Quando se trata de perder sua própria segurança, este é um raciocínio falsamente moral e em nada político.

O senhor leu Marx muito jovem, esperando encontrar a confirmação do socialismo. Por que se decepcionou?

Desde os anos 1930 eu duvidava das previsões do movimento comunista, o que se confirmou. Sou radicalmente hostil ao socialismo real, por ser um regime totalitário, que impõe uma ideologia de Estado, que liquida a sociedade civil e a submete à vontade do Estado, que proíbe qualquer grupo independente, de ideias ou sindicatos. É um regime que detesto. Além de tudo, o sistema de planificação econômica é um desastre.

Idêntica submissão ao Estado não havia no nazismo?

O nazismo foi a aventura pessoal de Hitler, enquanto para os comunistas trata-se de um projeto de sociedade.

Nem no caso da China o senhor atribui algum mérito ao socialismo?

Na China houve algumas diferenças, mas no fundo o projeto de sociedade é o mesmo. Pior, pois eles tiveram a Revolução Cultural que foi ainda mais delirante. Parece que agora existe um retorno a certo pragmatismo. E hoje estariam dando mais liberdade aos camponeses. Vamos ver o que acontece.

A social-democracia, um caminho intermediário, conta com a sua simpatia?

Se social-democracia é o sistema de Previdência Social, de transferências sociais, de Estado-providência, aí está claro que todas as sociedades industrialmente desenvolvidas têm certa dose de social-democracia. O problema é saber se essas sociedades conservam suficientes mecanismos do mercado, de autonomia das empresas, a fim de não deslizar para a decadência britânica nem para o despotismo soviético. Enquanto for compatível com a eficiência econômica, a social-democracia não se presta a uma contestação ideológica fundamental. Durante os anos de grande expansão, todo mundo fazia social-democracia. Agora é mais difícil, porque a distribuição pressupõe acumular riquezas, e estas não têm aumentado. E há fortes chances de que a social-democracia agrave ainda mais a situação.

O governo francês [de François Mitterrand] pretendeu fazer um socialismo que se assemelhasse ao trabalhismo inglês do pós-guerra, com todos os seus defeitos. É algo anacrônico porque estamos num período de pouco crescimento.

Qual é sua principal crítica ao governo de François Mitterrand?

O fato de que tenha aceitado ministros comunistas no governo. O socialismo francês poderia avançar se pensasse sozinho, o que excluía uma aliança com os comunistas. Acho que Mitterrand foi levado a fazer essa aliança porque era a única maneira de seu partido ganhar as eleições, considerando-se o sistema eleitoral francês. Não gosto da ideia da presença de comunistas no poder, mesmo parcialmente, embora não ache que já seja o fim do mundo. Mas não concordei com a política de François Mitterrand de relançar a economia em 1981, quando os outros países adotavam o rigor. Resultado: isso nos obrigou a uma marcha a ré em 1983, recuando para uma política de austeridade. E também não achei útil a solução de estatizar o conjunto do sistema de crédito. Foi um erro. As estatizações estão fora de moda em todo o mundo ocidental.

O que existe de bom no governo socialista?

A descentralização foi uma boa ideia, mas até agora não funcionou, pois se limitou a transferir certo número de encargos e tarefas aos municípios. Temos de esperar os resultados. Não sou um entusiasta de se politizar a administração regional e municipal. O que ouço aqui e acolá não me inspira confiança.

O liberalismo que o senhor tanto defende tem futuro na América Latina?

Mas na América Latina não há nem mesmo o capitalismo norte-americano! Muitos países ainda são governados pela oligarquia fundiária. Outros são intelectualmente desenvolvidos, quase superdesenvolvidos, no sentido de que têm demasiados intelectuais em relação às suas necessidades. Mas ainda lhes falta o funcionamento do regime político. Falta também a eficiência dos empreendedores.

Em que categoria se inclui o Brasil?

Na região de São Paulo existe uma espécie de capitalismo relativamente eficaz, que não exclui uma certa dose de transferências sociais. O Brasil do Nordeste não é capitalismo, ali se vive um regime escravista em decomposição. O Brasil é um país no sentido político, mas economicamente são muitos países que só por milagre se mantêm unidos. O que me parece extraordinariamente difícil no Brasil é ocorrer uma revolução, qualquer que seja. A capacidade de transformar esse país-continente me parece complicada e limitada. O milagre brasileiro é a manutenção da unidade dessas regiões.

O senhor escreve muito pouco sobre o Terceiro Mundo, quando é justamente aí — em especial na América Latina — que estão em perigo os valores do liberalismo que o senhor defende.

Eu sei disso. Mas sou um editorialista. E não gosto do termo Terceiro Mundo, que engloba muita gente, desde os chineses — a mais velha civilização da humanidade — até os pigmeus. É bobagem falar de Terceiro Mundo. Sobre a América Latina, do ponto de vista econômico haveria muito o que dizer e muito o que criticar na influência norte-americana nessa parte do continente. Do ponto de vista político, vejamos os países da América Central: todos estão divididos entre regimes despóticos fundados na velha oligarquia e regimes revolucionários do tipo castrista. Os Estados Unidos têm uma parte de responsabilidade nessa falta de alternativa política. Mas temos de estudar país por país. Em El Salvador não existe uma vontade majoritária de fazer revolução. Na Nicarágua ainda se trava uma batalha entre os moderados que fizeram a revolução e os extremistas. A Guatemala é o país que me parece pior e mais complicado. Mas independentemente da responsabilidade norte-americana, o que nos choca, a nós europeus, é a violência da política nessa região, é a facilidade com que se mata.

Não tenho solução a apresentar. Se a alternativa é entre o castrismo e a velha oligarquia, reconheço que a longo prazo os castristas ganharão, por causa dos problemas de injustiça social — a menos que se encontre um sistema intermediário entre esses dois regimes igualmente detestáveis.

Nunca lhe ocorreu passar da reflexão à ação e influenciar diretamente a política internacional, como uma espécie de Henry Kissinger francês?
Não creio que tenha as qualidades indispensáveis para exercer o poder, nem mesmo em nível de conselheiro do príncipe. Não bastam a inteligência e o acúmulo de informações. Conheço por demais os aspectos sombrios da política, a dose necessária de falta de escrúpulos, para suportá-los na prática. E meu horror à violência seria uma desvantagem num cargo de conselheiro.

Nas suas memórias o senhor trava um diálogo permanente com Jean-Paul Sartre. Houve uma complementaridade às avessas entre o seu anticomunismo e a defesa que Sartre fazia do regime soviético?
Sartre... É inevitável... Como ele morreu, não quero continuar a polêmica. É verdade que aos olhos de muita gente, e ainda hoje, sempre aparecemos como representantes de duas posições políticas extremas. O quanto já não se falou sobre o diálogo entre esses dois antigos *petits camarades* da Escola Normal Superior! Daqui a alguns anos talvez sejamos assunto de dissertação para alunos de liceu! Dito isso, não houve entre nós uma complementaridade às avessas porque Sartre não era obrigado a ir tão longe na direção pró-soviética que, aliás, ele renegou no final da vida. Nossa amizade da juventude foi essencialmente intelectual, e não afetiva. A amizade morreu de per se. As posições políticas de Sartre impossibilitavam-me retomar nosso relacionamento. E será que ele queria? Sartre disse certa vez que a única pessoa com

quem discutiu filosofia foi comigo. E acredito. Porque ele preferia conversar com qualquer moça sobre qualquer outro assunto, e também porque não acreditava nas amizades entre homens. Na minha vida, as amizades masculinas tiveram um papel muito importante.

Quem foi Jean-Paul Sartre?

Ele foi o que foi — o intelectual mais marcante de nossa geração. Mas não era um profundo apaixonado pela política, como eu. Antes de alcançar a fama, a política lhe era completamente indiferente. Quando penso que ele morou um ano em Berlim, sob o regime nazista, e sequer percebeu a tragédia que se fermentava na Alemanha... Sartre foi arrastado à política por esta lei que reza que, na França, um escritor coberto de glórias deve ter uma mensagem, deve ser um juiz moral e político em qualquer campo, mesmo naqueles em que não tem muita competência. Sartre viu-se obrigado a ter sobre todos os homens, sobre todos os países, uma opinião definitiva. Quem se propõe objetivos tão elevados inevitavelmente diz uma bobagem de vez em quando.

Quem mais influenciou sua época: os seus editoriais ou os manifestos de Sartre?

Constato que Sartre jamais teve influência sobre as decisões políticas dos governantes franceses, embora tenha exercido uma tremenda influência sobre os jovens e a opinião pública. Não vejo razão de se dar a seus manifestos a mesma importância que se dá a seus trabalhos de filosofia. Os franceses adoram as modas e Sartre propagou a moda marxista. Hoje, noto também que o anticomunismo está muito enraizado na sociedade francesa. Assistimos ao renascimento de intelectuais que condenam radicalmente o sovietismo. A tal ponto que a moda hoje é a literatura política de direita — talvez porque a esquerda esteja no poder. De toda forma, a grande intelectualidade não me parece entusiasta da experiência socialista. Deste ponto de vista, meus editoriais tiveram êxito.

Sendo um defensor do engajamento pró-europeu, pró-atlântico, como vê a Europa neste final de século?

A Europa está se suicidando pela desnatalidade, e talvez esteja se retirando da história com H maiúsculo. No final do século, a pressão dos países pobres sobre os países ricos será cada vez mais forte. E se os europeus continuarem a viver como agora, não conservarão por muito tempo sua situação de privilegiados bem-formados e ricos. As novas gerações jamais se convencem das experiências precedentes. No entanto, este século é único: tivemos um panorama claríssimo de como as revoluções foram custosas e violentas. O marxismo foi a única grande ideologia plena da história. Refiro-me à ideologia como uma representação global do mundo em função da qual se faz política. O que as revoluções resultantes do marxismo nos trouxeram de bom poderia ser obtido com custo menor e de maneira menos insuportável. Por isso defendo os regimes de democracia política, de liberdade individual, onde subsista suficiente liberalismo econômico. São os menos piores.

Com o fim das ideologias que o senhor anunciou, o que diria a um jovem em busca de um engajamento político?

O mesmo que diria a meu neto. Que partisse das propostas do liberalismo, não como hipóteses já demonstradas, mas prováveis. Que as defendesse. Que fizesse uma análise impiedosa da crise mundial e do declínio europeu. A partir daí, que se fixasse objetivos modestos, pragmáticos, necessariamente pouco entusiasmantes. É decepcionante. Mas é o que eu lhe diria. Se, ainda assim, ele acreditasse ser possível mudar a vida — a sua vida, pois a vida tal como a observamos nas sociedades é uma ilusão —, en-

277

tão eu o aconselharia a encontrar um lugar no qual a sociedade imperfeita o fosse um pouco menos. E se ele necessitasse de uma chama espiritual, diria que é preferível não procurá-la na política. Se isso não bastasse, lhe diria que mais vale amar apaixonadamente uma mulher do que amar apaixonadamente uma ideologia. E me calaria.

Roger Peyrefitte — o escândalo e o estilo*

Roger Peyrefitte era um escritor dado a polêmicas. Nascido em 1907, passou em primeiro lugar no concurso para a carreira diplomática, mas já no primeiro posto, Atenas, envolveu-se numa encrenca amorosa. É que o jovem secretário de embaixada, desprezando o decoro do cargo, não teve o cuidado de disfarçar sua predileção por amizades então proibidas e iniciou um affair com o protegido de um almirante grego. O episódio se repetiu em outros postos, e de volta a Paris, em plena Segunda Guerra Mundial, Peyrefitte foi trabalhar sob as ordens de um notório pró-nazista, Fernand de Brinon, o que lhe valeu por muitos anos a pecha de ter colaborado com o regime de Vichy. No final do conflito foi afastado de vez da diplomacia. Lançou-se então numa batalha jurídica que se arrastou por trinta anos para ser reintegrado e receber os atrasados. A essa altura já era um escritor famoso e controverso. O primeiro romance, *Les Amitiés particulières* [As amizades

* *Fatos & Fotos*, 8 ago. 1976.

particulares] (1943), narrava a atração de dois rapazes num internato católico. O seguinte, *Les Ambassades* [As embaixadas], era um *roman à clef* sobre a vida diplomática durante a Ocupação. O terceiro, *As chaves de são Pedro* [*Les Clefs de Saint-Pierre*], esmiuçava os bastidores do Vaticano e foi proibido na Itália.

Suas fotos em boates da moda, envergando o pomposo uniforme de gala dos diplomatas e posando ao lado de socialites, faziam dele uma figura do *gratin* parisiense. E também de desavenças literárias. A polêmica mais azeda foi com o escritor católico e prêmio Nobel François Mauriac, que o acusou de ser um "assassino das letras", e foi por sua vez acusado de esconder os pecados carnais de adolescência durante a campanha para a Academia de Letras. Tudo isso alimentava as vendas de seus livros. Quando fiz esta entrevista, no verão de 1976, eles ultrapassavam meio milhão de exemplares, e Peyrefitte estava entre os mais vendidos com *Tableaux de Chasse — la vie extraordinaire de Fernand Legros*, publicado depois no Brasil com o título *O falsário ou A vida extraordinária de Fernand Legros*. Legros era outro personagem excêntrico e escandaloso. Dublê de marchand de quadros falsos, traficante de armas e vendedor de praias desertas do Caribe a milionários incautos, ele fugira para o Brasil em 1972, para escapar de um mandado internacional de prisão, mas foi extraditado para a França em 1974.

Peyrefitte marcou a entrevista para uma manhã de sábado, em seu apartamento térreo, no 16è arrondissement. Acabava de voltar do passeio diário pelo Bois de Boulogne. Cabelos brancos, vestindo uma túnica de brocado oriental e elegante nos gestos e nas palavras, quis nos mostrar, a mim e ao fotógrafo Chico Nascimento, o apartamento que mais parecia um museu do erotismo. As paredes do salão tinham afrescos inspirados nas bacantes; sobre os móveis, estatuetas sensuais de templos indianos; no centro da sala, uma escultura em tamanho natural de um efebo; no corredor que levava aos quartos, gravuras de cenas de pedofilia. No final da entrevista, ele me chamou para posar a seu lado, "para que você não pense que sou apenas homossexual e que não gosto de mulheres". Feito o registro, lembrou-se de um episódio, talvez o único, que o uniu ao Brasil: a amizade com o embaixador Luiz de Souza Dantas. Roger Peyrefitte morreu em 2000.

Quais são os antecedentes de suas desavenças com o Vaticano?

Já em *As chaves de são Pedro* fiz alusões discretas aos costumes do papa Pio XII, que ainda vivia. Não sou desses que falam das pessoas depois de mortas. Falo enquanto vivem e arco com as consequências. Muito delicadamente, eu dizia que o arquiteto-chefe dos palácios pontificais, um conde, era seu *grande amigo*. O fato é que tudo isso era muito picante e provocou um escândalo. Prudentemente, deixei de ir à Itália por dois anos. Voltei em 1958 e, certo dia, deparei-me com um artigo num jornal de extrema esquerda. O título era "O vestido do papa". Não preciso dizer que tenho absoluto horror da esquerda e do comunismo, que são o fim de todas as liberdades, o fim da homossexualidade. Mas acabei sendo apoiado pela esquerda, veja só.

Qual foi a reação da Santa Sé?

A Santa Sé estava de olho em mim e chegou a pedir minha expulsão do país por ultraje à religião. Convém não esquecer que o catolicismo é a religião de Estado na Itália desde que Mussolini assinou o Tratado de Latrão. Fiquei imperturbável. Se o governo me expulsasse, provaria estar realmente sob as ordens da Santa Sé. Finalmente, o representante do Vaticano abriu um processo contra mim, por insulto à religião e ao papa. Pio XII morreu, veio João XXIII, o *papa buono*, e o processo foi arquivado.

Mas o senhor teve mais problemas com o papa Paulo VI.

Em *Des Français*, eu dizia que ele deveria compreender o problema da homossexualidade, já que havia sido muito amigo de atores de cinema. Quem leu o livro ficou a par, mas nada disso teve maiores repercussões. Ano passado, quando escrevi a biografia de Fernand Legros, este pitoresco personagem mundano, tive a oportunidade de discorrer sobre vários temas da sociedade contemporânea. *Tableaux de Chasse* saiu em janeiro deste ano, vieram me entrevistar e mencionei o que havia escrito sobre Paulo VI. Em março, o papa condenou oficialmente a homossexualidade e a masturbação.

E depois ele respondeu pessoalmente às suas acusações...

Foi uma loucura. Naquele domingo, 4 de abril, quando vi o papa na sacada de São Pedro, percebi que ele estava endossando o que eu dissera. Ou então é muito mal aconselhado e alguém quis ridicularizá-lo de propósito. Uma pessoa como eu, de sentimentos religiosos profundos, só pode explicar essa atitude como uma confissão pública da parte de Sua Santidade. Considero a masturbação o fruto de uma privação moral e física. Portanto, o Vaticano fez muito bem em condená-la. Quem ama alguém não precisa se masturbar. Mas a homossexualidade, não, não e não! Sua atitude foi muito forte, sobretudo vinda de quem vem. Se ainda fosse João XXIII, se fosse Pio XI, vá lá. Mas Paulo VI, é inconcebível.

Depois de todo esse episódio, como explica ter recebido o Oscar da cidade de Roma de 1976?

Ironias, ironias. Foi divertidíssimo. Quando recebi a carta pensei tratar-se de uma farsa. Telefonei para o presidente do comitê, que me confirmou o prêmio. É uma história de comédia italiana. O Oscar é concedido por uma comissão de jornalistas, intelectuais e escritores. Todos foram a favor, tanto os de direita quanto os de esquerda. Todos gostaram do meu anticonformismo. Quando a notícia se espalhou em Roma, os funcionários do Ministério do Turismo ameaçaram anular o prêmio. Mas não havia como.

O senhor irá a Roma recebê-lo?

Avisaram-me que é melhor não ir. Isso prova o grande poder do Vaticano. Recebi muitas cartas, inclusive da superiora do convento de Bom Socorro, de Roma, dizendo-me que eu agira como Napoleão, que retirou a coroa da mão do papa para coroar a si mesmo. Esse prêmio me deu mais prazer do que um Nobel. Mas acho que ir a Roma é demais. Vou recebê-lo aqui em casa, discretamente.

Seus livros já mereceram outros prêmios?

Recebi o Renaudot, em 1945, por *Les Amitiés particulières*. Comentou-se na época que eu estava cotado para o Goncourt, que é mais importante, mas havia o problema da homossexualidade subjacente em todo o livro. Tive também o prêmio da Cidade de Palermo, que só foi atribuído uma vez, e agora esse Oscar de Roma. Meus prêmios são meio excepcionais.

Educado em colégios de padres, nunca lhe pesou na consciência a ideia de pecado ao ter relações homossexuais?

Em nenhum momento minha pederastia me fez sentir em estado de pecado. E sabe por quê? Porque toda a cultura que recebi dos padres lazaristas e jesuítas foi uma cultura homossexual. Eles nos fazem amar os heróis, nos ensinam mitologia, dissertam sobre Sócrates, Alexandre. Mas minha homofilia nasceu, talvez, de minha mãe. Quando nasci ela estava com 45 anos, meu pai, 57. Ela era um poço de amor, ele, um poço de autoridade. Depois, meus mestres gregos — Aristóteles, Platão — reforçaram o gosto pela beleza física e moral, pela beleza do sexo superior: o da Juventude. Lembro que *pederastia* vem de *paidos*, criança, e de *éran*, amar. Ou seja, amar as crianças, independentemente do sexo. Só me sinto bem com jovens e minha pederastia não é daquelas para quem mulher é objeto de repugnância. Aliás, minha primeira aventura física foi com uma menina. Do momento em que sou plenamente compreendido, sou capaz de sentir qualquer emoção com uma mulher. Infelizmente as descendentes de Eva só pensam em casamento.

Foi uma atitude deliberada pôr o seu talento literário a serviço da causa homossexual?

Sempre defendi o não conformismo, nos costumes e no espírito. Meu primeiro livro já indicava o caminho que eu escolhera para expressar certos temas sentimentais. Esse caminho tornou-se ainda mais claro nos livros que se seguiram. Em *Les Amours singulières* eu conto a história do barão de Loeden e sua ligação com um fotógrafo e alguns meninos. Em *Les Ambassades*, fruto da minha experiência diplomática, retrato o grupo dos homossexuais que conheci. Em seguida, escrevi *L'exilé de Capri*, sobre um barão que às vésperas do casamento é envolvido em um caso de costume com colegiais. É uma história verdadeira, um extraordinário drama de vida. O barão tentou suicídio, disposto a romper com a sociedade que já havia rompido com ele, e exilou-se numa mansão em Capri. Este foi o meu primeiro romance de A a Z sobre a homossexualidade.

As alusões a personalidades conhecidas não são uma maneira cômoda de justificar o seu comportamento?

O que me permite dizer tudo é meu estilo século XVIII, no qual as coisas se adivinham sem ser ditas claramente. Montesquieu, por exemplo, escrevia assim: "O duque fazia Luís XV descer de seu trono para realizar um ato de familiaridade última". É maravilhoso. Mas não preciso me esconder atrás de personalidades para defender uma causa que sempre foi a minha. Sempre disse a verdade, verifico previamente o que escrevo. Além da feiura e da imbecilidade, só sou inimigo do desvio da verdade. Há em mim um historiador que me ensinou a trabalhar. Muitos romancistas não têm estofo histórico e inventam. Eu, não.

O senhor já escreveu sobre a homossexualidade feminina?
Em *Des Français* falo ligeiramente de umas lésbicas. Mas foi tudo. A homossexualidade feminina me parece um primo pobre da masculina.

Por quê?
É curioso, não quero me contradizer. O que me leva a pensar assim são confidências que ouvi de lésbicas em cartas e conversas. Vi muito mais homossexuais do sexo masculino felizes do que lésbicas felizes. Ainda existe um problema qualquer com as mulheres. Por uma série de observações concluo que os casais de mulheres são sempre mais agitados e angustiados.

Ainda que gritando contra a hipocrisia, como diz, o senhor acaba como um criador de escândalos.
Faz trinta anos que isso dura, desde que publiquei *Les Amitiés particulières*. O nome Peyrefitte sempre foi associado a escândalo. Mas essa palavra é ridícula, porque o escândalo em si não vale nada. Meu objetivo não é criá-lo, mas dar-lhe uma forma literária. Além disso, só há escândalo com a verdade. Ele não resiste à mentira. Sabe-se que eu digo verdades que outros não ousam dizer. Quando falei dos costumes papais, usei formas literárias elegantes. Na boca de um jornalista, o assunto virou escândalo: o papa é homossexual! Tudo depende de quem diz e de como diz.

Veja o caso de Fernand Legros. Consegui provar que o que ele fez nada teve de ilegal. Ele vendeu quadros falsos e verdadeiros, mas todos com certificados. Livro após livro, adquiri uma força de verdade.

E acumulou processos?

Alguns. Marlene Dietrich me processou e ganhou, por causa de uma citação de meu livro *Les Américains*. Era a época em que cantores e artistas faziam demagogia contra a guerra do Vietnã a fim de serem aplaudidos. Ela declarou ao *New York Times* que talvez fosse preciso matar o presidente Johnson. Transcrevi isso no livro e fui processado. No mesmo livro escrevi páginas duras contra o general De Gaulle, e quiseram que eu pagasse por isso. Daí uma campanha para me recriminar. René de Rothschild me fez retirar duas ou três linhas nas quais eu falava de judeus. Não que não fosse verdade, mas eu disse de modo muito forte que um dos Rothschild era filho ilegítimo. Não citei nomes, mas era fácil reconhecer. Com o processo, René de Rothschild quis provar que o livro era antissemita. Mas era justamente o contrário. Eu não escrevo livro algum se não sinto um mínimo de simpatia pelo assunto. Agora, com *Tableaux de Chasse*, sobre Legros, me disseram que eu ia ter no mínimo 150 processos. Na verdade, só houve um, do ex-ministro Pierre Joxe, que pretende nunca ter estado na casa de Legros. Ele perdeu.

Algum de seus livros está catalogado no Index da Igreja católica?

As chaves de são Pedro foi proibido na Itália, mas jamais incluído no Index. Na época, o cardeal Ottaviani era o prefeito do Santo Ofício, isto é, representava a ortodoxia de uma instituição que no passado queimou hereges na fogueira. Ottaviani tinha fama de retrógrado e obscurantista. Pois bem, cinco vezes pediram-lhe para pôr meu livro no Index. Ele sempre se negou, dizendo que eu era homem de sentimentos religiosos, que podia ter eventualmente zombado de algum milagre, mas jamais havia atacado um dogma. Segundo as normas do Index, eu poderia ser condenado, mas Ottaviani alegava que o Vaticano tinha de conviver com o seu tempo.

O senhor se considera um permissivo?

Não sou um adepto da licenciosidade. Acredito que a permissividade faz parte da liberdade, é preciso suportá-la, sofrê-la. Mas não a aprovo e não a pratico. Não gosto dos filmes de Jean Genet nem dos de Pasolini. Acho, ambos, pornográficos. Sei que você pode dizer que eu gosto dos meus escândalos mas reprovo os dos outros. Acredito num escândalo ao qual podemos nos permitir, nas normas da sociedade e da civilização estabelecidas. Tudo o que se refere aos costumes deve ser tratado com sutileza, tudo o que é ligado ao sexo deve se revestir de um estilo elegante — o que não é o caso de Genet nem de Pasolini. Aliás, considero a palavra *sexo* pavorosa. Como não há outra, temos que empregá-la. Apenas o espírito faz passar esses assuntos sem chocar. Do contrário, ou parecemos cachorros fazendo amor na rua, ou nos limitamos a ser uma curiosidade literária, artística. A pornografia é a sexualidade dos primários. Tanto quanto possível, temos que passar a uma etapa secundária, e mesmo superior. Com minha literatura penso ter feito progredir muito mais a causa da homossexualidade do que as grosserias de Genet e Pasolini. O que eles escrevem e levam às telas acaba afastando os espíritos que não são partidários de nossas ideias.

O senhor seria um moralista?

Acredito que sim. Sou terminantemente contra a pornografia, embora não a condene. Há muitos anos, quando censuravam os livros pornográficos publicados por pequenas editoras — Genet teve a sorte de ser ajudado por Sartre e conseguir uma grande editora —, muita gente indagava: mas, e os livros de Peyrefitte? Assim, qual seria o limite entre a pornografia pura e a literatura pura? Para mim, essa definição é clara: é preciso trabalhar com o espírito, evitar as palavras grosseiras e obscenas. Creio que não é difícil entender. Mais uma vez, digo que a sutileza é a alma do negócio. Os contos de La Fontaine são extremamente divertidos porque tudo é dito de maneira sutil.

Há trinta anos militando em favor da causa homossexual, o senhor acha que houve uma evolução dos costumes e da aceitação social?

Avançamos lentamente. Hoje a sociedade já admite bem mais a homossexualidade. As penas contra os atos homossexuais são mais leves do que há trinta anos. Quando penso que tive de sair da diplomacia porque não escondia meus costumes sexuais! E que durante dez anos meu nome não apareceu no jornal *Le Figaro* por causa de uma briga com François Mauriac, sempre a respeito das minhas preferências! Graças a essa bandeira que empunho, muitos escritores puderam escrever sobre o assunto, cada um à sua maneira. Não creio que estejamos numa fase de decadência moral. Nossa época é maravilhosa, podemos dizer tudo. E é exatamente por isso que não devemos dizer tudo. Os comportamentos também evoluíram. Observo com enorme satisfação que a sociedade tem um grau de tolerância muito maior.

Ainda subsistem tabus?

Alguns. Admite-se a homossexualidade entre adultos, mas se há crianças e adolescentes no meio...! Em 1967, publiquei *La Jeune Proie* [A jovem presa], no qual fazia uma confissão de meu amor por um rapaz menor de idade. Pois não é que fizeram uma pequena investigação para saber se a história era verdadeira?

Descobriram que sim, quiseram me processar, nada conseguiram, eu já era muito conhecido.

Qual é o seu ideal de sexualidade?

Sempre apareci na imprensa como o papa da homossexualidade porque meu primeiro livro foi o reconhecimento público disso. Mas defendo que a sexualidade normal, a verdadeira, é precisamente o trato com ambos os sexos. Para mim, o ideal é representado pela antiguidade greco-romana e persa, quando as pessoas casadas mantinham relações com outras do mesmo sexo. Foi o cristianismo que mudou tudo, daí eu atacar a sua moral. Sofri tanto com a hipocrisia dos outros, na infância, na carreira diplomática, que me tornei um apóstolo da verdade, pura e íntegra, sem excessos. Tudo que é excessivo é primário. O rigor dos costumes é tão deplorável quanto a permissividade que consiste em sair à rua e baixar as calças diante de qualquer um sob pretexto de que não existe mais moral.

Nos seus tempos de diplomata, o senhor conheceu algum colega brasileiro?

Esta é a primeira vez que falo para um jornalista brasileiro, e gostaria de dizer que fui grande amigo do embaixador Souza Dantas, que por aqui andou na época da guerra. Quando publiquei *Les Amitiés particulières*, um dos raros exemplares da primeira edição enviei-o a Souza Dantas. Ele me escreveu uma carta que considero das que mais me tocaram na aurora da minha carreira literária. Ser amigo de Souza Dantas significava ter prestígio no Quai d'Orsay. Gostaria de prestar uma homenagem a esse grande diplomata.

Roland Barthes — o prazer do texto*

Roland Barthes morreu em 1980, quando dividia o pódio intelectual francês com Jean-Paul Sartre, Jacques Lacan, Michel Foucault. Suas aulas no Collège de France eram um must da vida parisiense, com lotação esgotada e incluindo na plateia os brasileiros que faziam doutorado com ele. Toda essa gente se embevecia com seus aforismos, seus brilhantes comentários sobre um pintor, um livro, uma luta de boxe, um mapa de astrologia. Barthes pontificava. Conseguira, senão popularizar, pelo menos dar foros de cidadania à hermética semiologia. Era raro percorrer uma revista literária ou uma reportagem sobre os desfiles de moda sem se deparar com o *discurso*, as *conotações*, o *corpo plural*, a *leitura em segundo grau*. Um dia, essa língua peculiar foi estudada por dois bem-humorados ex-estudantes seus num compêndio que se iniciava com um diálogo na língua "r.b.": "Que estipulação agencia a sua ek-sistência?" "Expulso pedacinhos de código". Tradução: "O que você faz na vida?" "Sou datilógrafa".

* *Arte Hoje*, Rio de Janeiro, set. 1978.

Roland Barthes nasceu em Cherbourg em 1915, filho de um oficial de Marinha. Aos dezoito anos, estudante de letras em Paris, ficou tuberculoso e passou temporadas em sanatórios na França e na Suíça. Depois da guerra, lecionou em Bucareste e em Alexandria, retornando a Paris para ser professor da École Pratique des Hautes Études. Tinha 32 anos quando publicou os primeiros ensaios do que se constituiria, em 1953, a obra *O grau zero da escrita*, pedra inaugural do movimento "nova crítica". Atento às vanguardas literárias, tornou-se um arauto de escritores tidos como tão sofisticados como impenetráveis. Numa época em que o francês ainda gostava de romances herdeiros da literatura do século XIX, Barthes causou controvérsias ao privilegiar a linguagem, ao rejeitar o estilo e, mais ainda, ao decretar que "o autor estava morto". Em *Mitologias* (1957), seu livro mais conhecido no exterior, fez um engenhoso inventário daqueles anos, do vinho ao striptease, do novo Citroën aos marcianos. Numa manhã de fevereiro de 1980, ao dirigir-se ao Collège de France, numa rua de pouco trânsito do Quartier Latin, foi atropelado pela caminhonete de uma lavanderia. Morreu um mês depois.

Em setembro de 1978, o primeiro telefonema para marcar um encontro não foi bem-sucedido. Barthes relutava em falar à imprensa, alegando que havia anos respondia às mesmas perguntas. No segundo telefonema — o da insistência — aceitou, contanto que tivesse uma ideia dos temas. Queria pensar no que ia dizer. Quando eu lhe disse que seria uma conversa para uma revista de arte, pareceu surpreso e aliviado: "Não vamos falar de semiologia? Que boa notícia! Há anos discorro sobre o assunto, não sou obrigado a ter ideias novas todos os dias. Aliás, elas já começam a me faltar". Não só não faltavam, como Roland Barthes nos recebeu, a mim e ao fotógrafo Pedro Pinheiro Guimarães, em seu apartamento atrás da igreja Saint-Sulpice, com a bondade do sorriso. No canto da boca, o inseparável charuto, que o deixava com os dedos amarelados de nicotina. No canto da sala, um piano. No final do encontro, contou que sempre gostou de música, teve aulas de canto na juventude e vez por outra ainda "brincava de pianista".

Um de seus livros mais discutidos no momento é Fragmentos de um discurso amoroso, *sobre a leitura e a literatura. Existe um discurso amoroso na pintura?*

O estado amoroso em relação a certas telas e certos pintores não passa de uma metáfora. O amor só não é metafórico quando se dirige a uma pessoa. Porque o ser humano é capaz de emitir palavras, silêncios e respostas. No caso de uma pintura, pode haver uma relação fetichista, ou seja, uma relação amorosa muito particular. E necessariamente perversa. Seguramente existem pessoas amorosas de um quadro. O herói da novela *Le Chef--d'œuvre inconnu* [*A obra-prima ignorada*], de Balzac, vive enamorado de sua própria pintura, do quadro que jamais termina. Mas esse personagem se refere ao quadro como qualquer um de nós se referiria ao pé ou à mão do objeto amado. Só pela mediação do fetichismo podemos aproximar o discurso amoroso do ser humano e o da pintura. Sem o fetichismo, essa transposição é impossível, porque a pintura é antes de tudo um objeto — portanto, um amor passivo.

Mas existe ao menos o prazer do amador.

É difícil saber o que é isso. O prazer de ver uma tela é bastante banal. Se não existisse, não haveria museus, nem pintores ou galerias. Mas me parece um prazer enigmático.

Com alguma espécie de carga erótica?

Essa questão é muito intrigante. Acho difícil afirmar que sentimos prazer — no sentido físico do erotismo — ao contemplar uma pintura. Mas, para elucidar essa questão, podemos nos apoiar num sistema mais amplo de explicações, de tipo filosófico. Por exemplo, quem acredita na psicanálise pode se valer do argumento de que, num de seus seminários, Jacques Lacan falou da pulsão de olhar, de ver. A partir daí, pode-se até fazer uma análise freudiana do prazer pela pintura, já que a psicanálise é um sistema geral de explicações. Mas, como todo fenômeno cultural, a pintura é heteróclita, está sujeita a outras interpretações. Por exemplo, uma exclusivamente econômica, já que existe o mercado; outra unicamente mitológica, já que a pintura faz parte da memória que a humanidade proporciona a si mesma através dos séculos. E assim por diante.

Desde seu livro Mitologias, *de 1957, o senhor tem se interessado pela moda. O que o fascina no tema?*

O fascinante é perceber que existe uma diferença fundamental entre o que é a moda na realidade e as descrições que dela faz a imprensa feminina. Todo mundo sabe que a roupa tem um sentido muito claro. Ela envolve o erotismo, a vida social etc. Mas a própria moda não existe sem um sistema de transmissão: a imagem, a fotografia, o desenho, o texto escrito e até o vestido que passeia pela rua. É extremamente difícil analisar a moda, pois temos que reconstruir a gramática de uma substância que, no final das contas, conhecemos muito mal. A moda não tem outra existência senão a de ser um sistema de significação. Mas ao mesmo tempo ela é um sistema de significação extremamente pobre. Ou seja, as grandes diferenças dos trajes nos levam a diferenças de situações cuja lista é pobre.

Ao se democratizar, a moda estaria empobrecendo?

A moda só é rica para a revista feminina, que ainda distingue os trajes das cinco da tarde, das oito da noite, as roupas para o meio-dia, o coquetel, o almoço, o teatro. Na realidade, não existe "cinco horas da tarde". Do ponto de vista sociológico e estatístico, até bem pouco tempo só havia, na França, duas roupas, a de trabalho e a de domingo. Atualmente, nas nossas sociedades ricas ocidentais a coisa se complica, porque a cultura de massas mistura as ideologias e as superestruturas. Ela abre as portas do consumo às classes que não possuem os meios econômicos de consumir. Na maioria das vezes, essas classes só consomem as imagens dos produtos e não o próprio produto. Sem querer fazer reivindicações fáceis, acredito que a riqueza e a sutileza do universo semântico da moda, tal como esta aparece nas revistas especializadas, são inteiramente irreais.

Por que o senhor aceitou escrever um livro sobre o costureiro Erté, o Saint-Laurent dos anos 1930?

Para falar francamente, porque o editor Franco Maria Ricci me encomendou. Erté concebeu, talvez sem saber, a moda feminina calcada nos sinais. E como há anos me interesso pelo estudo dos signos e dos sinais, aceitei a proposta. O trabalho que ele fez é muito interessante e bonito. Não é de hoje, aliás, que as letras do alfabeto ocidental prestam-se ao antropomorfismo. Erté supriu, com a moda, as lacunas do alfabeto ocidental, concebido sem imagens.

Lacuna que não existe no alfabeto japonês, que o senhor tanto aprecia.

Sem dúvida. O alfabeto japonês, à base de imagens, é deslumbrante. Toda vez que vou ao Japão, vivo uma constante atividade de *leitura*. Sou absolutamente fascinado pelo sistema de signos oriental, que é extremamente sutil e elegante. No Japão, as tabuletas, os gestos da vida cotidiana, os endereços, a comida, o teatro, os menores ritos da cidade são executados à base de signos, enquanto na nossa sociedade tudo se baseia na expressividade. Mas há uma contrapartida curiosa: os sinais japoneses são vazios. Porque não levam a um significado último, como Deus, Razão, Ciência.

Jackson Pollock é um dos seus pintores preferidos. Há uma aproximação entre ele e a ciência dos signos?

Minha cultura, em matéria de pintura, não equivale à que tenho de literatura. Não posso nem mesmo falar de Pollock em geral. Mas sei que, em certos momentos, um determinado trabalho de Pollock me diz muita coisa. Aí tenho vontade de fazer o mesmo, tenho vontade de ter sido eu o autor do quadro. Creio que esta é a única prova possível de que gostamos de uma tela: quando pensamos que seria muito difícil, ou muito fácil, pintá-la, contanto que fôssemos nós o autor. É o que se passa entre mim e Pollock. Se eu quiser racionalizar, diria que Pollock é uma aliança, é um tratamento não figurativo radical. Ou seja, ele não joga com qualquer analogia. Há nele uma espécie de pureza do parti pris muito forte. Além disso, sinto em suas telas uma gigantesca pulsão da mão, e mesmo do braço. Sem falar da pulsão da cor, que é muito importante. É provável que o gosto pela cor tenha alguma relação com as pulsões humanas. Ora, Pollock tem uma satisfação da cor que me agrada.

O senhor continua pintando e desenhando?

Continuo, mas é um trabalho muito modesto. Primeiro, porque comecei muito tarde — no máximo há cinco anos. E depois porque é uma atividade circunstancial. Quando estou na casa de campo, durante o verão, eu leio e escrevo, mas não tenho as mesmas distrações que em Paris. Procuro, então, ter uma espécie de atividade substitutiva. Certo dia pensei que seria muito agradável me repousar pintando. Decidi começar o aprendizado regular e paciente do desenho. Tentei copiar uma composição persa do século XVII, uma cena de caça. Irresistivelmente, em vez de procurar representar as proporções, a organização da cena, ou sua estrutura, eu copiei e juntei ingenuamente detalhe por detalhe. O resultado foi inesperado: a perna do cavaleiro foi se aboletar no alto da sela do cavalo, e assim por diante. Ou seja, eu procedi por adição, e não a partir de um esboço globalizante. Tenho o gosto prévio do detalhe, do fragmento. Mas tenho também absoluta inabilidade para fazer uma composição. Não sei reproduzir as massas.

Mas parece um craque nos grafismos.

Gosto muito dos grafismos, é verdade. Nos meus desenhos há sempre a predominância da pulsão gráfica, a preocupação — repito — de fazer traços que se assemelhem à escrita, que participem da escrita manual. Em certos momentos da minha vida, faço muitos rabiscos sem refletir, automaticamente. E depois passo por longos períodos como o atual, em que não faço nada.

Que satisfação lhe dá desenhar e pintar?

Uma satisfação imensa, creio que porque no desenho sou absolutamente irresponsável. Na semiologia e no estudo da língua, atividades a que me dedico há anos, é diferente. Uma palavra deve ser escolhida, protegida, retida e pensada antes de sair da boca ou passar para o papel. Na pintura, ao contrário, não tenho nenhuma responsabilidade. A pulsão gráfica de minha mão se satisfaz sem qualquer perigo. E com a grande vantagem de que pintar e desenhar são atividades estritamente amadorísticas. Não tenho com a pintura nem com o desenho nenhuma espécie de, digamos, compromisso narcisista.

É clássica a distinção que o senhor estabeleceu entre as noções de escrevente (écrivant) *e escritor* (écrivain). *Ela também se aplica à pintura?*

O *escrevente* é aquele que acredita na linguagem como puro instrumento de pensamento. O *escritor* enxerga a linguagem como um campo dialético no qual as coisas se fazem e se desfazem. Num aspecto mais geral, pode-se dizer que o gesto essencial do artista — do criador, portanto do escritor, do pintor — é destacar, separar. Um pintor destaca um traço, uma sombra, se necessário o aumenta, o substitui e cria uma obra. Mesmo quando se trata de uma obra natural ou unificada — um objeto de Marcel Duchamp ou uma superfície monocromática —, é uma obra. Nisso, a arte se situa no oposto das ciências sociológica, filológica, política — as ciências do *escrevente* —, que estão permanentemente "integrando" o que separaram, o que destacaram.

A arte contemporânea pode, e deve, ser objeto de uma crítica científica, uma crítica epistemológica?

Há dois problemas. O primeiro é saber se, dentre todos os métodos de se comentar a pintura, existem uns melhores que outros. Eu responderia que sim. Em princípio, a crítica que se pratica atualmente é menos subjetiva, menos qualificativa, mais teórica, mais estrutural. Em certo sentido, diria que é mais rica do que a crítica puramente impressionista. Mas quando observamos a história mais do alto, percebemos que ela desenvolve permanentemente pensamentos e ideias diferentes. Essa dinâmica histórica já é um argumento para nos deixar bastante céticos: por que afirmar que o que fazemos agora é melhor do que o que se fazia antigamente? Nesse momento, preferimos este modo de criticar a arte. Mas provavelmente dentro de alguns anos seremos tragados por um novo método, ainda desconhecido. O segundo problema é mais complicado. Será que a pintura foi feita para que se fale dela? Comentar o trabalho de um pintor, de um desenhista, não será uma atividade totalmente inútil, uma espécie de complemento insignificante que se tenta acrescentar ao próprio quadro? A partir dessa questão — para a qual não tenho resposta — pode--se afirmar que o destino da pintura não é ser comentada. Ela não precisa significar coisa alguma. Acho que seria bom, mais dia menos dia, pensarmos nisso. Sei que um conceito como esse nem tão cedo será aceito e digerido. É muito desagradável pensar nisso, especialmente para os redatores de uma revista de arte, como a sua.

Romain Gary — vidas múltiplas de um provocador*

Na tarde de 2 de dezembro de 1980, um ano depois do suicídio da ex-mulher, a atriz Jean Seberg, o romancista Romain Gary deu um tiro na cabeça, em seu apartamento em Paris. Deixou um curto bilhete: "Nenhuma relação com Jean Seberg. Aos fervorosos dos corações partidos, roga-se que batam em outra porta. Pode-se atribuir esse gesto a uma depressão nervosa. Mas então será preciso admitir que ela dura desde que alcancei a idade adulta. Então, por quê? Talvez se deva procurar a resposta no título do meu livro autobiográfico, *A noite será calma*".

Nesse livro ele falava do que viu, conheceu, amou. E não era pouco. Nascido em 1914 em Vilnius, capital da Lituânia, aos sete anos mudou-se para Nice com a mãe. Estudou direito e línguas eslavas, filiou-se às brigadas internacionais da Guerra Civil Espanhola, foi aviador na Segunda Guerra Mundial, cônsul da França em Los Angeles, escreveu quase trinta romances, entre eles *As*

---

* *Fatos & Fotos*, fev. 1975.

raízes do céu, prêmio Goncourt em 1956, *Clair de Femme*, adaptado para o cinema por Costa-Gavras [*A luz da paixão*], *Promessa ao amanhecer*, um retrato de mulher inspirado na mãe, e a trilogia *Comédie américaine*, todos com grande vendagem na França e no exterior. Incursionou pelo teatro, pelas confissões e pelo cinema, tendo dirigido Jean Seberg em dois filmes.

Esse homem de muitas vidas tinha o gosto da provocação. A mais desconcertante foi a invenção de Émile Ajar. Tudo começou em 1975, quando o Prêmio Goncourt foi atribuído a *A vida pela frente*, segundo romance de um misterioso autor que jamais aparecera em público nem dera entrevista. Muito se especulava sobre sua identidade, suspeitava-se até do próprio Gary. Para não caírem no ridículo, os jurados do prêmio exigiram garantias prévias de que o autor não era um fantasma. Obtiveram: Ajar foi entrevistado em sua residência perto de Copenhague. Três dias depois descobriu-se que a casinha na Dinamarca e o que ele contara era fabulação. Ajar seria o pseudônimo de Paul-Alex Pavlowitch, que, este sim, existia, e em Paris hospedava-se na casa do tio Romain Gary... O caso Ajar virou um *potin* literário, só esclarecido num texto póstumo de Gary que confirmava o que se pressentia: Ajar e Pavlowitch eram ele próprio, que inventou um pseudônimo, atribuiu-lhe uma vida, quatro romances e um prêmio Goncourt.

Quando o entrevistei, em fevereiro de 1975, a mistificação do caso Ajar ainda não tinha estourado. Gary acabara de publicar o best-seller *Au-delà de cette limite votre ticket n'est plus valable* [Além deste limite seu tíquete perde a validade], em que conta o drama de um executivo apaixonado por uma brasileira e confrontado com o declínio sexual. Nosso encontro foi na manhã de um sábado. Seu apartamento da Rue du Bac era decorado com cortinas vermelhas, mesas cobertas por mantos de veludo, alguns ícones, tudo banhado numa luminosidade tênue. Alto, corpulento, olhos puxados de um azul muito claro, Gary não transmitia serenidade. Exaltou-se ao falar de Alexander Soljenítsin, o dissidente soviético então onipresente na imprensa ocidental. Em tom incisivo justificou a desonestidade dos intelectuais "numa época em que nenhuma causa é inteiramente justa". Quando fiz menção de me levantar, ensaiando o que seria uma última pergunta, ele reacendeu o charuto apagado no cinzeiro, afundou um pouco mais na poltrona, e se disse disposto a prosseguir. Prosseguimos.

No ano passado o senhor lançou uma campanha no sentido de feminilizar o mundo, pedindo "justiça às mulheres". Como lhe veio essa excelente ideia?

Talvez eu seja um grande feminista. Fui educado pelo olhar de amor de uma mulher terrivelmente presente. Passei a amar as mulheres. Não o bastante, porque jamais um homem será capaz de amar suficientemente uma mulher. Mas em minha vida sempre busquei a feminilidade, sem a qual não há homem completo. Se a isso se chama ser marcado pela mãe, fui realmente muito marcado por ela. Se é isso que os psicanalistas chamam de complexo de Édipo, pois bem, eu assumo. Não me arrependo e até aconselho. Minha mãe era uma espécie de monstro sagrado e, se fiz a guerra, foi para me libertar, através da violência, do peso materno. Mas outra coisa também é certa: minha mãe fez de mim um homem. Nas mães castradoras não existe amor. Quando existe, como no meu caso, o resto não conta.

O senhor não é o único a perceber a exploração das mulheres.

Não. Simplesmente fui mais longe. Continuo fiel ao que escrevi em *Les Couleurs du jour*, afirmando que todos os valores da civilização são femininos — a doçura, a ternura, a maternidade, o respeito pelos fracos. O cristianismo compreendeu isso muito bem, com o culto à Virgem. Mas limitou-se a atribuir-lhe uma imagem de piedade. Não chego a dizer que se deva colocar as mulheres no lugar dos homens para termos um mundo melhor. Isso é uma idiotice, mesmo porque a maioria das mulheres ativas já se reduziu ao estado dos homens por causa das próprias necessidades e das condições de luta. Digo simplesmente que é preciso dar uma chance à feminilidade, o que jamais foi tentado desde que o homem reina sobre a terra.

Como nasceu a profunda admiração por De Gaulle?

Eu não enxergava nele a imagem de um pai heroico que nunca tive. Afinal, por que esperaria chegar aos 27 anos para escolher um pai? E por que De Gaulle, e não Stálin, que era o "pai" da moda? Minha admiração por De Gaulle era sem limites, e sempre irritante. Vem de um fato: ele foi o homem que disse *não* às maiores potências do mundo, *não* à capitulação. No fundo, essa recusa de capitular é a própria condição do homem.

O que representa para um jovem a experiência de uma guerra?

Quando me convocaram eu já era subaviador havia dois anos. A aviação já me deixara marcas profundas. Certo dia, recolhi um amigo que morreu aos meus pés, aos 22 anos, murmurando: "Eu estava apenas começando". Pois bem, a guerra multiplicou isso por cem, por mil. O meu amigo de 22 anos morria diariamente em todos os lugares por onde andei. Mas deixemos isso de lado. Tenho horror ao velho combatente que vive do passado. A vida é feita para recomeçar.

E em 1945 o senhor recomeça com a diplomacia.

E também com a literatura. Eu já escrevia desde os catorze anos. Em 1945, publiquei meu primeiro livro, *Educação europeia*. Eu tinha trinta anos e a lapela coberta de condecorações, daquelas distribuídas aos heróis — nem sempre heróis — da guerra. Recebi duas propostas: uma para trabalhar no Ministério das Relações Exteriores e outra para dirigir uma rede de bordéis. Escolhi a primeira, iniciando assim uma nova vida, a diplomacia.

Seu primeiro posto, em 1946, foi na Bulgária. Sendo exilado de um país báltico então parte da União Soviética, como se sentia servindo num país comunista?

O país era comunista mas ainda conservava um rei e uma rainha. O verdadeiro rei, porém, era o lendário Dimitrov, o herói do episódio do incêndio do Reichstag, o chefão de todos os partidos comunistas do mundo. Quando ele soube que eu era russo, veio conversar comigo e me disse: "Quem botou fogo no Reichstag fui eu". Na Bulgária de 1946, o Exército Vermelho vivia percorrendo as ruas, e foi assim que tive o meu primeiro contato com minhas origens, com os russos, desde que havia deixado a Lituânia, aos sete anos de idade.

Por que o senhor jamais voltou à União Soviética? Razões políticas?

É engraçado. Já me senti petrificado pela literatura russa. Mas sinto a Rússia muito longe de mim. Adoro o povo russo, a literatura russa, mas não tenho a menor vontade de voltar. Razões políticas? Não creio. Não, de jeito nenhum. Já me convidaram diversas vezes, sou incapaz de dizer por que não aceito. Eu mesmo me pergunto, reflito. Estranho, porque nasci lá e a literatura russa me marcou muito. Talvez por isso mesmo — tenho a impressão de que conheço tudo muito bem. E não gosto de conhecer o que já sei.

Nem mesmo o que vem sendo revelado desde que Soljenítsin chegou ao Ocidente?

Soljenítsin é um homem respeitável, mas ele nada me ensinou sobre a Rússia soviética nem sobre os crimes de Stálin. É preciso ser surdo e cego, é preciso ser o último dos imbecis para buscar em Soljenítsin revelações sobre o que se passou na época de Stálin. Direi que é um crime de rara monstruosidade precisarmos de um Soljenítsin para nos indignarmos. Nada do que ele escreveu é uma revelação, o que em nada diminui sua coragem. Do ponto de vista político, ele representa o mesmo que a emigração russa de 1924. O problema é que Soljenítsin foi um herói na Rússia. Ele teve muita coragem, mas muita publicidade também. Ele e todos os outros dissidentes. Mas no fundo essa publicidade me faz dar boas gargalhadas, especialmente quando vem dos Estados Unidos. Então o mundo já se esqueceu do senhor McCarthy, que confiscava passaportes de americanos acusados de atividades antipatrióticas, que levou escritores ao suicídio e atores a denúncias forçadas? Durante cinco anos houve o mesmo tipo de terror stalinista nos Estados Unidos. A acusação lançada contra esses milhares de liberais americanos é exatamente a mesma lançada pela burguesia soviética ortodoxa contra Soljenítsin. Não sinto nenhuma comunhão intelectual com ele, como aliás nunca me senti próximo dos russos brancos. A partir do momento em que ele e outros começam a afirmar que a solução para a Rússia é a volta à Igreja greco-ortodoxa, considero tudo isso de uma ironia patética.

Qual é o futuro do império soviético?

Não sei. Um dia a União Soviética vai explodir, ou por um conflito com a China ou por um conflito nas próprias repúblicas que tendem a reivindicar a independência. Pense que existem 80 milhões de ucranianos que não se sentem russos. Não acredito na sobrevivência de um monólito gigante. Entraremos numa fase de desintegração nacional. O que ainda freia essa explosão é o medo terrível que os russos têm do problema das nacionalidades. Durante quarenta anos eles foram massacrados, fuzilados, hoje não ousam se mexer. Mas Soljenítsin comete um grande erro ao atribuir isso ao comunismo.

Sob o tsarismo era a mesma coisa?

Excetuando-se os dois ou três anos que se seguiram à revolução, a liberdade de espírito na Rússia sempre foi ignorada. Na época do império havia os mesmos campos na mesma Sibéria para os mesmos crimes, havia a mesma polícia pelas mesmas razões, a mesma censura e o mesmo puritanismo intelectual. Essa mentalidade é uma característica do povo russo que não tem nada a ver com o comunismo. Tudo o que se pode dizer é que os comunistas não deram liberdade ao povo. Mas afirmar que eles são os culpados, isso faz-me rir. A sociedade marxista soviética busca exatamente os mesmos bens que a nossa. De Nova York a Moscou os valores são os mesmos. A Europa se situa no centro, entre o extremismo materialista soviético e o americano. Talvez isso signifique uma série de fracassos para a Europa, mas o que conta não é o sucesso, e sim a busca, a direção da marcha.

Embora lhe tenha dedicado uma trilogia, sente-se que o senhor não tem a menor simpatia pela Comédie américaine. *Os Estados Unidos não foram uma descoberta?*

É quase impossível ter um primeiro contato com os Estados Unidos. Eles são talvez o único país que já se conhece antes mesmo de conhecê-lo. O cinema americano é o mais real do mundo. O pior filme é sempre verídico, mostra fielmente os Estados Unidos. Todo mundo conhece Nova York, mesmo sem ter estado lá: basta ir ao cinema. Isso torna impossível a descoberta da América. Ela própria é um filme. Creio que jamais existiu na história da humanidade uma forma de expressão popular mais representativa de uma civilização e mais em simbiose com ela do que o cinema americano. Quando eu servi em Los Angeles, Hollywood já superara a fase de ouro, mas ainda não sabia. Desde 1947, a televisão prosseguia sua marcha batida rumo à conquista, mas os tsares de Hollywood fizeram como todos os tsares no início de uma revolução: não acreditaram. Em dez anos estavam liquidados. Em 1956, porém, ainda faziam de conta que nada havia mudado. Viviam como num conto de fadas. Eu achava fascinante ver monstros sagrados como Darryll Zanuck, Frank Sinatra, Cecil B. de Mille acreditando piamente naquilo que seus agentes publicitários diziam. Sem falar das grandes estrelas femininas, algumas mal sabendo ler e escrever, e que quando viam um sujeito procurando nelas não sexo e dinheiro assumiam uma postura de humildade e gratidão comoventes. Um outro aspecto irresistível, embora trágico, de Hollywood era a exacerbação do machismo. Os proprietários dos grandes estúdios consideravam-se supermachos e só falavam em termos de potência sexual, potência do dinheiro, desprezo pela fraqueza. Eram homens que não souberam resolver os problemas de infância. Tratavam a mulher como objeto de consumo.

Não havia amor nesse conto de fadas?

Necessariamente, o amor tinha poucas oportunidades nesse ambiente de concorrência de machos, nas rivalidades de potência sexual e jogos de dominação e conquista. A temporada em Los Angeles foi, para mim, de anos leves, no final dos quais encontrei Jean Seberg, na época com vinte anos. Deixei a carreira diplomática, casei-me com ela e tivemos um filho. Vivemos juntos nove anos. Eu tinha 25 anos a mais. Naturalmente, ela passou de minha mulher a minha filha. Como eu não tive filha, aceitei muito bem esse papel. Mas não foi uma história de Pigmaleão. Jean teve muito mais influência sobre mim do que eu sobre ela.

O cinema tem mais influência hoje do que a literatura?

Do ponto de vista sociológico, o livro deixa marcas muito mais profundas. *A condição humana*, de André Malraux, exerceu influência sobre toda uma geração, essa que deu Régis Debray, Che Guevara. Mas jamais se viu alguém mudar de comportamento por causa de um filme. Aliás, com o livro é a mesma coisa. Falam muito do poder político do romance. Acredito que a literatura só influencia alguém durante o tempo que dura a leitura. *Guerra e paz*, de Tolstói, jamais impediu que houvesse uma guerra. Foi um romance que fez tudo pela literatura, nada pela paz. Em *As raízes do céu* lancei um protesto violento contra o massacre dos elefantes. Recebi dezenas de cartas aprovando a denúncia. Pois bem, alguns leitores me enviaram, como prova de que compreendiam minha intenção, nada menos do que pequenos elefantes esculpidos em marfim!

A impostura e a má-fé estão muito presentes em seus romances. Num deles, Tulipe, *a personagem inicia uma greve de fome comendo escondido a fim de ganhar forças para prosseguir a greve. O senhor não acredita na integridade dos homens?*

Vou lhe dizer uma coisa: não importa que digam que pratico certo charlatanismo intelectual. E sabe por quê? Porque eu sou um escritor do século xx e jamais, na história, a desonestidade intelectual, ideológica, moral e espiritual foi tão grande. Jamais houve tanto cinismo. O "ator" Mussolini e o "charlatão" Hitler levaram sua impostura à casa dos 30 milhões de mortos. O fascismo não passou de uma atroz exploração da idiotice humana. Stálin exterminou populações inteiras em nome da justiça social e das massas trabalhadoras, que ele reduzia à condição de escravos. Os séculos passados praticavam a injustiça em nome do direito divino, mas pelo menos nisso as pessoas acreditavam piamente. Hoje as mentiras não têm base nenhuma. Vivemos uma época de completo desprezo pela verdade, uma época de confusão em que nenhuma causa é inteiramente justa, em que ninguém mostra inteiramente sua face. O charlatanismo intelectual é um aspecto mais aparente e ignóbil disso. E todos os meus livros estão impregnados *deste* século, e não de outros.

Simone Veil — a libertação da mulher*

Simone Veil é uma das cinco mulheres que repousam no Panthéon de Paris. Sua entrada, em 2018, nesse templo que desde a Revolução Francesa recebe os restos mortais dos chamados "grandes da pátria" foi unanimidade na França. Afinal, ela conheceu a grande tragédia do século XX — os campos de concentração — mas também sua maior conquista: a emancipação feminina. Simone Veil foi a ministra da Saúde que, em 1974, conseguiu ver aprovada na Assembleia Nacional francesa a lei que legalizou o aborto. Nascida em Nice, em 1927, ainda mocinha foi deportada para Auschwitz. No final da guerra, cursou direito e entrou para a magistratura, onde fez um trabalho excepcional de humanização das prisões. Quando Giscard d'Estaing se elegeu presidente, foi convidada para a pasta da Saúde, tendo sido a segunda mulher, em toda a história da França, a exercer plenamente o cargo de ministra. A aprovação do aborto não foi um combate fácil. Simone Veil passou meses enfrentando injúrias e ameaças, rece-

* *Manchete*, 2 abr. 1977.

bendo ataques de praticamente todo o espectro político. Grupos antiaborto fizeram raivosas manifestações naquele dia de 1975 em que, no plenário, ela reafirmava sua certeza de que o aborto devia ser "uma exceção, o último recurso para situações sem saída fácil". Simone Veil tornou-se a ministra preferida dos franceses — preferência reiterada nos anos seguintes, quando foi deputada, e depois presidente, do Parlamento Europeu e fez dos direitos humanos a principal bandeira de seu mandato.

Quando a entrevistei, em março de 1977, a lei já estava aprovada e Simone Veil se empenhava em outros combates, como a expansão da rede de creches e a campanha contra o tabagismo, impondo restrições à publicidade de cigarros. Eu já não trabalhava na *Manchete*, de onde tinha sido demitida meses antes, mas como ocorrera anteriormente o diretor da sucursal, Silvio Silveira, me convocou para fazer a entrevista pedida pela redação no Rio de Janeiro. Fomos recebidos no Ministério da Saúde, onde a senhora ministra, de uma beleza austera e olhos claros, vestindo um elegante tailleur Chanel — sua grife predileta —, falou de sua atuação à frente da pasta e dos problemas das mulheres dos países menos desenvolvidos.

Como vai a implementação da lei de descriminalização do aborto que a senhora, como ministra da Saúde, conseguiu aprovar?

Para apreciar a aplicação da lei é necessário analisar a situação da França três anos atrás. Estávamos num impasse. A lei penal não era mais aplicada e se constituíam raríssimos processos contra mulheres ou médicos que praticassem o aborto. As que pretendiam abortar viajavam para a Inglaterra ou para a Holanda, em excursões organizadas com esse objetivo. Ao mesmo tempo, algumas associações na França induziam à prática do aborto sem sequer a presença do médico. Essas entidades esforçavam-se por transformar o aborto numa reivindicação do Movimento da Libertação das Mulheres, o MLF, assegurando que o direito de abortar era um direito feminino etc. Havia, portanto, um excesso. Atualmente, os hospitais não têm mais sido procurados por mulheres em precário estado físico por terem tentado abortar sem assistência médica, as estatísticas mostram que já não existem pacientes indo buscar a operação em outros países. Agora, quando as mulheres decidem realmente abortar, fazemos com que essa cirurgia seja legal e, em seguida, tratamos de orientá-las quanto aos anticoncepcionais. Com isso, evitamos que recaiam na mesma situação de gravidez indesejada. Posso afirmar que o quadro é bem melhor. É verdade que muitas ainda não usam anticoncepcionais e apelam para o aborto. Mas esperamos, lentamente, utilizando os meios de educação, dar à população feminina a consciência de suas responsabilidades para que tome os anticoncepcionais e não recorra ao aborto.

Em alguns países, associações médicas travam um combate contra a pílula, dizendo que ela atrofia os ovários femininos. Como vê essa argumentação?

É difícil avaliar os efeitos de um medicamento antes do seu uso em três ou quatro gerações. Tudo o que se pode dizer é que as experiências científicas demonstraram que a pílula não faz esse mal todo. Existem evidentemente contraindicações clínicas e é por isso que previmos, na legislação, a obrigação das mulheres de apresentar atestado médico antes de obter gratuitamente os anticoncepcionais. Penso que nesse assunto existem pontos de vista emocionais muito profundos, que podem ser perigosos. Quando se conhecem os médicos que assumem posições favoráveis aos anticoncepcionais — mesmo de um ponto de vista científico —, nota-se que eles são, filosoficamente, favoráveis ao princípio da contracepção. Ao contrário, quando são emocionalmente desfavoráveis, suas ideias científicas correspondem a esse repúdio. Estamos tentando nos apoiar em estudos técnicos, na medida do possível. É verdade que se pode, ainda, aperfeiçoar a pílula, diminuindo a dose de hormônio, por exemplo. Não conheço a situação no Brasil, mas para certas pessoas — e isso explica que a lei de autorização dos anticoncepcionais não seja bem-vista por todos — o direito de não conceber significa a liberdade da mulher, algo que deveria ser proscrito.

Enquanto isso, os anticoncepcionais para homens — pílulas, injeções — são pesquisados e se desenvolvem mas eles se recusam a usá-los.

No fundo, os homens acham que a interrupção da gravidez e a limitação da natalidade enchem a mulher de sentimento de culpa. Ao mesmo tempo, muitos associam a mulher que toma pílula à liberdade sexual e não ao equilíbrio de uma família planejada. Existe, sem dúvida, uma reação muito viva dos homens que se pretendem donos da situação. Ouvi de alguns senhores no Parlamento — ou em conversas particulares — uma manifestação curiosa em relação à pílula, quando se referiam às suas mulheres e filhas: não, para ela não, não se trata de uma prostituta. Estudos de psicologia estão afirmando que, para alguns homens, o prazer sexual não é mais o mesmo quando sabem que a mulher toma pílula. Penso que os mesmos homens que não admitem a prática de anticoncepcionais masculinos são os que fazem objeção absoluta à pílula da mulher.

No Terceiro Mundo os problemas das crianças estão muito ligados ao da desnutrição. O que fazer para mobilizar a ONU para essa questão?

Realmente, fico perplexa diante do desequilíbrio entre os países em vias de desenvolvimento e as sociedades industrializadas. Nos países subdesenvolvidos, pode-se dizer que o estado sanitário se torna o meio de contracepção. Mas acho que nos últimos anos houve progresso nesses países, tendo baixado a taxa de mortalidade pré-natal. O problema é conseguir dar a esses países um meio de planejar uma anticoncepção voluntária, em vez da lei cruel da natureza que os franceses conheceram no século XVIII, época em que uma mulher, se queria conservar três filhos, tinha que dar à luz dez. Atualmente, a Organização Mundial da Saúde e o Unicef estão se ocupando desses problemas. As campanhas contra a fome são importantíssimas. Por sua vez, a OMS faz movimentos internacionais para erradicar a varíola e a malária. São temas fáceis de se abraçar, no plano internacional. Já as campanhas para o desenvolvimento dos anticoncepcionais são de mais difícil aceitação. Num país, partindo-se de certa unidade de conceitos, há entre os seres humanos diferenças fundamentais de emoção em relação à contracepção. Mesmo quando se diz a alguém: "Sua opinião sobre a concepção vem dos seus princípios filosóficos, dos seus sentimentos", essa pessoa não reconhece o fato e insiste em afirmar que está raciocinando objetivamente. Portanto, em termos de uma sociedade em que se entrechocam várias maneiras de pensar, uma campanha internacional, vinda de fora para dentro, pode ser malvista. Creio que cada país deve encontrar seus métodos de abordagem da contracepção. É muito difícil para estrangeiros enfocar a questão. O que se pode fazer é uma sensibilização dos responsáveis dentro do país, mas são eles que devem assumir o problema.

A seu ver quais são as medidas sanitárias mais urgentes e importantes para um país em vias de desenvolvimento?

Creio que para esses países o primeiro problema é o da fome. Ao mesmo tempo, o da racionalização alimentar. Não basta alimentar as crianças, é necessário alimentá-las racionalmente. E, naturalmente, é importante a higiene, sobretudo a higiene da água, que garante o desaparecimento das parasitoses. Em seguida, são importantes as vacinas. Pode-se dizer que a varíola já não traz problemas, mas doenças aparentemente sem importância, como o sarampo, podem ser graves em países subdesenvolvidos. Se um país conseguir fazer a cobertura sanitária desses fatores de risco e ainda por cima incluir a contracepção, já terá conseguido bastante. Na China, o controle da natalidade trouxe muito progresso.

Nos países subdesenvolvidos as desigualdades diante das doenças, e da morte, são gritantes. Há ações prioritárias nessa luta?

A abordagem da medicina em países em vias de desenvolvimento é um problema difícil. Em termos coletivos e pensando-se em justiça social, os povos das sociedades industrializadas se sentem privilegiados. Então, eles dizem que para os subdesenvolvidos a luta deve ser pela educação sanitária, o combate às grandes endemias, a guerra às pragas. No entanto, não podemos esquecer que nos países em vias de desenvolvimento as pessoas que vivem nas cidades e têm meios financeiros possuem um nível cultural e um estilo de vida muito mais próximos dos nossos do que os habitantes do interior. Portanto, fica muito difícil pedir-lhes que abram mão de uma medicina sofisticada. A dificuldade nesses países é alcançar o equilíbrio entre as duas coisas e ter a coragem de renunciar, em alguns casos, ao tipo de medicina ocidental em favor do desenvolvimento da educação sanitária e de um sistema de saúde local. A oms presta grande ajuda a esses países. Mas não se pode evitar que os médicos façam uma medicina importada dos países industrializados onde, muitas vezes, eles se formaram, aprenderam técnicas sofisticadas. Do ponto de vista psicológico, é impossível para eles deixar de aplicar essas técnicas quando se trata de um ser humano sob sua responsabilidade. Então, tentam utilizar os métodos aprendidos nos melhores centros, ou até mesmo remeter para esse centro — europeu ou americano — o seu paciente. É claro que isso se faz com prejuízo para a coletividade. O importante é achar um equilíbrio, para sair do esquema de dois tipos de medicina para dois tipos de população.

A senhora defende que a política de saúde não deve ser privilégio de especialistas. Quem pode ajudar os especialistas em saúde?

Conheço mal a situação do Brasil, mas sei que ele tem o problema oposto ao nosso: na França, inversamente ao que ocorre no Brasil, breve haverá médicos em excesso para a população. Penso que a solução é impor, quanto à formação, uma percentagem pequena de especialistas para que haja uma grande massa de clínicos gerais. E estabelecer a política de saúde de maneira que os pacientes procurem sempre o clínico geral e só por sua orientação se encaminhem ao especialista. Assim, será possível atender a um número maior de pessoas com um número menor de médicos.

As creches das associações de bairro e dos conjuntos habitacionais na França têm se mostrado mais úteis que as das empresas e fábricas?

É uma questão de doutrina. Durante certo tempo preferimos as creches nas empresas e fábricas. Mas atualmente verifica-se que a criança não deve se deslocar muito durante o dia. Portanto, são preferíveis as creches perto de casa. O interesse maior é instalarmos todos os tipos de creches. Estamos muito inclinados a ter um programa diversificado, com creches nas empresas e também nos bairros. Ao mesmo tempo lançamos o sistema da babá-guardiã, que toma conta de duas ou três crianças, no máximo, sob a supervisão de uma puericultora. Na realidade, trata-se de um método entre a babá e a creche. É o sistema perfeito para as mães que não trabalham fora mas devem se ausentar de casa algumas horas por dia. Mas nossa política é apresentar todas as alternativas para atender às necessidades de cada mãe.

O problema da habitação reflete o das mulheres que passam a vida em casa sem as vantagens mínimas de conforto, tais como esgotos, equipamentos sanitários, espaço. Como mulher e ministra da Saúde, a senhora não acha que a luta por uma política sanitária deve ser uma reivindicação permanente das mulheres?

Com certeza. Quando penso em reivindicação, diria mesmo que para certos países ela ultrapassou o plano sanitário, sendo reivindicação de conforto, de bom meio ambiente. Raros são os bairros que dispõem de equipamentos coletivos para crianças brincarem, se reunirem. Se para as crianças pequenas já é difícil, para as de quinze, dezesseis anos o problema é pior, pois elas não se sentem integradas nos conjuntos habitacionais onde moram. Também existe a questão dos espaços verdes, dos transportes, e da organização escolar, pois a escola não deve ficar longe demais.

Como faz a mãe que trabalha fora e deve cuidar dos filhos pequenos?

Trata-se de um problema grave. Psicólogos e psiquiatras fizeram estudos para mostrar que até os três anos a criança tem necessidade de laços profundos com a mãe. Se há ruptura, porque a mãe trabalha fora e quando chega está cansada e dedica pouco tempo à criança, isso pode causar dificuldades afetivas futuras ao bebê. Mas por outro lado os psicólogos dizem que o mais importante é a qualidade do tempo dado pela mãe à criança. É melhor a mãe estar totalmente disponível e afetuosa com o filho durante uma hora do que tomar conta dele o dia inteiro, mas irritada e nervosa. Deveríamos explicar isso às mães que precisam trabalhar. Obrigar a mãe a ficar em casa, se ela não se dispõe a isso, não adianta nada. Até uma babá pode dar à criança estabilidade e possibilidade de socialização. É preciso não esquecer, também, o pai, que desde a primeira infância do filho tem um papel a assumir e que a criança nota, desde muito cedo.

Outra campanha de sua administração é contra o alcoolismo. Qual a sugestão que faria para uma campanha desse gênero em países em desenvolvimento?

Não conheço o Brasil e nunca ouvi dizer que tivesse problema de alcoolismo. É verdade que em outros países em desenvolvimento — em certas regiões da África, por exemplo — o alcoolismo se transformou numa questão muito séria. Ao contrário do tabaco, o alcoolismo não é apenas um perigo para a saúde mas um mal social. Nos países subdesenvolvidos ele produz, também, a desintegração da família. Nesses países as transformações têm sido muito rápidas, as pessoas têm dificuldade em passar por essa fase de transição e o álcool acaba se tornando um instrumento para encarar mais facilmente as coisas. Mas não acredito que no Brasil a questão do alcoolismo seja como na França, onde, embora não pareça, o problema é seriíssimo, tratando-se mesmo do país em que esse problema é mais grave.

Suzy Solidor — a musa dos 220 retratos[*]

Ela foi retratada pelos grandes pintores de seu tempo, Raoul Dufy, Fujita, Jean Cocteau, Moïse Kisling, Francis Picabia, Félix Labisse, Francis Bacon. Suzy Solidor chegou a ter 220 telas de seu rosto, de suas poses. Todos se encantaram desde os anos 1930 com a moça esbelta, loura, de franja e cabelos lisos *à la garçonne*, que com seu jeito andrógino oficiava como cantora em Paris. Nascida em 1900, na Bretanha, era adolescente quando aprendeu a dirigir. Logo foi promovida a motorista do Estado-maior, conduzindo, durante a Primeira Guerra Mundial, ambulâncias até a frente de batalha. Depois instalou-se em Paris. Sem esconder seus amores sáficos, viveu muitos anos com uma antiquária e se apaixonou pelo aviador Jean Mermoz, que fez a primeira viagem transatlântica sem escalas entre o Senegal e o Brasil, em 1930. Nesses anos, Suzy era a estrela dos cabarés, e logo se tornou a grande dama da canção francesa, considerada tão insubstituível e inimitável como seria, mais tarde, Édith Piaf.

[*] *Manchete*, 9 nov. 1974.

Seu repertório se compunha de canções de marinheiros — donde o apelido Madona dos Marujos — e de melodias mais sensuais, ambíguas. Às vezes, cantava envolta numa capa de toureiro. Outras vezes, estendendo um xale cor de laranja sobre a tampa do piano de cauda. Sua voz de quase barítono era, segundo Jean Cocteau, "saída do sexo" e — diziam outros — parecia queimar. Em 1933 abriu o cabaré La Vie Parisienne, onde nos anos da Ocupação cantava para os oficiais alemães a versão francesa de *Lili Marleen*. Finda a guerra, teve de se explicar num dos muitos processos de artistas que colaboraram com os nazistas e perdeu seus direitos civis. Proibida de cantar na França, tentou a vida nos Estados Unidos, mas já em 1954 podia abrir em Paris o Chez Suzy Solidor.

Cagnes-sur-Mer, onde ela morava, era uma cidadezinha de 20 mil habitantes entre Cannes e Nice. Suzy doara à prefeitura dezenas de telas. Na pracinha, à porta de uma casa de pedra e janelas azuis que fora do perfumista de Maria Antonieta, a placa anunciava: "Suzy Solidor, antiquária". Era um feriado do verão de 1974, e lá dentro uma outra senhora, madame Nana, nos recebeu, a mim e ao fotógrafo Gilbert Garibaldi. Eram duas e meia da tarde mas Suzy ainda dormia. Apareceu uma hora depois, desculpou-se pelo atraso porque naquele dia quente resolvera ir à praia e prolongara a sesta. Estava com 75 anos, usava o mesmo corte de cabelo mas a silhueta arredondada já não era a das mais de quarenta telas que me levou para ver, cobrindo as paredes de seu salão na penumbra. Nossa conversa se iniciou com Suzy cantando. Na despedida, contou-me que, quando estava feliz, sempre recebia os amigos cantarolando as músicas de antigamente. Daí que eu pudesse me considerar sua amiga! Morreu em Cagnes-sur-Mer, em 1983.

*A senhora disse num recente programa de TV que agora só cantava
no banheiro. É isso mesmo?* [Suzy responde cantando]

"*Le ciel est bleu/ la mer est verte/ laisses un peu la fenêtre ou-
verte!*" Ou, se preferir: "*Les filles de Saint-Malo/ ont les yeux cou-
leur de l'eau/ Ah! C'est une riche affaire/ De palper tous ces trésors/
De ces filles de corsaire/ Dont les cheveux sont en or*".* Eu sempre
tive músicas marinhas de Saint-Malo no meu repertório. Foi ali
perto que nasci, e até meus vinte anos vivi à beira-mar.

Boas lembranças de cantora, não é?

Não quero ficar recordando. As pessoas felizes não têm lembranças; minha vida não vale a pena ser contada. Mas como você
pergunta, posso lhe dizer que já em Saint-Malo eu era antiquária.
Depois, jovem ainda, me mudei para Paris. Costumava cantar
muito, mas nunca levei o canto a sério. Um dia cantei para um
pintor meu amigo. E ele me disse que eu cantava não com os pul-
mões, mas com a cabeça. Aconselhou-me a cantar muito, sempre.
Eu só queria me distrair. Mas ele foi insistente e acabei largando a
profissão de antiquária para ser cantora. Na verdade, abri em
1928, no Quai Voltaire, um antiquário que se chamava La Grande
Demoiselle. Lá eu cantava, entre as prateleiras de minhas peças.
Os amigos foram chegando, Dufy, Cocteau, Labisse. Muitos queriam fazer meu *portrait*.

E quem foi seu primeiro retratista?

Foi Dufy. Mas eu era irrequieta. Afinal, nunca tinha sido
modelo. Dufy insistiu, pintou um braço, as costas, as pernas. Depois chegaram outros e pintaram meu rosto. Assim, ganhei um

---

* "O céu é azul/ o mar é verde/ deixe um pouco a janela aberta!" "As moças de
Saint-Malo/ têm os olhos cor da água/ É um presente/ Apalpar todos esses
tesouros/ Dessas filhas de corsários/ Que têm cabelos de ouro."

segundo rosto, um décimo, um centésimo, e hoje tenho 220 telas de artistas que me viram cada qual a seu modo. É uma maneira de ter 220 rostos diferentes. Toda noite eles iam lá, beber e me ouvir cantar. Bebiam de graça... Mas meu dinheiro acabou e então começaram a levar clientes novos. Um dia, quem apareceu foi Maurice Chevalier, que por sua vez levou um jovenzinho chamado Charles Trenet. Ficamos muito amigos. Consegui financiar a bebida oferecida mas não tinha muito dinheiro para decorar as paredes, e então as cobri com os quadros dos amigos.

E depois veio o seu cabaré?

Foi em 1933. Parei de vender antiguidades e abri o La Vie Parisienne, na Rue Sainte-Anne, entre a Opéra e a Comédie Française. Eu estava em ótima companhia. Cantava debruçada sobre o piano preto, e meu cabelo louro chamava muito a atenção, sob o único foco de luz. Cantava músicas ligadas ao mar, às viagens, às esperas, e as misturava com poemas de Verlaine e Cocteau. No final da guerra vendi o cabaré e iniciei minha carreira internacional. Estive duas vezes no Brasil, no Copacabana Palace. Tenho excelentes lembranças do Rio, que, como dizia meu amigo Jean Mermoz, possui a mais linda baía do mundo. Lembro bem da Floresta da Tijuca com aqueles maravilhosos painéis de Portinari numa capelinha; da Fazenda Guinle, em Teresópolis; da subida da serra, cheia de hortênsias; e também de uma montanha curiosa chamada Dedo de Deus.

A senhora manteve contato com seus antigos admiradores?

Não gosto de falar dos amigos, até porque quase todos já morreram. Bem... posso dizer que Dufy foi o primeiro que me retratou; que Fujita seguiu meus conselhos e se mudou definitivamente para Cagnes; que Maurice Chevalier, como todos os grandes fantasistas, era triste e acabrunhado durante o dia mas à noite, no palco, se transformava numa explosão de graça e alegria. Era um grande companheiro que, para mim, morreu muito cedo. Quanto a Jean Cocteau [*Suzy para e fala baixinho*], não dá para explicar... um personagem fabuloso. Era um poeta fora de série. Só tendo convivido com ele para saber como era. Deixou uma grande saudade que me machuca o tempo todo.

E as saudades de Paris?

Não tenho saudades daquela época. Fico feliz por tê-la vivido, mas não posso ter saudades. Afinal a decisão foi minha. Há quinze anos cansei de brincar de cantora. Cantar todas as noites até as três da manhã não é nada divertido. Além disso, comecei a engordar e creio que um artista só deve se apresentar ao público se estiver em boa forma. Depois que deixei Paris, ainda mantive um cabaré aqui em Cagnes, mas em 1965 fechei-o. Jamais poderia cantar novamente em Paris. A lembrança que tenho da cidade é de alegria. Esta é a única que quero ter. De Paris, conservo apenas esta coleção de quadros, dos quais muitos já estão no museu e outros cobrem essas paredes de minha casa. Vivi intensamente e aos 75 anos quero mesmo é esta vida calma, a dois passos do mar. Nada de recordações. Afinal, como já lhe disse, as pessoas felizes não têm história.

Créditos

Todos os esforços foram feitos tanto para contatar entrevistados e/ou seus representantes como para determinar a origem das imagens deste livro. Nem sempre isso foi possível. Teremos prazer em creditar as fontes ou incluir informações adicionais, caso se manifestem.

ENTREVISTAS

Copyright da entrevista com Julio Cortázar © 1978 by Espólio de Julio Cortázar. A Companhia das Letras agradece a cortesia.

Copyright da entrevista com Georges Simenon © 1973 by Georges Simenon Limited. Todos os direitos reservados.

GEORGES SIMENON®. Todos os direitos reservados.

IMAGENS

p. 1: Berenice Otero

pp. 107 a 111, 112 (abaixo), 113, 114 (abaixo), 115 (abaixo), 117 (abaixo), 118 (abaixo), 120: acervo pessoal da autora

p. 112 (acima): Luiz Alberto de Andrade

p. 114 (acima): Flavio Rodrigues

pp. 115 (acima), 116, 117 (acima), 118 (acima), 119: Chico Nascimento

Índice onomástico

Números de páginas em *itálico* referem-se a legendas.

Abramo, Claudio, 47
Adorno, Theodor W., 131, 220
Affonso, Almino Monteiro Alvares, 48
Alencar, José de, 101
Alencastro, Luiz Felipe de, 64
Allende, Salvador, 8
Althusser, Louis, 13, 38, 141
Amado, Jorge, 100, 142
Amaral, Ricardo, 42
Anderson, Perry, 13
Andrade, Alécio de, 31, 178
Andrade, Luiz Alberto de (Lulu), 30
Andrade, Oswald de, 22
Annabella, 135
Arafat, Yasser, 79, 81
Aragon, Louis, 11, 225
Arbousse-Bastide, Paul, 188
Aron, Raymond, 38, 61, 268-78
Arraes, Magdalena, 46-7

Arraes, Miguel, 13, 47-8
Arraes, Violeta, 48
Asturias, Miguel Ángel, 11
Aznavour, Charles, 16, 86-8

Bach, Johann Sebastian, 175
Bacon, Francis, 318
Badinter, Élisabeth, 147-52
Baktiar, Shapur, 77
Balzac, Honoré de, 15, 17, 25, 27, 39, 175, 209, 216, 249, 292
Bani-Sadr, Abolhassan, 74, 77
Barbie, Klaus, 123
Barclay, Eddy, 33
Bardot, Brigitte, 65, 254
Barthes, Roland, 32, 37-8, 60-1, 220, 290-8
Bastide, Roger, 184
Baudelaire, Charles, 133, 175
Baudrillard, Jean, 38

Beauvoir, Simone de, 33, 37, 52, 124, 148, 255
Beckett, Samuel, 171
Beirão, Nirlando, 47
Belmondo, Jean-Paul, 65, 262
Bengell, Norma, *119*, 254-60
Berlinguer, Enrico, 42
Berlioz, Hector, 94
Betinho *ver* Sousa, Herbert José de
Bettelheim, Charles, 13
Bilac, Olavo, 46
Bloch, Adolpho, 8, 30-2
Bloch, Marc, 179
Blum, Léon, 93, 271
Boal, Augusto Pinto, 47, 91
Boêmia, Elisabeth da, 24
Bokassa, Jean-Bedel, 40
Böll, Heinrich, 233
Borges, Jorge Luis, 163-4, 232, 239
Bourrier, Any, 64, *112*
Brancusi, Constantin, 172
Brandt, Willy, 93
Braudel, Fernand, 60, 178-85
Brecht, Bertolt, 136, 171
Brejnev, Leonid, 83
Brel, Jacques, 16
Brizola, Leonel, 47-8
Brook, Peter, 261-7
Buarque, Chico, 15
Bukóvski, Vladimir, 15
Bukowski, Charles, 15
Buñuel, Luís, 258
Bush, George W., 95

Cabral, Amílcar, 13
Callado, Antonio, 64, 142
Câmara, dom Hélder, 142
Camus, Albert, 102, 153
Cardenal, Ernesto, 92, 231
Cardoso, Fernando Henrique, 93

Cardoso, Lúcio, 101
Carrillo, Santiago, 67, 223
Carta, Mino, 31, 47, 64
Carvalho, Apolônio de, 47
Casanova, Ana (pseudônimo de Rosa Freire d'Aguiar), 89, 58n
Castéja, Guy de (conde), 33
Castoriadis, Cornelius, 38
Castro, Fidel, 9-10, 13, 143
Cavalcanti, Alberto, 134-7
Cavalcanti, Pedro, 64, 74
Cedrón, Juan, 231
Chabrol, Arlette, 64
Chagall, Marc, 55, 91, 156, 167
Chaplin, Charles, 55
Chaves, Aureliano, 33
Che Guevara, Ernesto, 9-13, 99, 139, 307
Chéreau, Patrice, 255-8
Chevalier, Maurice, 16, 321
Chirac, Jacques, 29
Chostakóvitch, Dmitri, 174
Christie, Agatha, 211
Churchill, Winston, 208
Clausewitz, Carl von, 269
Clay Jr., Cassius, 164
Clemenceau, Georges, 162
Cocteau, Jean, 318-22
Cohn-Bendit, Daniel, 20
Colette, Sidonie-Gabrielle, 54, 196
Comte, Auguste, 188
Conrad, Joseph, 209
Contandin, Fernand, 16
Conticini, Christiane, 57
Cortázar, Julio, 59-61, 94, 100, *114*, 164, 228-40
Costa, João Cruz, 182, 185
Costa-Gavras, 217-19, 300
Couto e Silva, Golbery do, 66
Cramer, Heinz von, 176

D'Estaing, Valéry Giscard, 29, 36-41, 44, 51, 72-3, 93-4, 196, 201, 229, 309

DaMatta, Roberto, 93

Dantas, Luiz de Souza, 281, 289

De Gaulle, Charles, 28, 58, 93, 96, 269, 286, 302

Debray, Régis, 13, 99, 139, 255, 307

Deleuze, Gilles, 38

Delfim Netto, Antonio, 43-5, 99

Derrida, Jacques, 91, 250

Descartes, René, 24-5, 159, 249

Detrez, Conrad, 13, *114*, 138-46

Di Stéfano, Alfredo, 226

Dickens, Charles, 209

Diderot, Denis, 220

Dietrich, Marlene, 286

Dos Passos, John, 163, 208

Dostoiévski, Fiódor, 155, 177, 209, 263-4

Doyle, Arthur Conan, 211

Duarte, Josenilda Felix, 50-1

Duchamp, Marcel, 169, 297

Dufy, Raoul, 318, 320-1

Dumas, Alexandre, 15

Dumas, Georges, 180

Dumont, Alberto Santos, 53

Dunlop, Carol, 228, 230

Duran, Dolores, 88

Duras, Marguerite, 262

Eça de Queirós, José Maria de, 19, 105

Eco, Umberto, 92

Einstein, Albert, 159

Erté, 294

Escobar, Ruth, 257

Escoffier, Georges, 56

Faoro, Raymundo, 47, 64

Faulkner, William, 163, 208

Febvre, Lucien, 179

Fernandel *ver* Contandin, Fernand Joseph Désiré, 16

Figueiredo, João Baptista, 40-5, 98

Finkielkraut, Alain, 63, 123-33

Flaksman, Marcos, 256

Flaubert, Gustave, 133, 209, 220

Fleury, Sérgio, 46, 237

Foch, Ferdinand, 208

Fonda, Jane, 260

Fonseca, José Rubem, 101

Foucault, Michel, 16, 36-8, 72, 290

France, Anatole, 49, 215

Franco, Francisco, 66-72, 225-7

Freire, Paulo, 13

Freud, Sigmund, 86, 151, 187

Frey, Sami, 257

Friedan, Betty, 260

Fujita, Tsuguharu, 318, 321

Furtado, Celso, 26, 29, 42-7, 54, 60, 62, 74, 84, 91-7, 101-3

Gabeira, Fernando, 47, 100

Gabin, Jean, 17

Galbraith, John Kenneth, 91

Galvêas, Ernane, 44

Gance, Abel, 135

Garaudy, Roger, 72

Garvarentz, Georges, 87

Gary, Romain, 60, *115*, 201, 299-308

Gault, Henri, 56

Geisel, Ernesto, 40-1, 66, *111*

Genet, Jean, 262, 287

Geremek, Bronisław, 82

Ghotbzadeh, Sadegh, 74

Giacometti, Alberto, 172

Gide, André, 215

Gilberto, João, 254

Giroud, Françoise, 51, *118*, 195-203
Glucksmann, André, 38
Godard, Jean-Luc, 65, 127, 221
Gógol, Nikolai, 209
González, Felipe, 70-1, 218
Goulart, João, 48, 139
Grande Otelo, 34
Gréco, Juliette, 16
Grilo, Gilda, 256
Guattari, Félix, 38, 92
Guerra, Ruy, 255
Guillén, Nicolás, 9-10
Guimarães, Pedro Pinheiro, 20, 31, 35, *110*, 167, 291
Guimarães, Ulysses, 94
Guinle, Jorge Eduardo, 53, 321
Gurdjieff, Georges, 261-4

Haussmann, Georges-Eugène (barão), 22-4
Hayworth, Rita, 258
Hemingway, Ernest, 24, 95, 208
Henfil, 64
Hermite, Louis, 188
Herzog, Vladimir, 41
Hitler, Adolf, 174, 269-72, 307
Horkheimer, Max, 131
Hugo, Victor, 20, 236

Ibárruri, Dolores, 72
Ionesco, Eugène, 166-77

Jango *ver* Goulart, João
João XXIII, papa, 281-2
João Paulo II, papa, 42, 83
Jobim, Antônio Carlos, 88
Joliot-Curie, Irène, 153
Jorge Ben Jor, 33
Jorge Sim *ver* Simenon, Georges
Jouvenel, Bertrand de, 269

Joxe, Pierre, 286
Joyce, James, 24
Juan Carlos I, rei, 66-70
Judeu, O *ver* Silva, António José da
Juruna, Julia, 64

Kadaré, Ismail, 128
Kafka, Franz, 160, 220
Kandinsky, Wassily, 172
Kant, Immanuel, 20, 124
Karvelis, Ugné, 230
Kast, Pierre, 256
Kastler, Alfred, 194
Khomeini, Ruhollah Musavi, 72-3, 75-7
Kisling, Moïse, 318
Kissinger, Henry, 275
Klee, Paul, 172
Kubitschek, Juscelino, 53, 55
Kundera, Milan, 15
Kusminsky, Matilde, *115*

L'Herbier, Marcel, 135
Labisse, Félix, 318
Labrousse, Ernest, 179
Lacan, Jacques, 290, 293
Lamazère, Roger, 56
Lang, Jack, 14, 90-1, 96-97
Langoni, Carlos, 44
Lasserre, René, 55, 55n
Lattuada, Alberto, 255
Lavelli, Jorge, 169
Le Parc, Julio, 57, 100, 231
Legrand, Michel, 88-90
Legros, Fernand, 280, 282, 286
Leigh, Vivian, 262
Lelouch, Claude, 17, 126
Lemaître, Jules, 175
Lênin, 17, 101
Leontief, Wassily, 92

Lévi-Strauss, Claude, 180, 184
Lévy, Bernard-Henri (BHL), 38
Lins, Osman, 229, 238
Lispector, Clarice, 101, 238
López Rega, José, 230
Loren, Sophia, 92
Losey, Joseph, 221
Lukács, Georg, 13
Lula da Silva, Luiz Inácio, 42, 64, 83

Machado, Carlos, 258
Magalhães, Vera Sílvia, 50
Malraux, André, 25, 32, 58, 96, 307
Mann, Thomas, 153, 162
Marcellin, Raymond, 13, 142
Maria Bethânia, 229
Marighella, Carlos, 13, 139, 142-4, 237
Marinho, Flávio, 90
Marivaux, Pierre de, 257
Marley, Bob, 124
Márquez, Gabriel García, 91, 100, 163, 235, 240
Marx, Karl, 38, 101, 139, 271
Maspero, François, 12-3
Matta, Roberto 100
Matzneff, Gabriel 15
Maupassant, Guy de, 19
Mauriac, François, 280, 288
Mauroy, Pierre, 99
McCarthy, Mary, 91
Mercouri, Melina, 94
Mesquita Filho, Júlio de, 182-8
Millau, Christian, 56
Miller, Arthur, 262
Miró, Joan, 156, 167
Mises, Ludwig von, 187
Mitterrand, François, 23, 29, 36-40, 51, 58, 90-101, 139, 229, 272-3
Mnouchkine, Ariane, 168

Molière, 16, 96
Monbeig, Pierre, 184
Mondrian, Piet, 172
Montand, Yves, 218-9
Moraes, Vinicius de, 254
Moravia, Alberto, 61
Moreau, Jeanne, 255, 262
Morgenstern, Oskar, 187
Morin, Edgar, 38
Mourousi, Yves, 34, *112*
Mozart, Wolfgang Amadeus, 160, 175
Mussolini, Benito, 281, 307

Nascimento, Chico, 30, 48, 54, 88, *110*, 204-5, 255, 280
Nassar, Raduan, 101
Natali, João Batista, 64
Neruda, Pablo, 11
Neves, Tancredo de Almeida, 99, 102
Niemeyer, Oscar, 49
Nureyev, Rudolf, 90

Oliveira, Plinio Corrêa de, 98
Oliver, Raymond, 54
Olivier, Laurence, 262
Oppenheimer, Julius Robert, 159
Oveissi, Gholam Ali, 77

Pahlavi, Ashraf ol-Molouk, 77
Pahlavi, Mohammad Rezā Shāh, 72-75
Papandréou, Andréas, 70
Parain, Brice, 127
Pareto, Vilfredo, 26
Pascal, Blaise, 24, 124
Pasolini, Pier Paolo, 287
Passet, Stéphane, 22
Paula, Eurípedes Simões de, 185
Pei, Ieoh Ming, 97

Pelé, 33, 164
Peres, Shimon, 81
Perón, Isabelita, 61, 230
Perón, Juan Domingo, 228
Perroux, François, 60, 186-94
Pétain, Philippe, 187
Peyrefitte, Roger, *116*, 279-89
Picabia, Francise, 318
Picasso, Pablo, 71, 156
Pinochet, Augusto, 70, 236
Piñon, Nélida, 101
Pinto, Tão Gomes, 47
Pio XII, papa, 281
Pivot, Bernard, 14-5
Piza, Arthur Luiz, 31, 100
Poerner, Arthur José, 47
Poincaré, Raymond, 208
Pollock, Jackson, 295
Pompeia, Raul, 100
Pompidou, Georges, 28-9, 33-7, 229
Popper, Karl, 220
Poulantzas, Nicos, 36, 38
Powell, Baden, 33
Prado, Paulo da Silva, 182
Prestes, Anita Leocádia Benário, 47-8
Prestes, Luís Carlos, 47-9
Proust, Marcel, 104, 134, 183, 222-3
Púchkin, Aleksandr, 209

Rabelo, José Maria, 101
Rabinovici, Moisés, 80
Radjavi, Massoud, 76
Ramos, Graciliano, 163
Reagan, Ronald, 95
Reali, Amelia, 43
Reali Júnior, Elpídio, 43, 64
Renard, Jules, 105
Renoir, Jean, 196
Ribeiro, Darcy, 91, 101
Robespierre, Maximilien de, 95, 99

Rocard, Michel, 128
Rocha, Glauber, 66, 137, 154
Rodrigues, Flavio, 31, *110*, 138
Rodrigues, Nelson, 103
Rosa, João Guimarães, 163, 238
Rossi, Clóvis, 47
Rothschild, René de, 286
Rousseau, Jean-Jacques, 150, 245
Russell, Bertrand, 228
Rytman, Hélène, 38

Sabato, Ernesto, 60, 62, *115*, 153-65
Sabato, Mario, 154
Saboia, Napoleão, 63-4
Saint-Beuve, Charles, 175
Salgado, Sebastião, 15
Salles, José, 47-8
Sánchez, Federico *ver* Semprún, Jorge
Santayana, Mauro, 67
Santos, Angelo Oswaldo de Araújo, 20-1, 24
Sartre, Jean-Paul, 13, 16, 33, 37, 61, 72, 124, 132-3, 174, 237, 250-5, 262, 268-9, 275-6, 288-90
Sautet, Claude, 258
Sauvage, Madeleine, 9
Schmitt, Carl, 187
Schneider, Romy, 55
Schumpeter, Joseph, 187
Schwartzman, Salomão, *112*
Sciascia, Leonardo, 61
Scorza, Manuel, 62, 139
Seberg, Jean, 65, 299-300, 306
Semprún, Jorge 59, 68, 217-27
Senderens, Alain, 57, 57n
Serres, Michel, 60, 63, 241-53
Servan-Schreiber, Jean-Jacques, 196
Seyrig, Delphine, 255
Shakespeare, William, 167-74, 262-7

Sharon, Ariel, 80-1
Shaw, George Bernard, 171
Shelley, Percy Bysshe, 236
Silva, António José da, 134
Silveira, Silvio, 33, 87, 310
Simenon, Georges, 15, 60, *116-7*, 204-16
Simonsen, Mário Henrique, 44
Simonsen, Roberto, 182
Sivuca, 33
Soares, Jô, 15
Soares, Mário, 93
Sócrates, 127
Solano López, Francisco, 26
Solidor, Suzy, 86, 318-22
Soljenítsin, Alexander, 15, 128, 301-5
Sombart, Werner, 187
Sousa, Herbert José de (Betinho), 141
Souza, Pedro de, 64
Stálin, Ióssif, 38, 72, 77, 174, 302-4, 307
Stamp, Terence, 261
Stanislávski, Constantin, 263
Stein, Gertrude, 10
Sue, Eugène, 216
Sued, Ibrahim, 44

Tati, Jacques, 8
Tchékhov, Anton, 209
Tcherina, Ludmilla, 32
Tejero Molina, Antonio, 67, 227
Terrail, Claude, 53
Tinti, Gabriele, 255, 258

Tognazzi, Ugo, 92
Tolstói, Liev, 263, 307
Torres, Antônio, 101
Trama, Madée, 57
Trenet, Charles, 321
Trintignant, Nadine, 254, 257
Tsé-tung, Mao, 84-6
Turenne, visconde de, 25

Ueki, Shigeaki, 44

Valadão, Jece, 255
Valéry, Paul, 194
Van Gogh, Vincent, 155
Vargas Llosa, Mario, 235, 240
Vasconcelos, José Mauro de, 100
Veil, Simone, 51, *118*, 309-17
Veloso, Caetano, 229
Verissimo, Erico, 58, 238
Verlaine, Paul, 24, 321
Vermeer, Johannes, 175
Vicente, José, 255-6
Voltaire, 86, 220

Waack, William, 80
Wałęsa, Lech, 42, 82-3, 99
Weber, Max, 220, 269-70
Weffort, Francisco, 42, 64
Weiss, Peter, 262
Welles, Orson, 262
Werneck, Humberto, *112*
Whitman, Walt, 156
Worms, Jeannine, 136

Zola, Émile, 19, 249

1ª EDIÇÃO [2023] 4 reimpressões

ESTA OBRA FOI COMPOSTA PELO ESTÚDIO O.L.M. / FLAVIO PERALTA EM MINION E IMPRESSA EM OFSETE PELA LIS GRÁFICA SOBRE PAPEL PÓLEN DA SUZANO S.A. PARA A EDITORA SCHWARCZ EM ABRIL DE 2025.

A marca FSC® é a garantia de que a madeira utilizada na fabricação do papel deste livro provém de florestas que foram gerenciadas de maneira ambientalmente correta, socialmente justa e economicamente viável, além de outras fontes de origem controlada.